JIYU WANGLUO DE

ZHIZAO ZIYUAN FAXIAN YU JICHENG

基于网络的
制造资源发现与集成

◎ 郑立斌 著

 江西高校出版社

图书在版编目(ＣＩＰ)数据

基于网络的制造资源发现与集成/郑立斌著. --南昌:江西高校出版社,2017.6(2022.3 重印)

(景德镇学院学术文库)

ISBN 978 - 7 - 5493 - 5703 - 1

Ⅰ.①基⋯　Ⅱ.①郑⋯　Ⅲ.①互联网络—应用—制造工业—工业企业管理—研究—中国　Ⅳ.① F426.4 - 39

中国版本图书馆 CIP 数据核字(2017)第 135682 号

出 版 发 行	江西高校出版社
社 　 址	江西省南昌市洪都北大道 96 号
总编室电话	(0791)88504319
销 售 电 话	(0798)8290855
网 　 址	www.juacp.com
印 　 刷	天津画中画印刷有限公司
经 　 销	全国新华书店
开 　 本	787mm×960mm　1/16
印 　 张	15
字 　 数	192 千字
版 　 次	2017 年 6 月第 1 版 2022 年 3 月第 2 次印刷
书 　 号	ISBN 978 - 7 - 5493 - 5703 - 1
定 　 价	48.00 元

赣版权登字 - 07 - 2017 - 660

内容简介

　　基于网络的制造资源发现与集成是指制造企业利用网络技术开展制造资源检索、商务、管理等一系列活动，它是基于网络技术的先进制造模式，是在因特网和企业内外网环境下，企业组织和管理其产品开发、生产和经营过程的理论和方法。

　　本书是以著者近几年主持完成的有关基于网络的设计制造方面的国家"863"项目、国家信息产业部项目、国家重点实验室开放基金项目、省科技攻关项目、省工程研究中心开放基金项目、省重点实验室开放基金项目、信息化重大专项项目的研究成果为基础编写而成，有较高的学术水平与工程应用价值。全书阐述了基于网络的制造资源智能检索和集成技术，其内容和体系具有明显的特点。

　　本书的内容为高等院校、科研院所、制造企业等师生、研究开发人员、工程技术人员和管理人员全面了解基于网络的设计制造及智能集成技术提供了的详细科研文献和技术资料，并为其进一步开展该领域的研究工作和技术工作奠定了基础；此外，全书为制造企业实施网络制造技术和开发网络制造公共服务平台提供了重要的参考材料，同时为机械工程、电子信息、航空航天、车辆工程、工业工程、计算机应用和管理工程等领域的研究生提供了一本有价值的专业参考书。

　　本书还要感谢江苏大学顾寄南教授、博导的指正，感谢唐敏、陈晓燕、代亚荣、王瑞盘、吕晓凤等人的支持。

　　由于时间仓促和编者水平所限，书中难免存在着缺点和错误，敬请读者不吝赐教。

著　者

2016 年 11 月

目　录

第一章　基于 XML 的网络制造资源智能检索技术

1.1　基于 XML 的网络化制造资源检索系统的构建 ························ 002

　1.1.1　基于 XML 的网络化制造资源检索系统的总体框架 ·········· 002

　1.1.2　XML 技术在网络化制造资源检索系统中的应用研究 ········ 003

　1.1.3　检索系统的功能分析和工作原理 ························ 008

　1.1.4　基于 XML 的网络化制造资源检索系统 ···················· 011

1.2　基于数控领域本体的智能检索系统 ························ 033

　1.2.1　面向数控领域的智能检索系统体系的构建 ················ 034

　1.2.2　MIIRS 智能检索系统关键技术研究 ··················· 046

1.3　基于语义 Web 服务的制造资源发现机制 ····················· 060

　1.3.1　基于 XML 的制造资源建模的探讨 ························ 061

　1.3.2　制造资源发现框架的构建 ························ 072

　1.3.3　制造资源发现机制关键技术研究 ···················· 075

第二章　支持不确定网络环境下的制造资源建模方法研究

2.1　支持不确定网络环境下的制造资源元模型 ···················· 091

　2.1.1　制造资源建模需求分析 ························ 091

　2.1.2　制造资源的元模型 ························ 094

2.2　网络制造资源建模语言的探讨 ……………………………… 097

　　2.2.1　HTML 简介 ………………………………………………… 097

　　2.2.2　XML 简介 …………………………………………………… 098

　　2.2.3　语义 Web 标记语言 ……………………………………… 099

2.3　基于特征、本体、编码技术的元模型 ……………………… 102

　　2.3.1　本体理论及构造技术 …………………………………… 102

　　2.3.2　信息编码技术 …………………………………………… 108

第三章　联合式网络制造资源发现机制的研究

3.1　网络化制造资源联合式发现框架 ………………………… 112

　　3.1.1　制造资源联合式发现的工作原理 …………………… 112

　　3.1.2　体系结构 ………………………………………………… 113

　　3.1.3　联合式制造资源发现框架 …………………………… 114

　　3.1.4　联合式制造资源发现框架的特点 …………………… 115

3.2　联合式发现框架的关键技术 ……………………………… 115

　　3.2.1　Web 服务发现机制 …………………………………… 115

　　3.2.2　WSIL 服务发现检查语言 …………………………… 116

　　3.2.3　联合式发现机制 ……………………………………… 118

　　3.2.4　领域本体 ………………………………………………… 119

　　3.2.5　语义网络标识语言 …………………………………… 119

　　3.2.6　基于语义 Web 服务的制造资源发现原理的研究 …… 123

　　3.2.7　本体相似度算法 ……………………………………… 126

　　3.2.8　发现匹配算法 ………………………………………… 129

第四章　制造资源的评价研究

4.1　制造资源评价的需求分析 ··············· 131

4.2　资源评价指标分析 ·············· 131

　4.2.1　制造资源指标选择原则 ·············· 131

　4.2.2　模糊评价矩阵 ··············· 132

　4.2.3　制造资源评价体系模型 ·············· 133

4.3　制造资源评价组合权重的确定 ·············· 135

　4.3.1　参照比较法确定权重 ·············· 135

　4.3.2　层次分析法确定权重 ·············· 136

4.4　模糊数学在制造资源评价体系中的应用 ·············· 140

第五章　制造资源个性化推送服务研究

5.1　制造资源信息主动推送需求分析 ·············· 143

5.2　制造资源信息个性化推送的服务体系结构 ·············· 144

5.3　制造资源个性化推送服务的实现 ·············· 146

　5.3.1　用户兴趣模型表示方法的选择 ·············· 146

　5.3.2　基于本体向量空间模型的文本表示方法 ·············· 148

　5.3.3　向量空间的模型 ·············· 151

　5.3.4　用户兴趣模型及其更新 ·············· 153

　5.3.5　信息推送机制 ·············· 156

第六章　数字化设备资源共享系统

6.1　Jini 和移动 Agent 技术分析 ·············· 159

　6.1.1　Jini 技术及其局限性·············· 159

6.1.2　移动 Agent 技术及其局限性 ………………………………… 162

6.1.3　Jini 和移动 Agent 互补 …………………………………… 166

6.2　基于 IP Internet 的 Jini 分布式体系分析和设计 …………… 166

6.2.1　Jini 分布式体系的实现机制 ……………………………… 166

6.2.2　存在的问题 …………………………………………… 176

6.2.3　设计 Jini 查找服务的网络拓扑结构 …………………… 177

6.3　移动 Agents 之间的通信语言和协商算法 ………………… 182

6.3.1　通信语言 ……………………………………………… 182

6.3.2　协商算法 ……………………………………………… 186

第七章　基于集成的制造资源可重构性技术

7.1　网络化制造任务分配方案及其模型 ……………………… 193

7.1.1　网络化制造任务分配的概述 ……………………… 193

7.1.2　网络化制造任务的分配 …………………………… 195

7.2　基于数控设备的制造资源重构的研究 …………………… 200

7.2.1　基于数控设备的制造资源重构方案分析 ………… 200

7.2.2　基于数控设备的制造资源重构流程 ……………… 201

7.2.3　基于数控设备的制造资源重构的数学模型 ……… 205

7.2.4　基于数控设备的制造资源重构的遗传算法 ……… 207

参考文献 ………………………………………………………… 217

第一章
基于 XML 的网络制造资源智能检索技术

网络化制造是在网络经济下产生并得到广泛应用的先进制造模式,它利用网络技术,突破企业之间存在的空间地域,实现企业之间的协同和各种资源的共享与集成,从而缩短产品的研制周期和减少研发成本,促进企业的快速发展。制造资源检索是网络化制造环境下,整个企业之间协作环节链中的起始点,也是成功实施网络化制造的前提和基础。

主要针对制造资源检索结果的相关性以及检索效率,提出基于 XML 技术的网络化制造资源检索系统。通过 XML 模式文件 XML Schema 对制造资源进行统一描述,屏蔽了制造资源的异构性,使资源模型在网络化制造中得以实现;基于这种资源描述方式,提出一种在关系数据库中存储 XML 文档的方法,这种方法是基于 XML Schema 的,通过 XML 模式向关系模式的转换,实现 XML 文档在关系数据库中的存储,并且对 XML 模式中各结点采用扩展的 Dietz 编码,确保在 XML 模式向关系模式转化的过程中,保持 XML 模式内容、结构和语义的完整性。

基于这种存储方法,研究如何将 XPath 查询语言转化为 SQL,实现对存储在关系数据库中的资源信息进行快速、有效的检索。按照 XPath 表达式产生 XPath 查询图,通过 XML Schema 的 Dietz 编码,完成 XPath 查询中的加速定位,并依据定位方法得到的 Dietz 编码产生 SQL 语句,从而完成查询语言的转化。

1.1　基于 XML 的网络化制造资源检索系统的构建

1.1.1　基于 XML 的网络化制造资源检索系统的总体框架

一、系统的总体框架

基于 XML 的网络化制造资源检索系统采用客户机/服务器的网络架构,这种结构便于信息的发布、简化客户端的信息处理。如图 1-1 所示,整个检索系统结构有客户端层、WEB 层、应用层和数据层四个层次组成。

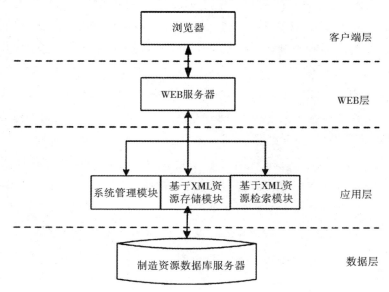

图 1-1　基于 XML 的网络化制造资源检索系统层次结构

客户端层。它是整个检索系统与用户交互活动的接口,实现信息的发布、接收、显示等功能。用户通过浏览器提交请求,通过 WEB 服务器提供的服务接口进行访问,系统根据用户的请求返回相应的处理结果。

WEB 层。WEB 层主要用于接收从客户端层的浏览器传来的请求,并将用户请求传递给应用层进行处理,同时将请求处理结果通过浏览器返回给用户。

应用层。应用层是整个检索系统的核心部分,它包括系统管理模块、制造资源存储模块和制造资源检索模块。其中系统管理模块是由管理员完成,包括用户权限的设置、资源的添加、修改、删除等。资源存储模块主要将符合 XML 模式的制造资源按照模式转化的方法存储到制造资源数据库中。资源检索模块根据用户的查询请求,把符合要求的关系型数据结果再转化成 XML 文档形式返回给用户。

数据层,包括制造资源的数据和客户数据。主要接收应用层的请求,实现对数据库中数据的操作。采用的是性能相对稳定的 SQL Server 2000 作为数据库服务器。

二、系统框架的优点

(1)配置简单。客户端只要安装浏览器即可访问服务器资源,而不需要再安装任何的客户端软件,就可以在安全性允许的情况下随时随地访问检索系统。

(2)易于管理和维护。各功能模块分工明确,易于系统的管理和维护。同时系统的开发、维护和升级工作集中在服务器端,降低了系统维护人员的工作强度,提高了信息发布的及时性和广泛性。

(3)安全性高。客户端和数据库服务器两者不再直接相连,客户端无法直接对数据库中的数据进行操作。

(4)资源统一管理。系统首先给出制造资源统一的 XML 模式,各个制造企业发布的资源信息符合这一模式,屏蔽资源的异构性,有利于资源的充分共享。

1.1.2　XML 技术在网络化制造资源检索系统中的应用研究

一、XML 及其相关技术

1. XML 简介

XML(eXtensible Markup Language,可扩展标记语言)是由 World Wide Web Consortium(W3C)于 1998 年 2 月创建的一组规范。XML 同 HTML 一样,都源自 SGML(Standard Generalized Markup Language,标准通用标记语言),是它的一个简化的子集。XML 摒弃了 SGML 设计复杂的缺点,保留了 SGML 结构化等优点。同时,XML 也不同于 HTML,XML 是一种自描述语言,它允许使用者对特定的案例自己定义标签和属性,突破了 HTML 使用固定标签集合的限制,具有易扩展、交互性好、语义性强等特点,更好地适用 Web 应用要求。

　　虽然 XML 称为可扩展标记语言,它本身并不是一种标记语言,而是一种创建、设计和使用标记语言的根规则集,是一种创建标记语言的元语言。图 1 - 2 给出了 XML 相关标准的层次图。

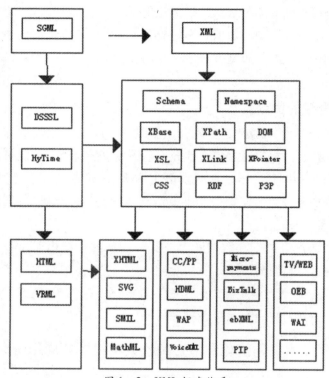

图 1 - 2　XML 标准体系

2. DTD 与 XML Schema

　　XML 虽然是一种自描述语言,但是为了方便信息的交流,人们在编写 XML 文档时必须遵守共同的规则,用统一的文档方式发布信息。XML 模式就是用来规范 XML 文件格式的语言,比较常用的 XML 模式有 DTD 和 XML Schema。

　　DTD 是 Document Type Definition 的缩写,它是一套关于标记符的语法规则,定义了可用在文档中的元素、属性和实体,以及这些内容之间的相互关系。它方便信息的交流,使得信息有效地共享。同时,它也验证了 XML 文档的有效性。XML

Schema 在功能上和 DTD 类似,也是一种用于定义 XML 文档结构类型的技术。它是 W3C 组织根据现有 DTD 存在缺陷基础之上,提出的比 DTD 支持更多功能的 XML 标准模式。相对于 DTD 而言,XML Schema 具有如下优势:首先,XML Schema 本身就是一个 XML 文档,它在使用中的解析工作均可由 XML 文档处理器完成,不像 DTD 那样需要提供两套不同的解析器;其次,XML Schema 继承了 XML 的扩展功能,支持丰富的数据类型和命名空间;此外,XML Schema 定义的内容是可以根据用户需求自由扩展,而 DTD 却不能。采用 XML Schema 作为描述制造资源的统一模式,并基于它实现制造资源的存储和检索。

(3)XML 技术特点

XML 主要具有以下一些特征:

①灵活性。XML 将文档数据和文档样式分离,通过 DTD 或 XML Schema 模式文件,来规范 XML 文件格式,形成结构良好的 XML 文档。再使用样式表描述显示或外观方法。一个 XML 文档也可以使用多个样式单,这样 XML 文档可以在不同的环境下,选择适当的显示方式。

②简单性。相对于 SGML,XML 简单得多、易学、易用,并且易于实现。

③自描述性。XML 允许编写者对特定的案例自己定义标签和属性。XML 提供了一个表示结构化信息架构,可以定义任意一组标记来满足不同内容的需求,有很强的语义性,避免了数据类型的重载。

④平台无关性。XML 文档是基于结构化的数据描述方式,因为文档结构是相容的,XML 文档可以在不同平台上使用,具有高度可移植性。

二、XML 与关系数据库

1. XML 与关系数据库体系

目前,大多数研究都是从基于关系数据库的角度,实现对 XML 数据的存储。由于关系数据库具有技术成熟、使用广泛、对数据的存储、检索、查询等性能好、安全性高等优点,而且,各大关系数据库如 SQL Server、DB2、Oracle 等都支持 XML 技术。所以,将 XML 数据存储在关系数据库中,能充分利用关系数据库现有的各项成熟技术,对 XML 数据进行管理。随着 Web 技术的不断发展,信息共享和数据交换的范围不断扩大,传统的关系数据库也面临着严峻的挑战,如信息共享和数据交换范围、数据库技术的语义描述能力差等。而 XML 技术在一定程度上弥补了关系数据库在应用方面的不足。XML 最突出的两大功能是数据表示和数据交换,XML 数据凭借自我描述的特性,使它能够在任意平台下使用,成为异构的数据库之间信息交互的中介者,为各大关系数据库之间提供统一的信息交流平台。所以 XML 技术与关系技术二者的结合是数据管理模式的一种发展趋势。

2. 基于关系数据库的 XML 存储方法

XML 和关系数据库结合是一种很好的数据管理模式。而且,大多数关系数据库集成了对 XML 的支持,另外许多技术如 ASP、DOM、SOAP 等支持 XML 与关系数据库连接,实现数据库和 XML 的信息相互交换,但是只有在某种特殊的情况下效果才好,所以仍然需要通过一定的方法实现 XML 数据在关系数据库中的存储和检索。

将 XML 文档映射为关系模式进行存储,有两大类映射方法:模型映射和结构映射。对于模型映射,需要将 XML 文档模型映射为关系模式,关系模式表示 XML 文档模型的构造,对于所有 XML 文档都有固定的关系模式,因此它是 XML 模式(或 DTD)无关的。目前典型的模型映射方法是由 D. Florescu 和 D. Kossman 提出的一种基于边的模型映射方法,这种映射方法是将 XML 文档用一个有序有向边标记图(称为 XML 图)来表示。相对于边模型映射方法,还有结点模型映射方法,它是将 XML 文档树的结点信息、结点值和结构信息存放在关系表中,维护的是 XML 文档结构的信息,而不是边信息。比较经典的结点模型映射模式有 XRel 模式和 XParent 模式;对于结构映射,需要将 XML 模式(或 DTD)映射为关系模式,关系模式用来表示目标 XML 文档的逻辑结构(即 XML 模式或 DTD),它是 XML 模式(或 DTD)相关的。在结构映射的方法中,最经典的就是 J. Shanmugasundaram 等人提出的基于 DTD 映射方法,这种方法是研究的基础,后续的基于 XML Schema 的存储方式、对模式信息的索引以及查询转换都是在该研究的基础上进行的。

模型映射方法是在不考虑模式的情况下,将 XML 文档映射到关系库中,具有一定的灵活性,也很容易实现。但是模型映射过程中,占用了大量的存储空间,查询效率也很低。而结构映射方法在提供 XML 模式的情况下,将 XML 模式映射为关系模式,XML 数据根据生成的关系模式直接存入到关系数据库表中,减少了存储空间,同时也提高了查询效率。

结构映射方法在查询效率和存储空间上要优于模型映射方法;但是后者的应用范围更广。采用的是结构映射方法。

三、XML 在检索方面所表现的优越性

在传统的信息检索系统中,对要检索的信息仅仅采用机械的关键词匹配来实现,把关键词作为信息检索的唯一入口。从理论上讲,只要是网页上出现某个关键词,该网页就能被检索出来,导致返回过多的信息。要寻找到自己真正想要的信息很难,过多的信息致使检索效率降低。此外由于词的内在信息负荷太小,缺乏对知识的理解能力和处理能力。无法处理在用户看来非常普遍的常识性知识,更不能满足用户个性化的要求。无论你从事的是哪一种职业,返回的结果完全相同,毫无个性化而言。

由于信息检索技术存在以上种种的局限性,强烈呼唤新一代的智能检索技术的出现。可扩展标记语言(eXtensible Markup Language,XML)的出现将使新一代的智能检索技术的实现成为可能。在前面的分析中,得知 XML 突出的两大功能是数据表示和数据交换,那么当它用于信息检索时,具有如下优势:

1. XML 能够辨别模糊词义,避免歧义。利用 XML 的良好层次结构,通过简单的查询就可以得到准确的查询结果。如用户用检索词"苹果"来进行查找,他可能要查找苹果牌的计算机,也可能是要查找苹果这种水果。用户可以利用 XML 层次结构明确查询目标,是想查询 < computer > 苹果 </computer > ,还是要检索到 < fruit > 苹果 </fruit > ,提高查询准确度。

2. 提高检索效率,满足个性化的要求。在 Internet 上网页是 XML 格式的,可大大提高检索效率。XML 凭借 DTD 或 Schema 文档模型文件,来定义特定领域的知识。对一个从事人文科学和一个从事自然科学的研究工作者,当他们使用相同的检索词进行检索时,返回的检索结果是不同的。满足了用户个性化要求。

3. 缩小检索范围,提高检索精度。XML 文档不但可以像 HTML 文档那样,基于关键词在整篇文档中进行检索,返回的结果以文档为单位的一个文档集;而且可以利用文档层次结构和标签语义,确定哪一部分需要查找,返回以被标签标注的元素为单位的检索结果。检索的返回粒度减小,提高检索的精确度。

4. 独特的计算结果排序方法。XML 文档计算结果排序的方法,不仅依赖于检索词在 XML 文档中的权重,还依赖于检索词在 XML 文档结构中的位置。XML 用结构上的相邻代替物理上的相邻。一个元素的最后一个词与下一个元素中的第一个词的距离要比同一个元素中相邻词的距离远,虽然他们在文献中的物理距离是相等的。

5. XML 是基于 W3C 定制的开放标准,从而使得基于 XML 的应用具有广泛性。XML 文档支持 Unicode 字符集,用户可以定义自己的标签,不局限于英文。相比较而言,在 HTML 中,标签是固定的,而且必须使用英文。

四、XML 应用于制造资源检索系统的分析

将 XML 技术应用于网络化制造资源检索系统的必要性和可行性分析如下:

1. 网络化制造环境下的制造资源分布在不同企业的不同部门,各个企业的资源管理模式、分布层次、资源形态等方面都存在着差异,这不仅严重影响了设计、制造人员之间的信息交流,同时也加大了的信息检索难度。而 XML 技术作为一个开放的标准,已经成为现有网络化制造中进行数据交换和集成所选择的技术之一,利用 XML 独特的树形结构能够把资源不加约束地表达,使资源的各个层次关系明了;并按照统一的模式对制造资源进行封装,屏蔽制造资源的异构性,增强系统之间的互操作性。

2. 制造资源检索存在着查询结果组合单一、不能实现模糊查询、智能化程度不高等缺陷,归其原因是缺乏语义信息模型的支持。而 XML 作为新一代的搜索引擎技术具有良好的层次结构,并能从语义的角度描述资源模型,将其用在制造资源检索系统中,能够辨别模糊词义提高查询精度。

3. 当前已经有许多技术支持 XML 与关系数据库的连接,实现数据库和 XML 的信息相互交换,使各种应用以一致的语义和接口实现对数据的访问与控制,为各大关系数据库之间提供统一的信息交流平台,从而增强系统内外部的交互能力。

1.1.3 检索系统的功能分析和工作原理

设计的基于 XML 的网络化制造资源检索系统采用关系数据库和 XML 技术相结合的管理机制。整个系统关键在于应用层的开发,主要研究的对象是基于 XML

的制造资源存储和资源检索模块。其构建过程如下:首先利用 XML 对网络化制造资源进行描述,使其满足一个固定的 XML 模式,并将 XML 模式按照一定的映射规则转化为关系模式,并把满足这一模式的 XML 文档,加载到关系数据库中,形成制造资源库。当对存储在关系数据库中的 XML 数据进行查询时,需进行数据格式转换,以 XML 文档的形式发布查询结果。其结构框架如图 1 - 3 所示。

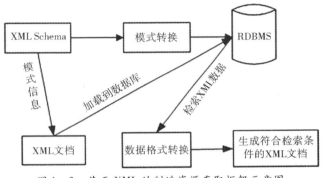

图 1 - 3　基于 XML 的制造资源存取框架示意图

在整个资源检索系统框架中,主要由以下几部分组成:资源模型建立、资源的存储和资源的检索模块,现进行分析如下。

一、制造资源的模型

制造资源模型是一个通过定义制造资源之间的逻辑关系和制造资源的具体属性,从而描述制造资源的结构及其结构之间的逻辑关系的模型。制造资源建模是一种建立描述制造资源模型的方法与技术,它通过定义制造资源实体及其相互间的关系来描述企业的制造资源结构和制造资源构成。在网络化制造模式下,对制造资源的模型有特殊要求,一个良好的资源模型应该具备如下特征:

● 开放格式:能根据需要,任意开发和设计新的制造资源接口和应用;

● 快速检索:在任何情况下,都需要对资源数据快速准确地检索;

● 多视图:在不同的状态下,反映企业制造资源的状况和相应的数据;

● 智能化:能从使用的方面考虑数据的存取,加快存取速度,同时要有一定的学习能力。

应用于资源模型描述的万维网语言有很多,如 XML、RDF、RDF Schema、XOL、

OWL 等,这些语言都有它们各自的特点。选用 XML 主要基于以下几点考虑:

(1)可扩展标记语言 XML 已经成为 W3C 的一个网络语言通用标准,许多技术都集成了对它的支持;并且它是一个开放的格式,允许用户自己定义标记,有很强的语义性和灵活性。

(2)XML 具有独特的树型结构,能够把资源准确地表达。此外,XML 将文档数据和文档样式分离,通过 DTD 或 XML Schema 模式文件,来规范 XML 文件格式,形成结构良好的 XML 文档。并通过样式表描述显示或外观方法。一个 XML 文档也可以使用多个样式单,这样 XML 文档可以在不同的环境下,选择适当的显示方式呈现多个视图。

(3)XML 在检索方面体现出很多的优越性,如能够辨别模糊词义、避免歧义,满足个性化检索,提高检索精度等。此外,XML 具有专门的查询语言,支持查询中的快速定位,提高查询效率。

鉴于以上分析,采用 XML 对制造资源进行描述,使其满足统一的 XML 模式。各个制造企业根据这个统一的模式开发描述本企业内的资源文档,以便于资源的共享。

二、制造资源的存储

当制造资源用 XML 模式描述后,需要通过转换方法将其存储在关系数据库中。将 XML 文档存储在关系数据库中通常有两种方法,即模型映射和结构映射。由于结构映射方法在查询效率和存储空间上要优于模型映射方法,所以在模式转换的过程中采用结构映射方法。在常见的 XML 模式中,XML Schema 在支持数据类型等方面具有更强大的性能、更能支持网络化制造资源检索系统。因此选用 XML Schema 作为描述制造资源的模式,并基于它完成 XML 模式向关系模式的转换。首先按照一定的映射方法,在保持 XML 模式结构、内容、语义完整的情况下完成模式转换,将其存储在关系数据库中。在关系数据库中生成的数据表只是个空架子,各制造企业可以将基于 XML Schema 开发的描述制造资源的 XML 文档加载到关系数据库中,形成制造资源库。这样就完成了制造资源的存储工作。

三、制造资源的检索

网络化制造资源检索系统是面向网络化制造资源的,它要求信息的查询范围固定、是面向网络化制造资源的,并且返回的结果具有相关性。

系统采取的方案是将描述制造资源的 XML 文档,按照模式转化的方法,存储在关系数据库中。所以在对资源信息检索时,具备数据库的查询特点。数据库的检索过程是一个精确信息匹配的过程,它返回的查询结果都是相关的、正确的。所以当用户通过制造资源检索系统对资源检索时,能够返回精确的检索结果。满足网络化制造资源检索系统的要求。

当对数据库里的数据进行检索时,虽然关系数据库提供了 FOR XML 子句支持 XML 数据的检索,但是当 XML 文档中子元素嵌套的层数过多,连接操作产生的代价太大,产生过多的数据冗余。所以需要将 XML 查询语言转换为 SQL 查询语言,支持对存储在关系数据库中的 XML 数据查询。由于检索返回的结果是关系型的,为了满足应用程序的透明性,查询的封闭性,需要将数据格式进行转换,以 XML 文档的形式发布查询结果。

1.1.4 基于 XML 的网络化制造资源检索系统

一、网络化制造环境下资源特点及组成

制造资源是"企业完成产品整个生命周期中所有生产活动的总称"。它是企业活动的载体,贯穿于产品生产的全过程。按其特征可以分为广义制造资源和狭义制造资源。广义制造资源是企业完成产品整个生命周期中所有生产活动的物理元素的总称,是面向虚拟制造和敏捷制造的信息需求的高层次应用的制造资源。按其使用范围可以分为物资资源、信息资源、技术资源、人力资源、财务资源和其他一些辅助资源。其中,物资资源包括设备资源、物料资源等;信息资源是指与制造过程相关的各种信息,如市场信息、客户信息等;技术资源包括的范围非常广,是网络化制造的核心资源,它包括管理技术、设计技术等;人力资源指参与产品生产活动的所有人员;财务资源指企业的固定资金、股份资金等;辅助资源指不直接参与产品制造生产过程,但对企业同样起着至关重要的作用,如企业的文化、信誉等。狭义的制造资源是广义制造资源的一个子类,是指加工一个零件所需要的物质元素,是面向 CIMS、CAD、CAPP、NC 等制造系统底层的制造资源,它包括机床、工件、刀具、夹具、量具等。

在网络化制造环境下,制造资源在保持传统的支撑制造业的基本物理元素外,

引进了信息资源、动态联盟、资源优化配置等一些新的概念和元素以满足网络化制造环境下对制造资源的需求,并赋予制造资源新的特征。网络化制造环境下,制造资源是由分布在不同地域的多个企业资源组成,企业之间的竞争由以前的单个企业之间发展成为多个企业之间的竞争,为了在市场竞争中处于有利地位,企业之间形成动态联盟形式共同抵抗市场的风险。由于制造资源隶属于不同企业的不同部门,各个企业的资源管理模式、分布层次、资源形态等方面都存在着差异,有必要为制造资源建立统一的模型,借助于网络技术,加强企业之间的协作,达到资源的高度共享。

二、利用 XML 对制造资源模型进行描述

网络化制造环境下的制造资源最大的特点就是资源的共享,而且伴随着一些新元素的引入,使制造资源更加复杂化。为方便资源的管理,对制造资源的分类是必要的。分类见图 1-4 所示。

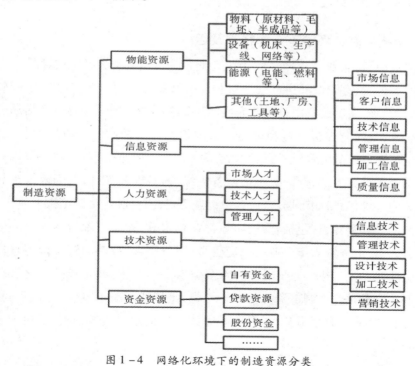

图 1-4 网络化环境下的制造资源分类

数控机床是制造资源中典型的加工设备,它的技术水平在某种程度上代表一个国家的制造业水平。所以以数控机床为研究切入点,对它进行深入探讨和具体描述。数控机床涉及的概念非常多,把具有共同属性或特征的资源归并在一起,封装成资源标识、基本属性、技术参数、辅助工具和制造能力五个不同的子类来描述资源实体及其相互关系。其中,资源标识是用来识别资源,确定资源的唯一性;基本属性表达一些资源的基本信息,它包括资源的名称、资源类型、资源型号、资源简介、资源所属单位、资源所在地等;技术参数是指资源的一些技术条件和数据,它包括主轴转速、进给速度、电机功率、最大行程、最大负载等;辅助工具是指在完成某一网络化制造任务时,需要进行协作的一些资源群体。对于数控机床来说,经常用到的辅助工具有刀具、夹具和量具。其中刀具安装在数控机床上的,它是保证工件满足加工要求的关键,也是实现机械加工不可少的工具。刀具可以从刀具名称、刀具型号、刀具类型、加工规格、尺寸参数、刀具材料、切削参数几个方面对它进行描述;制造能力是通过一系列的制造活动组合,完成某一制造任务,并达到一定的要求。制造主体拥有某种制造方法,对制造对象进行加工,使它达到满足要求的制造结果。描述制造能力可以从加工对象、加工方法、加工结果等方面进行描述。其中加工对象可以从零件的几何特征,材料类型,毛坯类型等进行描述;加工方法可以分为机加工方法和非机加工方法。而描述加工结果可以从精度结果,加工时间,加工成本三个角度进行表示。数控机床模型可以表示如图 1-5 所示。

用 XML Schema

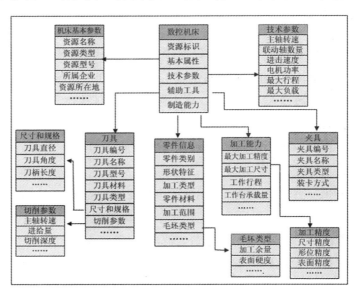

图 1-5　数控机床模型

描述数控机床的资源模型,并以 Schema/WSDL 形式显示如图 1-6 所示。

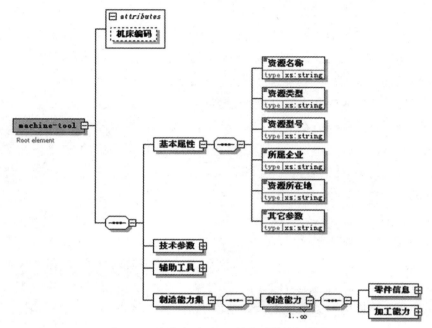

图 1-6　数控机床 XML 模式的层次结构图

三、制造资源模型在网络化制造中的实现

　　XML Schema 模式自确定下来,就得到广泛的关注与应用。基于 XML 制造资源模型通过 XML Schema 描述和约束资源的层次结构关系、数据类型、数据格式及数据内容。网络化制造环境下的制造企业根据检索系统发布的制造资源的 XML Schema,开发出描述本企业制造资源的 XML 文档。那么,来自异地异构的同一类的制造资源绑定在统一的制造模型 XML Schema 上,屏蔽了资源的异构性。制造企业按照资源模型开发出描述本企业资源的 XML 文档,通过模式验证并按照相应的映射规则加载到系统数据库中,实现制造资源信息的共享,满足网络化环境下资源获取要求。同时,为制造资源的检索、产品协同设计、资源优化配置等应用做好准备。基于 XML 的制造资源模型实现过程如图 1-7 所示。

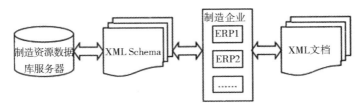

图 1-7　网络化制造资源模型研究

四、基于 XML 模式的制造资源存储方法

把 XML 文档存储在关系数据库中是一种很好的数据管理模式,并且许多传统的关系数据库集成了对 XML 技术的支持。采用的是基于 XML Schema 实现 XML 文档在关系数据库中的存储,所以必须先完成 XML 模式向关系模式的转换,之后 XML 文档按照映射规则加载到关系数据库中。

1. 模式转换中存在的问题

从数据库的观点来看,XML 也可以看成是数据库,它的模式文件可以看作是数据库的模式。但是 XML 模式和关系模式毕竟是两种不同的管理模式,在进行转换的过程中遇到许多问题:首先从数据存储模型上看,XML 模式是通过有序、嵌套的树型结构描述资源的;而关系数据库是用二维表格的方式存储数据的,表格由行和列组成。列是表示存储数据信息的属性,通常被称为"字段",行是表示一条完整信息的记录。那么,就涉及如何将一个树型结构转化成一个二维表的结构。此外在 XML Schema 中,各个元素结点之间通过 sequence 标签,严格限定各结点之间的顺序。而关系数据表,各个记录之间的关系是对等的,没有次序之分,那么,如何在模式转换的过程中保持 XML 模式文档中各个结点之间的次序也是需要考虑的问题。

2. 基于 XML Schema 的映射方法

国内外学者对结构映射方法做了大量的研究工作,但是大多数都是基于 DTD 的,纯粹的基于 XML Schema 研究工作很少,并没有提供一个普遍性的映射方法。Philip Bohannon 等人提出了一种基于代价的模式映射思想,开发出可能的映射存储空间,针对不同的应用,提供最佳的映射方法。其实,采用何种映射方法对 XML 文档进行存储,不仅取决于数据本身的特性,更取决于具体的应用。研究的是网络化环境下的制造资源检索,在对制造资源进行统一建模的条件下,对其进行存储及检索。在借鉴 Philip Bohannon 等人的研究基础之上,结合制造资源的特点,对映射方法进行改进和完善。

XML Schema 模式向关系模式转换,就是把 XML Schema 中的元素、属性、元素间的层次关系等映射为关系数据库中的表、列以及通过主外键建立起来的表之间的关联关系。对 XML Schema 中经常用到组件进行探讨,对一些复杂而又不常用的组件不进行讨论。

以数控机床的 XML Schema 为例,针对它的应用特点,探讨 XML 模式向关系模式转换的算法。

在将 XML 模式映射为关系模式前,必须分清 XML Schema 中定义的简单类型元素和复杂类型元素。其中,简单类型的元素(simpleType)只具有字符串数据内容,没有元素或属性,它出现在 XML 文档结构树中的终结点(叶子结点),每个简单元素在复杂类型元素中只出现一次。复杂类型的元素(complexType)包括子元素、属性、混合类型和空元素,它们是 XML 文档树中的非终结点。可以理解为复杂类型是用来约束 XML 文档的结构,简单类型来明确 XML 文档中的文本数据类型。与元素相比,属性不具备元素易扩展性等优点,但是它使用方法简单,一些元数据应该使用属性进行存储,如用元数据描述语言、单位等。通常在将 XML 模式转化关系模式时,把属性考虑成元素,使转换方法变得简单。

对于复杂类型元素生成带有主键的表,简单类型元素和属性内嵌到复杂元素的表中生成列,复杂类型元素中的复杂元素生成的表需要加入上层复杂元素的主键作为外键,通过主键和外键建立表之间的联系,反映 XML 文档中父元素与子元素之间的嵌套关系。如果子元素或属性是可选的,可以设置为 null。

在把 XML Schema 转换成关系模式的过程中,也要实现数据类型的映射,例如可以把 XML Schema 中的"xs:string"类型映射为数据库 SQL Server 2000 中的 nvarchar 类型,"xs:decimal"可以映射成 decimal 类型。但是,XML 数据类型的长度一般情况下是没有限制的,在转换的过程中可能会超出关系数据库中数据类型提供的范围,所以在转换的过程中要给出一个合适的长度值,尽量保持 XML 数据的特点。

前面给出了从 XML 模式到关系模式转换的主要思路,探讨下 XML Schema 转换为关系数库模式的具体实现过程。一个 DTD 模式可以用一个简化的有向图来表示,同样任何一个 XML Schema 文档也可以表示为一个 XML 有向图 G = (V, {A}),它包括一个结点集 V 和一个边集 A。有向图可简单表达为: < XML 图 > :: = < 节点 > | < 边 >。由于页面的限制,只对数控机床模型中的制造资源能力集部分用有向图表示,如图 1 – 8 所示。结点表示 XML Schema 中的元素、属性和正则路径运算符,边表示 XML Schema 中的元素之间的嵌套关系。其中正则路径的运算符号由 XML Schema 中的 minOccurs 和 maxOccurs 的属性指定。

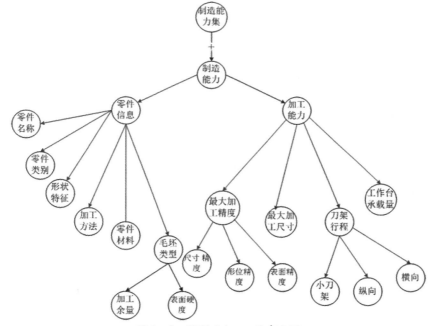

图 1 – 8　XML Schema 的有向图

XML Schema 是一个标准的 XML 文档,所以它也应该满足 XML 文档格式良好的条件。在对 XML Schema 解析前,首先应该对它进行验证是否格式良好,之后再进行解析。解析 XML Schema 的过程,就是遍历 XML 文档的过程,从根结点开始,解析出 XML Schema 中各个结点的类型、属性以及节点之间的关系,并根据结点的类型进行判断是否单独生成关系表以及表之间的关联关系等。根据解析出来的结果,调用 SQL 语句生成关系数据表。这样从 XML Schema 到关系模式的映射过程完成,下面图 1 - 9 是映射过程的流程图。

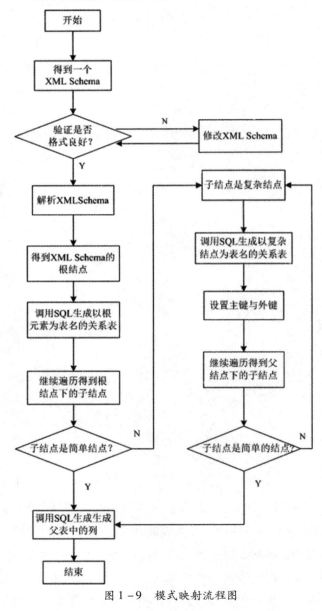

图 1 - 9　模式映射流程图

（1）检验 XML Schema 格式的合理性

XML 技术应用首先是选择合适的 XML 解析器，为应用程序提供统一的接口。选用 JDOM 作为 XML 文档的解析器，它是专为 Java 程序员设计的、一个开放源代码的纯 Java 树式 API，用于分析、建立、处理和序列化 XML 文档。JDOM 可以从文件、网络套接字、字符串或任何其他可以连接流和阅读器的地方读取现有的 XML 文档。但是，JDOM 没有自己的自然解析器，而需要利用几个速度较快、测试较好的 SAX2 分析器，例如 Xerces 与 Crimson。所以用 JDOM 处理 XML 文档时需要构造一个 SAXBuilder 对象，并将读取到的文档以字符串的形式传递到 builder() 方法。如果读取到的文档形式是不合理的，要抛出 JDOMException。核心代码如下：

```
public class JDOMChecker{
… …
SAXBuilder builder = new SAXBuilder( );
try{
    String xmlpath = request. getParameter( "xmlpath" );
    Document doc = builder. build( xmlpath );
     … …}
 catch ( JDOMException e){
    … … }}
```

（2）关系模式的生成

当 XML Schema 通过格式验证后，就可以调 JDOM 类的方法在 XML Schema 文档中进行遍历解析，根据映射规则，生成关系模式。解析从文档的根结点开始，依次解析出各种类型的结点。根据解析出来的结点信息，判断哪些结点生成表，哪些结点生成表中的列以及表之间的关系等，之后调用 SQL 语句在关系数据库中生成相应的表。实现模式转换的算法如下：

```
public class RelationalSchemaGenerate ( ) {
//对 XML Schema 下的每个元素结点进行解析
public static void parse ( Element element){
inspect( element );
```

```
List content = element. getContent( ) ;
Iterator iterator = content. iterator( ) ;
While( iterator. hasNext( ) ) {
Object o = iterator. next( ) ;
If( o instanceof Element)//instanceof 测试 Element 内容列表中的每个对象
{
Element child = ( Element) o ;
parse( child) ;} } }
public static void inspect( Element element) {
… …//对元素结点类型进行判断,调用 SQL 语句生成相应的数据表
} }
```

3. 基于 XML Schema 的编码

XML 作为一个信息交换的标准,应该具备在异构模型间进行等价转换的能力,所以在 XML Schema 模式向关系模式转换的过程中,不但要完成内容和结构的映射,同时也要保持 XML Schema 原有的语义约束。完整的语义约束对于指定语义规范、维护数据一致性、查询优化和信息集成都起着关键的作用。在前面所探讨的基于 XML Schema 的结构映射方法,模式中的父子关系是通过在数据库中建立主外键表实现的,主键表定义了父元素,外键表定义了子元素。但是在关系数据库表中,列之间的次序是对等的,在模式转换的过程中,丢失了 XML Schema 中兄弟约束、双亲约束等。所以需要在关系数据库中,为 XML 模式建立一个附加的关系数据表,保存 XML 模式中的各种语义。

P. F. Dietz 提出一种 XML 文档的编码方案,称为 Dietz 编码。它的编码原则是对文档树中的每一个结点赋予一个二元组 < pre, post >,其中 pre 是该结点的扩展先序遍历序号,所谓扩展先序遍历就是对 XML 模式文档进行扩展先序遍历,其基本思想就是:对 XML 文档树中的所有对象进行先序遍历(即深度优先遍历),产生这些对象的扩展先序遍历序号,并将这些对象的扩展先序遍历序号按升序进行列表;post 是该结点的扩展后序遍历序号,扩展后序遍历和扩展先序遍历相对应。在 Dietz 编码的基础上,为 XML Schema 中的每一个元素、属性结点定义一个四元组

<tagName,pre,post,depth > , 称之为 Dietz1 编码。其中,tagName 是结点的名字,
depth 是该结点在文档树中所处的层数。图 1 – 10 是通过上述定义得到的 XML 模
式树的遍历编码图。

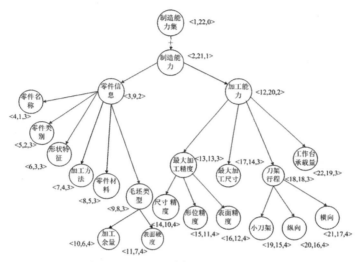

图 1 – 10 XML 模式树的遍历编码图

在 XML Schema 中各元素或属性结点的(tagName,pre,post,depth) 的编码结
果,如表 1 – 1 所示。

表 1 – 1 XML Schema 的 Dietz1 编码结果

tagName	pre	post	depth
制造能力集合	1	22	0
制造能力	2	21	1
零件信息	3	9	2
零件名称	4	1	3
零件类别	5	2	3
形状特征	6	3	3
加工方法	7	4	3
零件材料	8	5	3

表 1 - 1   续表

tagName	pre	post	depth
毛坯类型	9	8	2
加工余量	10	6	4
表面硬度	11	7	4
…	…	…	…

通过简单的算术运算就可以判断任意两个对象之间的关系。例如,同一个 XML Schema 中任意两个对象 x 和 y,当 pre (x) < pre (y) ∩ post (x) > post (y)时,对象 y 是 x 的后裔,如果满足 depth(x) = depth(y) − 1 时,对象 y 是对象 x 的子元素;在同一个父元素的条件下,当 pre(x) < pre (y)就可以判断结点 x 位于结点 y 之前的兄弟结点,即左兄弟结点。关于 Dietz1 编码方案,在后续章节介绍的基于 XPath 的快速定位查询中,进行深入探讨。

4. 加载 XML 文档到关系数据库

在完成 XML Schema 向关系模式转换后,在关系数据库中生成的数据表只是个空架子,系统需要将基于 XML Schema 开发的 XML 文档加载到关系数据库相应的表中。首先,需要用 XML Schema 对 XML 文档进行有效性验证,判断要载入的文档是否符合给定的 XML 模式,如果验证有效,从 XML 文档树的根结点开始,按顺序对文档进行解析,解析出来的 XML 数据按照 XML Schema 在关系数据库中生成的数据表,存储到关系数据库中;如果验证无效,不对此 XML 文档进行处理。

五、基于 XML 模式的制造资源检索

1. 基于 XML Schema 的制造资源结构树

在制造资源检索系统中,在用户的界面上将制造资源的组织方式按照 XML Schema 的树型结构呈现给用户,能够导航用户结构化检索,提供灵活的用户与系统的交互方式,让用户了解系统内部的处理过程,实现检索的透明化。

制造资源结构树将 XML Schema 定义的元素之间的层次关系通过树的节点之间的层次体现出来,让用户了解制造资源在数据库的组织形式,引导用户检索。用 JDOM 解析 XML Schema,将解析出来的各个元素结点与资源结构树中的结点对

应,使生成的制造资源结构树满足于 XML Schema 的定义。图 1 - 11 即为基于
XML Schema 的数控机床的结构树。

图 1 - 11　基于 XML Schema 的制造资源结构树

2. 关系模式下的查询体系设计

随着 XML 各项技术的发展,它的查询语言也不断出现,但是这些查询语言都
是针对 XML 文档执行查询的。而在中是将 XML 文档存储在关系数据库中,是对
关系数据库中的 XML 数据进行检索。所以需要将现有的 XML 查询语言转换成
SQL,支持对存储在关系数据库中的 XML 数据查询,并将 SQL 查询得到的平坦表
形式的结果再转化为 XML 文档形式返回给用户或应用。

鉴于 XPath 是各种 XML 查询语言的核心,在匹配的 XML 文档结构树时,能够
准确定位 XML 文档中的结点。因此,选用基于 XPath 实现查询语言的转换。其查
询实现的过程如图 1 - 12 所示。

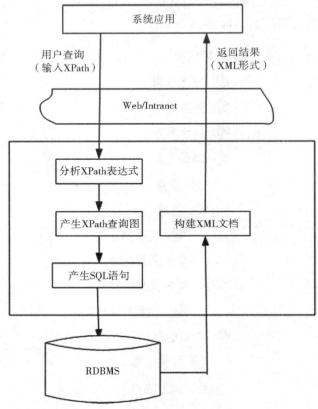

图 1 – 12　查询过程结构图

　　当用户提出 XPath 查询后,分三步执行该查询。第一步,将 XPath 表达式进行语法分析,把它表示成为一个图的形式,称为 XPath 查询图。XPath 查询图是 XPath 路径表达式的中间表示形式。第二步,根据 XPath 查询图产生 SQL 语句,XPathExpr 图中的结点和边是用来生成 SQL 查询的子句。第三步,将查询得到的关系形式结果进行重构,以 XML 文档的形式返回用户,其目的是为了保持 XML 文档自身的特性。

　　3. 查询语言的转换

　　为了提高 XML 数据的查询效率,特别是结构查询的效率,许多专家和学者都致力于 XML 文档索引的建立。而 XML 模式的结构信息对于 XML 索引的建立以

及查询效率的提高,可以产生很大的影响,但是大部分索引结构中都没有利用到
XML Schema 这一有效资源。随着网络化制造技术的发展,各个制造企业的各项标
准包括共同遵守的 XML Schema 也会逐渐形成,因此,利用 XML Schema 实现制造
资源的查询优化是一条重要的途径。通过对 XML 模式各结点进行编码,实现
XPath 加速定位,完成查询语言的转换。

(1)XPath 简介

XPath 语言是由 W3C 定义的一种标准的图形化导航语言,它是各种 XML 查询
语言的核心。XPath 的主要构件是表达式,但是在程序中经常用到的表达式是定位
路径,它分为相对定位路径和绝对定位路径。每个定位路径都是由一个或多个定
位步组成,每个定位步之间用正斜杠(/)分开。绝对路径以正斜杠(/)开始,它从
文档树的根结点(即文档结点)开始定位路径;而相对路径则直接从某个定位步开
始定位路径。定位路径表达式计算的过程就是从左到右计算每个定位步的过程。

一个定位路径由若干个定位步组成,每个定位步又是由两个冒号分开的轴和
测试结点组成,其后可跟随零个或多个由方括号界定的谓词表达式。其基本结构
可表示为 $axis - name :: node - set[predicate1][predicate2][predicate3]\cdots$。一个定
位步的计算先从轴和结点测试开始,产生初始结点集合,然后再利用各个谓词对初
始结点集合进行过滤,得到最后的结果结点集合。Xpath 定义了 13 个定位轴,如表
1 - 2 所示。

表 1 - 2　XPath 中的定位轴

名称	描述
child	选择上下文结点的子结点
descendant	选择上下文结点的后裔。上下文结点的后裔是由上下文结点的所有子结点以及子结点的后裔组成。因此,后裔轴不包含属性结点、命名空间结点等
parent	选择上下文结点的父结点
ancestor	选择上下文结点的祖先。上下文结点的祖先由上下文结点的父结点以及父结点的祖先组成
following – sibling	选择上下文结点之后的所有在其后(右)兄弟结点,如果上下文结点为属性结点或命名空间结点则此轴为空

表 1 - 2 　续表

名称	描　述
preceding - sibling	选择上下文结点之后的所有在其前(左)兄弟结点,如果上下文结点为属性结点或命名空间结点则此轴为空
following	在上下文结点所在的文档中,选择所有依照文档顺序在上下文结点之后的结点,但排除所有的后裔,也排除属性结点和命名空间结点
preceding	在上下文结点所在的文档中,选择所有依照文档顺序在上下文结点之前的结点,但排除所有的后裔,也排除属性结点和命名空间结点
attribute	选择上下文结点的所有属性结点,如果上下文结点不是元素结点,则该轴为空
namespace	选择上下文结点的命名空间结点,如果上下文结点不是元素结点,则该轴为空
self	选择上下文结点自身
descendant - or - self	选择上下文结点自身及其后裔
attribute	选择上下文结点自身及其祖先

（2）XPath 加速定位

前面已经采用扩展的 Dietz 编码对 XML Schema 中各结点进行编码,并把编码得到的结果存储在数据库表中。现在利用编码中的 pre(扩展先序遍历序号)、post(扩展后序遍历序号)、depth(结点所处文档树的层数)实现 XPath 查询中包含各种关系的快速定位,用来减少在查询过程中的连接操作,提高查询效率。它支持 XPath 所有定位轴的计算。

在 XPath 的 13 个定位轴中,ancestor(祖先)、descendant(后裔)、following(之后轴)、preceding(之前轴)是最基本的定位轴,这四个基本定位轴和 self 轴将整个文档进行划分,它们互不重叠而且包含文件中的所有节点。下面的图 1 - 13 表示的是一个 XML Schema 的编码图,每个结点表示成三元组的形式(pre,post,depth),把它命名为 Dietz1 编码。

Torsten 用 Dietz 编码中的 pre、post 分别作 x 轴和 y 轴,建立直角坐标系,用来作为 XPath 中定位轴的判别条件,所建立的直角坐标系如图 1 - 14 所示。

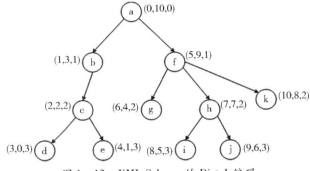

图 1-13　XML Schema 的 Dietz1 编码

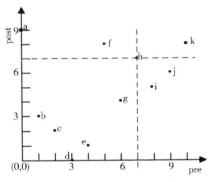

图 1-14　Dietz 直角坐标系

　　下面以坐标系中的 h 结点为例,剖析它与各个结点之间的关系。在 h 结点的左上部分的 a 和 f 结点是 h 结点的 ancestor 结点,即祖先结点;在 h 结点的右上部分的 k 结点是 h 结点的 following 结点,即是后序结点;在 h 结点的左下部分的 b、c、d、e、g 是 h 结点的 preceding 结点,即先序结点;在 h 结点的右下部分的 i 和 j 结点是 h 结点的 descendant 结点,即是后裔结点。

　　通过引入元素结点在文档树中所处的层数即 depth,进行判断 XPath 查询中包含的各种关系。使用表达式 Condition(Str,Rel,AxisType)表示一个轴计算的判别条件。其中 Str 表示的是关系表,Rel 表示基于 Dietz1 编码的查询轴判别条件,AxisType 表示定位轴的类型。如 Condition(Str,Rel,Par)表示的是判断两结点之间的双亲关系,它的判断条件是 Str. pre(u) < Str. pre(v) ∩ Str. post (v) > Str. post (u), and Str. depth(u) = Str. depth(v) − 1 时,则结点 u 是结点 v 的父结点。下面的表

3-3表示的是基于 Dietz1 编码的对 XPath 所有定位轴的计算判别条件。

表 1-3　基于 Dietz1 编码的 XPath 查询轴的计算判别条件

XPath 查询轴	判别条件
descendant(u) {v|v 是 u 的后裔}	$pre(u) < pre(v) \wedge$ $post(v) < post(u)$
descendant - or - self(u) {v|v 是 u 的后裔或自身}	$pre(u) \leqslant pre(v) \wedge$ $post(v) \leqslant post(u)$
following(u) {v|v 位于 u 之后}	$pre(u) < pre(v) \wedge$ $post(u) < post(v)$
following - or - sibing(u) {v|v 是 u 的右兄弟}	$pre(u) < pre(v) \wedge post(u) < post(v) \wedge$ $parent(u) = parent(v)$
parent(u) {v|v 是 u 的双亲}	$pre(v) < pre(u) \wedge post(u) > post(v) \wedge$ $depth(v) = depth(u) - 1$
ancestor(u) {v|v 是 u 的祖先}	$pre(v) < pre(u) \wedge$ $post(u) < post(v)$
ancestor - or - self(u) {v|v 是 u 的祖先或自身}	$pre(v) \leqslant pre(u) \wedge$ $post(u) \leqslant post(v)$
preceding(u) {v|v 是位于 u 之后}	$pre(v) < pre(u) \wedge$ $post(v) < post(u)$
preceding - sibling(u) {v|v 是 u 的左兄弟}	$pre(v) < pre(u) \wedge post(v) < post(u) \wedge$ $parent(v) = parent(u)$

(3)XPath 到 SQL 查询转换

将一个 XPath 路径表达式转换为一个 SQL 查询需要分两步来实现。第一步是根据 XPath 表达式产生 XPathEpr 图,第二步是根据 XPathExpr 图产生 SQL 语句。

①产生 XPathExpr 图

一个 XPath 路径表达式能够表示为一个有向边标记图 G(N,E),称为 XPathExpr 图,N 是图中所有结点的集合,E 是图中所有边的集合,并满足如下条件:

a. 结点是由测试结点和谓词结点组成,其中,谓词结点需要进一步分解,最终转换成文本结点、属性值结点等基本类型的结点;

b. 每个结点都有一个值,对于测试结点,值为测试结点的元素名称;对于谓词结点,值为路径表达式;对于文本结点、属性结点等,值为相应的文本内容和属性值;

c. 一个 XPathExpr 图都有唯一一个起始结点和输出结点。其中起始结点是 XPath 定位的开始,它作为 XPathExpr 图的根结点。输出结点是最后一个定位步中测试的结点,它是 XPathExpr 输出结点。

d. E 是互不相交边的并,表示结点之间的关系。

一个 XPath 路径表达式被谓词或特殊定位符分割成一个绝对路径和几个相对路径。首先在不考虑谓词的情况下,以一个路径表达式作为输入,生成该路径表达式的初始 XPathExpr 图,该初始的 XPath 查询图包含测试结点和谓词类型的结点,其中测试结点之间的边是定位轴的类型,表示结点之间的关系。产生的 XPath 查询图的初始图如图 1 – 15 所示。

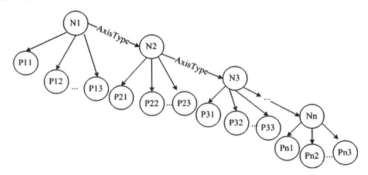

图 1 – 15   路径表达式的初始 XPathExpr 图

生成初始的 XPath 查询图后,对包含谓词的结点,需要进一步分割,如果结点类型是文字类型,则将结点的类型改为谓词可变的范围;如果结点的类型是路径表达式,则需要进一步产生初始 XPathExpr 图,直到所有的谓词结点都转换成基本类型的结点集,产生最后的 XPath 查询图 1 – 16。

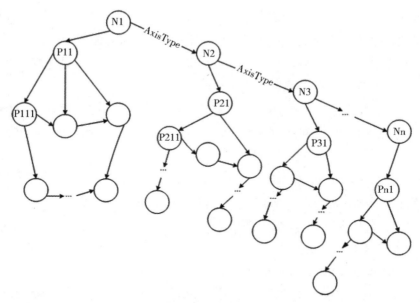

图 1 – 16   路径表达式的 XPathExpr 图

给出一个 XPath 表达式对应的 XPathExpr 图如图 1 – 17 所示。

XPathExpr = /制造能力集/制造能力[@ id = "001"]//尺寸精度

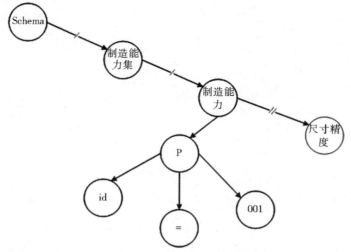

图 1 – 17   一个 XPath 路径表达式的 XPathExpr 图

②根据 XPathExpr 图产生 SQL 查询

根据上面介绍的快速定位方法,可以将 XPath 中的定位轴转化为 SQL 中的 where 子句和 from 子句,下面以具体的例子说明实现的过程。路径表达式为 XPathExpr =/制造能力集/制造能力//尺寸精度,对应的 XPathExpr 图如图 1 - 18 所示。

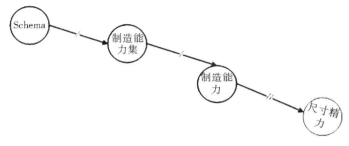

图 1 - 18　一个 XPathExpr 图

a. 因为在将 XPath 查询语言转换为 SQL 查询语言时,要求 XPath 表达式必须是绝对定位路径,所以必须从 XML Schema 的根结点开始定位。首先定位到元素结点制造能力集,那么通过 SQL 语句找到用来确定元素结点制造能力集的 Dietz1 编码(pre,post,depth),即 SELECT pre,post,depth FROM structure WHERE 元素标记 = '制造能力集',就可以得到结点制造能力集的 Dietz1 编码,把得到的 Dietz1 编码记为 step1;

b. 定位到结点制造能力时,轴的类型是"/",则表明需要查找元素结点制造能力集的子结点,需要在 WHERE 子句中添加 WHERE structure. pre > step1. pre AND structure. post < step1. post,structure. depth = step1. depth - 1,AND structure. 元素标记 = '制造能力',此时得到结点制造能力的 Dietz1 编码,把得到的 Dietz1 编码记为 step2;

c. 定位到结点尺寸精度时,轴的类型是"//",则表明需要查找元素结点制造能力后裔结点,需要在 WHERE 子句中添加 WHERE structure. pre > step2. pre AND structure. post < step2. post,AND structure. 元素标记 = '尺寸精度',此时得到结点尺寸精度的 Dietz1,把得到的 Dietz1 编码记为 step3;

此时,通过使用 XPath 快速定位得到结点尺寸精度的 Dietz1 编码,就可以检索到关系数据表中相应的内容。具体实现的算法如下：

public class XPathGenerateSQL{

ArrayList　Dietz1SetList　//元素结点的 Dietz1 编码集合组成的序列

int ENPre = Dietz1SetList(m). GetElementPre( )；　//得到结点的先序遍历编码

int ENPost = Dietz1SetList(m). GetElementPost( )；　//得到结点的后序遍历编码

int ENDepth = Dietz1SetList(m). GetElementDepth( )；　//得到结点在文档树中所
//处的层数

switch( )　　　　　　　　　　//根据定位轴的类型产生 where 语句
{ case'/'：ENPre > Dietz1SetList(m). GetElementPre( ),ENPost < DietzSetList(m).
GetElementPost( ),AND ENDepth = DietzSetList(m). GetElementDepth( ) − 1

case'//'：ENPre > Dietz1SetList(m). GetElementPre( ),ENPost < DietzSetList(m).
GetElementPost( )

}

string SELECTstr　　　　　　　　　//构建 select 子句
string FROMstr　　　　　　　　　　//构建 from 子句
string WHEREstr　　　　　　　　　//构建 where 子句
if(n = 1)

{

SQLString = SELECTstr + FROMstr + WHEREstr　//产生 SQL 语句

}

else

{… …//调用递归函数,产生最后的查询语句}

}

4. 以 XML 文档形式发布查询结果

当对存储在关系数据库中的 XML 数据进行检索时,要求返回系统用户的结果是 XML 文档形式的,这样使得关系数据库只是作为一个存储 XML 文档的中间件,保持了 XML 文档自身的特性。在关系数据库 SQL Server 2000 中提供的 XML 查询语言 FOR XML 在执行查询语句时,返回的结果直接就是 XML 文档形式,而 XPath

查询语言是经过转换成 SQL 语句执行对关系数据库中的数据进行查询的,返回的结果是关系型的,所以需要对查询结果片断进行重构,以 XML 文档形式发布查询结果。

作为 XML 查询语言,一个 XML 的查询应该得到一个 XML 文档。这样就满足了查询的封闭性,它有许多优点:(1)XML 视图可以通过一个查询来定义;(2)可以帮助查询的合成和分解;(3)可以做到应用程序的透明性。这对于数据交换尤为重要,因为 XML 文档不仅仅是作为基本的文档而存在,它经常作为中间的查询结果而存在。查询的封闭性使得应用程序可以同样处理基档和查询结果。XML 文档重构的核心代码如下所示:

```
public class ReStructXML{
Document document = new Document(new Element(" "));//创建文档
ResultSetMetaData rsmd = rs.getMetaData();   //获取字段名
int numberOfColumns = rsmd.getColumnCount();//获取字段数
 int i = 0;
 while(rs.next()){
Element element0 = new Element(" ");   //创建元素 生成 JDOM 树
document.getRootElement().addContent(element0);
for (i = 1; i < = numberOfColumns;i + + )
{
element0.addContent(element);}}
……
XMLOutputter outp = new XMLOutputter();
outp.output(document,new FileOutputStream(" "));//输出 XML 文档}
```

1.2　基于数控领域本体的智能检索系统

互联网的迅猛发展,网络信息数量的激增以及用户对信息的需求增大,特别是对于要涉及多方面知识的数控技术领域的研究人员,更需要在无限无序的空间里,快速、准确地查询所需要的知识信息的技术手段。为了满足用户需求,搜索技术的已开始朝着智能化、多元化、多功能化、人机交互等方向发展。

主要针对网络信息检索的智能化服务以及检索的准确率,提出了利用知识本体库和用户兴趣模型,以及潜在语义标引模型和智能主体技术,为用户提供准确的知识信息。研究的目的在于设计一个具有一定智能性和人性化的专业检索系统,提高检索系统的语义性,提高信息采集质量,为用户提供更人性化、准确的信息服务。的主要工作包括:

①提出了基于知识本体和多智能主体技术的网络信息检索系统(Mechanical Intelligent Information Retrieval system,简称 MIIRS),分析了数控技术知识领域的知识组织和检索的智能化方案,并详细讨论知识本体和多智能主体技术的特性以及其在检索系统的适用性。

②阐述了数控技术领域知识的发展过程,并对其中的概念和概念之间的关系进行分析,利用"七步法"构建数控技术领域本体,用数据库存储该本体。

③提出了学习主体的学习模型,并分析了其学习用户兴趣的过程,形式化定义了用户的兴趣度,并构建用户的兴趣模型,为用户提供更贴切用户需求的服务做准备。

④提出了利用现有信息检索技术的潜在语义标引模型,为该系统量身打造信息提取算法和信息过滤算法,将信息按本体库的类别进行分类存储,将满足用户需求的信息提供给用户,并分析不同的相似度阈值 S 的系统获得的查询准确度。

1.2.1 面向数控领域的智能检索系统体系的构建

智能检索系统的目的是智能地为用户快速提供准确的信息资源。这需要解决的问题包括:信息表示的标准化,信息语义化、获得信息的智能化、信息服务个性化。即整个系统的信息表示要一致,避免信息的误检,同时信息能够被计算机所理解和处理,了解用户检索的意图,保证检索的准确性,并以人为本,为不同用户提供个性化服务。

知识本体解决信息的标准化以及语义化问题,知识本体可作为智能主体之间的互操作基础,在用户间或智能主体间达成对于信息组织结构的共同理解和认识,实现知识信息表示的统一化,并使信息具有计算机可理解性。智能主体技术解决获取信息的智能化和个性化问题。智能主体具有感知能力、问题求解能力与外界进行通讯能力,能持续自主地发挥作用。通过跟踪用户行为,学习用户的兴趣,不断更新用户的特征库,实现检索的个性化和智能化。

一、面向数控领域的智能检索系统总体框架

系统的目的是帮助用户查找的合适的网络资源,利用知识本体能提高检索的语义性,将用户的请求语义明确化,并可以将机械的数控领域的信息资源进行结构化组织,使用户能有效地找到所需资源。而智能主体跟踪用户行为,学习用户的兴趣,了解用户的检索意向,为用户提供更准确的检索服务。基于数控领域本体智能检索系统(Mechanic Intelligent Information Retrieval System)MIIRS 的总体框架如图 1 - 19 所示。

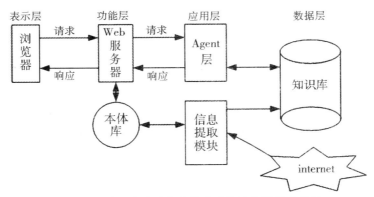

图 1 - 19　基于本体的智能检索系统总体框架示意图

整个框架图是基于 TCP/IP 协议上的概念层次,共分为表示层、功能层、应用层、数据层。这四个层次各有分工,具有相对的独立性,同时又有一定的相互联系。

表示层,使整个系统的最高层次,它直接负责和用户交互,也称为人机界面。其功能包括两个方面:一是接受用户的查询请求以及一些与查询请求相关的参数。二是按照用户的要求提交查询结果,可以把搜索的结果以文本的方式或者 html 格式返回给用户。

功能层,作为 Web Service 应用程序服务器端,负责表示层与应用层之间的数

据传输,具体表现为接受用户查询请求,利用本体库将用户的请求和参数语义化和准确化,将用户的需求传送给应用层,并将应用层送回来的处理结果送给表示层,返回给用户。

应用层,包括 Agent 层和信息提取模块,它是整个系统最复杂也是核心的部分。Agent 层包括学习 Agent、搜索 Agent、过滤 Agent,学习 Agent 负责收集用户信息,跟踪用户行为,挖掘用户的兴趣爱好,建立用户的信息模型。搜索 Agent 负责按照用户的需求搜索信息资源,利用规范化的请求信息搜索本地知识库和因特网,将检索的文档发给过滤主体进行过滤处理。过滤主体将获得资源与用户的需求进行匹配,将符合要求的内容发送给用户,并将用户感兴趣的信息存储到知识库。

数据层,包括知识库和网络 Internet,存储了大量的信息资源。其中知识库是系统经过信息提取模块进行语义标注的信息知识,其内容都是数控领域的相关知识。而网络层是一个浩瀚的信息海洋,其内容丰富多样,该层不属于系统的构建范围,是系统的检索对象之一,因此在开发过程中,可不必考虑网络的具体细节,系统的关键在于应用层的开发。

二、系统主要部件的功能分析及工作原理

MIIRS 中,主要由以下部分组成:用户界面、学习主体、过滤主体、信息提取模块、查询模块。现进行分析如下。

1. 用户界面

用户界面是系统与用户交流的一个平台,其智能化界面是智能检索系统的外在体现。一个好的界面可以为系统学习用户兴趣,了解用户需求更加方便快捷,也能为用户提供检索信息导航,为系统接受用户反馈提供基础。

（1）功能描述

该系统的用户界面必须提供以下功能:

• 用户首次登录系统,需要用户在注册,以登记自己的基本信息和个性信息,并将这些信息提供给学习主体,为用户构建一个用户信息模型。所以用户界面必须提示用户填写包括用户名、密码、联系方式、知识背景等基本信息,以及包括研究领域、研究主题等个性信息,完善的注册信息将便于系统对用户兴趣进行后续分析,为推断用户意图起着辅助作用。

- 用户在检索过程中,为用户提供信息导航,帮助用户确定自己需要的信息所在领域,方便系统确定检索范围,为用户提供准确的信息。同时,可以接受用户的反馈信息,记录用户对信息结果满意程度,并可接受用户对自己的个性信息的修改。

- 用户界面将检索的结果返回给用户进行浏览,并对用户的行为信息进行跟踪,包括用户使用系统的总时间,浏览某一主题的时间,用户的收藏行为,浏览次数等,将这些信息发送给学习主体来挖掘用户的兴趣爱好,修改用户兴趣模型,为下次检索提供更好的检索结果。

在用户看来,用户界面是整个系统的代表,用户使用系统是通过用户界面不断与系统进行交互而实现的。用户界面是用户与系统的一个桥梁,它对于用户来说,是信息导航的助手,是获得信息的窗口,对系统来说,是了解用户信息的关键。

(2)工作原理

用户界面作为系统中不可缺少的重要部分,是连接用户和系统之间的纽带。因此用户界面作为一种增强用户和应用系统之间的交互的计算机程序,其主要的工作原理是根据系统的性能以及所能提供的功能设计出合理完善的界面来实现用户界面的上述功能。

整个用户界面的工作流程包括三方面:一是用户个性信息的录入,二是输入检索内容,三是系统提供检索结果。具体的流程如下:

第 1 步,用户登录,新用户要先进行注册,才能更好地应用 MIIRS 系统进行查询。在填写用户信息时,如果写的越详细准确将获得更好的检索个性服务。对于已经注册过的用户可直接登陆进行查询。

第 2 步,将用户填写好的信息发送给学习主体,并可将学习主体构建好的用户兴趣模型的各个兴趣主题在页面上显示。用户可对自己的兴趣进行修改。

第 3 步,用户进行检索,在检索输入框输入检索内容,由搜索主体对知识库以及网络进行检索,在检索过程,用户可确定自己的检索主题,减小搜索的范围。

第 4 步,接收其他智能主体返回的检索结果,将最符合用户的需求提供给用户,提示是否重新检索。在用户浏览以及对结果进行评价的过程中,记录用户的行为和反馈信息,并根据记录调整用户模型和知识库。

第 5 步,若用户对此结果满足,并开始了下轮检索,则继续执行第 3 步。

2. 信息提取模块

先分析信息提取模块是因为这一模块是系统的基础,要先对网络上的信息进行提取,形成知识库,才能快速实现用户的检索请求。信息检索的前提信息存储有序化,无论是手工检索工具、机检系统,还是网络搜索工具都会根据自身系统特性,在一定专业范围内进行信息收集与选择,对收集的信息进行分析、选择、标引、描述及组织加工转换,形成系统信息库。本系统中的信息提取模块在构建之前也要先对数控技术领域的一些重要的知识信息进行收集存储,在检索过程中,这一模块也将发挥作用。

信息提取模块的功能主要包括对数控技术领域的信息进行收集,分析信息所属领域,对信息进行分类,然后进行选择,重复的信息进行删除,并对信息的大致内容进行描述、组织。

信息提取模块要实现上述要求必须提供以下几个功能:

- 预处理功能。网络信息一般具有多种格式,并有可能存在问题的网页,先剔除在格式、内容、语言等方面存在问题或严重缺失文档,产生相对规整的文档。

- 特征选取。一篇文档的内容主要是通过名词、动词和形容词等实词来体现的,将文档内容映射为一些特征项,并从中选取关键词来描述该文档。

- 文档分类。根据选取的文档特征向量,计算该文档的类别,并参考构建好的本体库,确定其所属的主题。

- 存储知识库。将分类好的文档按照本体的概念标注文档内容并存储到知识库中。

信息提取模块目的就是让计算机"理解"文档的内容,并分类存储。信息提取模块的标引和分类直接决定系统知识库的关键。

3. 学习主体

(1)功能描述

学习主体就是具有学习功能的一种智能主体。智能主体本身具有一定的社会性和反应性,能与其他智能主体进行交流,并对外界环境的变化做出实时响应。利用智能主体的一些特性,开发设计学习主体以满足系统的要求,即能对用户的兴趣进行学习,为用户构建兴趣模型。

学习主体要实现学习功能必须要包含以下功能:

- 要能识别用户的行为。用户的行为信息包括两方面,一方面是显性信息,即用户自己将兴趣信息直接填写交给学习主体。二是隐性信息,即用户在检索过程中,虽然没有告诉系统自己的检索意图,但其检索行为仍然能够反映其兴趣,比如,用户浏览某一主题页面后对其进行收藏。

- 将行为信息转换为用户的兴趣模型。用户的行为信息所反映出用户的兴趣程度不一样,利用计算公式将用户的行为信息转换成用户的兴趣度。与其他智能主体交互,提供用户兴趣信息,并记录和学习用户的检索行为。与知识库连接,存储用户模型。

(2)工作原理

学习主体连接的主要是用户和知识库,用户这端通过用户界面来进行交互,由用户界面将用户的行为信息发送给学习主体;知识库这端则通过数据库连接桥(JDBC)来对数据库进行访问与更新。

用户界面提供给用户填写的界面服务包括用户名、密码、用户类型、学历、专业、知识背景、研究方向和感兴趣资源等信息,知识库存储用户兴趣模型包括用户信息表,用户需求表。用户信息表中信息的存储方式为:用户{用户 ID、用户密码、用户类型、学历、专业}。用户需求表中信息的存储方式为用户需求{用户类型、知识背景、研究方向、感兴趣资源}。

学习主体的学习是一个渐进过程,一开始由用户填写的信息,构建一个初始的兴趣模型,在用户使用过程中,系统还要继续对用户的兴趣进行学习,其学习方法后面将详细介绍。

4. 查询模块

(1)功能描述

查询模块是检索系统的使能模块,也是关键模块。查询模块的主要功能如下:

- 用户查询请求语义化。用户的信息需求是模糊的,主要有以下几个原因造成,一是自然语言的模糊性,二是用户信息需求本身具有随机性和动态性,三是用户需求不可能充分表达。基于以上原因,查询模块要对用户的请求进行语义化。

- 查询功能。将规范好的检索请求用检索式表示,对系统的知识库进行查询,找出匹配用户需求的信息知识。若是知识库没有查找到相关的知识信息,则将检索式以多线程的方式发送给现有成熟的搜索引擎进行检索,返回的结果经过信息提取模块整理,存储到知识库中。最后把所获得的结果传送给过滤主体。

（2）工作原理

查询模块的语义化是利用本体库协助实现的,将用户的查询请求进行概念分析,利用本体库查询其检索的可能范围,并将同义词以及相关词返回给查询模块,查询模块将检索请求构造成规范的检索式。

而查询部分采取数据库查询方式。常见的数据库检索功能有布尔逻辑检索、截词检索、短语检索、字段检索等基本检索功能,以及新发展出的加权检索、自然语言检索、模糊检索、概念检索等高级检索功能。

5. 过滤主体

过滤主体的主要功能是根据用户的检索请求以及用户的兴趣模型,从系统知识库中过滤出最符合要求的内容提交给用户界面。

过滤主体的工作原理主要是利用向量空间计算相似度的方法,计算请求与知识库的标引词之间的相似度。

三、系统构架优点

第一,层次分明,便于系统维护和管理。将系统的功能明确分工,每个层次都互相独立,便于系统维护及管理,同时系统的开发、维护和升级工作集中于服务器端,降低维护人员的劳动强度,提高了系统更新的及时性和广泛性。

第二,配置简单。客户端只要有安装浏览器即可使用该检索系统,而不需要配备任何的客户端软件,就可以准确地获得网络信息资源。

第三,安全性高。客户端与数据库不再直接相连,客户端无法直接对数据库进行操作。

第四,知识能充分利用。首先,本体库对数控技术领域的概念进行统一准确描述,可以被 Web 服务器,Agent,信息提取模块充分利用和参考,而不需要为每个模块,Agent 内置知识模块。其次,知识是经过了信息提取模块的语义标注后存储在知识库中,知识能更充分准确地利用。

四、传统检索系统的方案

传统典型的网络信息检索系统也是现在流行的检索系统的基本结构如图 1 - 20 所示。

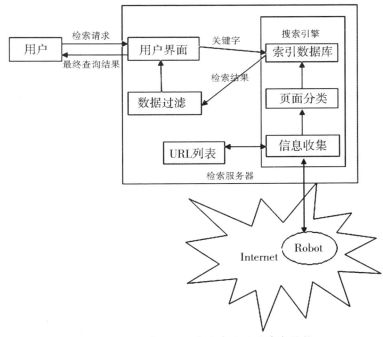

图 1 - 20　当前网络信息检索系统的基本结构

从图上可以看出,整个检索系统由用户、搜索引擎、网络三部分组成,首先由信息收集程序(Robot)到网络上搜寻所有信息,将搜索的信息带回给搜索引擎,然后对搜索到的信息(通常为每页的文本内容)进行分类整理,建立索引数据库,并通过 Internet 服务器软件为用户提供浏览器界面下的信息查询。用户通过浏览器界面提交信息查询请求,搜索引擎根据用户的输入,在索引中查找相关词语,并进行必要的逻辑上的运算操作,然后在索引数据库中查找匹配的网页,并将查询结果以超文本链的形式显示给用户;用户最终根据搜索引擎提供的连接去访问相关信息。整个流程沿用传统的收集→分类→索引→关键词检索的流程。

由上述过程可以看出,信息检索的关键是搜索引擎,信息搜索引擎负责信息收集、页面分类和索引数据库的建立。

（1）信息收集。目前网络信息检索系统的信息收集主要采用信息收集程序自动完成信息收集工作，一般以 URL（超链接）列表为基础，利用 http 协议，对远程站点进行访问，并将网页的部分或全部内容下载到本地，接着就是页面分类和索引数据库建立。

（2）页面分类。页面分类一般是抽取网页中的主题词作为 Web 页面的关键词，以关键词来对页面进行分类。抽取的依据是词频，即不考虑只起语法作用的词语的情况下，根据词语在页面中出现的频率，频率高的表示代表该页面主题的程度大。

（3）索引数据库的建立。索引数据库是存储分类的网页信息，包括关键字、网页摘要、网页的 URL 信息。建立索引数据库是为了组织已分类的网页信息，以便于用户检索。不同搜索引擎的页面分类方法不同，索引的内容也不尽相同，各自建立的索引数据库也会有差别。

这三个模块一起实现对索引数据库的动态维护。其中，索引数据库是用户进行检索的基础，它的数据质量直接影响到系统的检索结果，而信息收集技术则是决定索引数据库质量的关键。

根据上述分析，可以看出当前网络信息检索有如下特点，首先这种网络信息检索的重点是信息资源，将信息收集，分类，索引，然后再由用户进行检索，而不是以用户的需求作为出发点。其次，页面分类采取的办法是词频，它在一定程度上可以代表该页面的主题，反映该网页的内容信息，但却没有考虑词语的语义，而且体现该网页的关键词不一定出现频率高，甚至可能都没有出现过。第三，查询返回的结果是以 URL 链接形式提供给用户。用户查找信息还需要根据该链接查看该网页，确定是否是自己需要的。

五、采用智能主体技术和本体理论相结合的方案的优势

随着本体技术的成熟和智能主体技术的发展，它们的优点得到了许多研究者的认可，并对其给予了厚望。现今的网络信息检索技术的查全率和查准率已不能满足用户的需求，根据当前的检索技术的特点，即检索的目标不明确，信息收集不完全，常包含噪声数据，返回的结果需要用户进行第二次人工检索，提出了将智能

主体技术和本体理论相结合的方案结合起来以实现个性化智能化的检索。

1. 实现检索系统的个性化服务

由系统框架图可以看出,应用层是整个系统的关键,其中的 Agent 层里的学习主体是实现检索系统个性化服务的一个使能模块。这个模块的主要功能是对用户行为进行分析,并将有关用户的个性信息及兴趣进行收集。另外数据层的用户信息库、用户需求库是实现个性化服务的基础。这两个数据库分别保存了用户的个性信息,如姓名、邮箱、专业、研究领域、用户类型等,和用户感兴趣的内容信息,如用户类型,感兴趣资源等。

（1）学习主体描述

学习主体是检索系统用于实现个性化服务的智能主体,它要识别用户的检索行为、检索方式、分析用户访问的页面内容,发现用户感兴趣的内容。上章分析了智能主体在智能检索系统的适用性以及其主要采取的方式。现分析在如何利用智能主体技术实现其个性和智能功能。

智能主体是感知外界环境,并作用于环境,如下图 1 - 21 所示,这是 Agent 框图,能从外界环境获取信息,并进行加工整合和处理,并最后作用于环境,实现其所要的功能目标。根据这一构架框图,针对学习主体的特点设计该主体的结构。

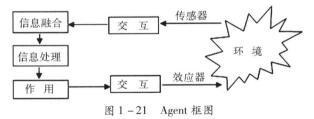

图 1 - 21　Agent 框图

学习主体具有一定的自治能力,能够对外界环境进行感知学习,并能够不断优化自身的知识。学习本身是一项复杂的智能活动,学习主体的学习包括两方面内容,一是显性学习,即由用户将自己的个性信息填写提交,系统直接存储到用户信息库中,二是隐性学习,即由系统跟踪用户行为,挖掘用户的兴趣爱好,学习并记忆用户的兴趣,生成用户兴趣模型,建立用户需求库和信息库。获得的用户兴趣模型用来确定检索主要的领域以及作为检索结果排序的参考。用户查看结果的过程所产生行为反馈给学习主体,调整兴趣学习过程产生的误差,为下次检索提供更准确的检索结果做准备。整个流程如图 1 – 22 所示。

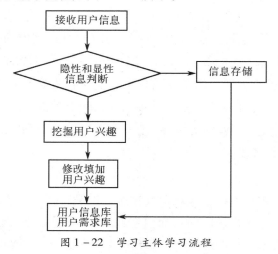

图 1 – 22　学习主体学习流程

学习是不断改进的过程,即系统对外界环境的变化能产生适应性变化,使得系统在完成类似的任务时更加有效。以这个学习定义为出发点,可建立一个简单的学习模型,设计学习主体,并总结建立学习主体应该注意的事项。

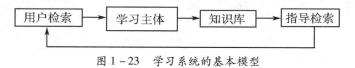

图 1 – 23　学习系统的基本模型

图 1 – 23 是学习主体在整个系统的学习模型,用户的检索过程产生的行为反映了其兴趣爱好,例如,用户将齿轮设计的网页进行收藏,这可一定程度上说明用户对齿轮设计这一方面感兴趣,将这些行为信息提供给学习主体,学习主体根据这些信息来挖掘其兴趣内容,然后学习并记忆用户的兴趣,存储到知识库中。在搜索过程中,这些用户信息模型可以指导搜索,用户的兴趣可以确定其关注的领域,判断搜索的关键词所属领域,比如加工工艺检索词,可以是机械领域的机械加工,也可以是饲料加工。另外搜索的结果可以由用户模型进行过滤排序,将用户关注的信息优先排列。将过滤排好的结果发送给用户,用户查看的过程所产生的行为,将反馈给学习主体,学习主体调整用户的信息模型。这一过程是循环进行,学习主体在这一过程不断优化用户的信息模型,这样达到了学习主体学习的目标。

（2）用户信息模型建立

用户信息模型是学习主体学习的结果，它包括用户的基本信息，如用户姓名、邮箱、密码、所在单位、专业，用户的需求信息，如用户的兴趣集合、研究领域、用户的检索历史、浏览历史以及反馈信息。

用户信息模型是学习主体学习积累的结果，建立的用户信息模型不一定是完全的、准确的，但要求必须越来越贴近用户需求。

在一般情况下，用户信息库的建立由用户自己直接填写提交，它存储的是用户的显性信息，即用户在注册的时候提交给系统的信息。而用户的需求库的建立需要一定时间，它存储的是用户的隐性信息，需要挖掘用户的兴趣爱好，并不断优化用户信息模型。

通过学习主体的学习和用户信息模型，改变当前检索以信息收集为重点的方式，围绕用户的需求，以提供贴切用户需要的信息为目标，使检索系统更具人性化和准确性。

2. 实现检索系统的智能服务

检索系统的智能性主要体现在理解用户的信息需求，能为用户提供准确快速的信息服务。检索系统的智能性可由应用层的两个模块来实现。

首先，学习主体实现了用户的个性化需求，学习并记忆用户的兴趣，将用户的兴趣与信息检索相结合，以目标为导向指导检索，这是体现智能服务的一个方面。另外系统的其他智能主体的特点也体现系统的智能化，其一，智能主体都有一定的自主性，可在没有外界参与的情况下，能控制自己的行为和内部状态。在检索过程自主判断用户检索的语义范围，对检索返回的结果进行过滤和排序。其二，智能主体有社会性，能与其他智能主体进行通讯交互，分工协作，一起完成复杂的任务。其三，主动性，智能主体能自主完成自身的工作，包括学习主体主动分析和获取用户的个性信息，搜索主体在得到检索参数后能自主地选择现有的搜索引擎进行检索等。

另外，实现系统的智能性还体现在本体库和信息提取模块。本体库是系统知识语义化的关键，本体解决信息标准化以及语义化问题，并作为智能主体之间的互操作基础，实现知识信息表示统一化问题。系统从用户界面获取用户的检索请求后,功能层的服务器端与本体库相连,将请求信息语义化,确定其所属领域及其含义。信息的索引不再采用现有的索引办法,因为词频的方法索引的可能不是网页中的主题内容,利用本体知识库解决索引的准确性问题,将网络上纷繁复杂的信息,进行过滤收集,把信息转化为知识,参考本体知识库对信息进行语义标注,再将标注好的信息存储到知识库中以作为检索的基础。

通过知识本体规范知识信息和用户请求信息,剔除与机械领域无关的"噪声"信息,提高信息检索的准确性和相关性,为用户提供一个能"理解"信息的检索系统。

1.2.2 MIIRS 智能检索系统关键技术研究

一、智能检索系统中的知识本体的构建与分析

1. 知识本体简介

本体从出现到现在,它的定义一直处在不断的发展变化中。最先在哲学中,本体是客观存在的一个系统的解释或说明,关心的是客观现实的抽象本质。在人工智能界中,最早给出本体的定义是 Neches,Fikes 等人(1991 年),他们将其描述为"给出构成相关领域词汇的基本术语和关系,及利用这些术语和关系构成的规定这些词汇外延的规则的定义"。

1993 年,斯坦福大学的 Gruber 给出一个在信息科学领域广泛接受的定义:"An ontology is an explicit specification of a conceptualization"。即每个系统,比如人、知识库、基于知识库的信息系统以及基于知识共享的智能主体,都是内含一个概念化世界,它们的描述可能是显式也可能是隐式。通过本体,就能定义一套知识表达的专门术语,以人可以理解的术语描述领域的实体、属性、关系以及过程等,并通过形式化的公理精确表示概念含义,规范概念的解释和使用。

1997 年,Borst Pim 博士等对本体的定义作了些修正,用中文可译为:本体是一套得到大多数人认同的、关于概念体系的明确的、形式化的规范说明。

德国卡尔斯鲁厄大学 Studer 等学者深入研究,提出本体具有四大特征:概念模型(Conceptualization),即通过抽象出客观世界中一些现象的相关概念而得到的模

型,其表现的含义独立于具体的环境状态;明确(Explicit),所使用的概念及使用这些概念的约束都有明确的定义;形式化(Formal),指本体是计算机可读的(即能被计算机处理);共享(Share),指的是在本体中,知识所表达的观念、观点应该抓住知识的共性,是共同认可的知识。据此,Nicola Guarino 给出了本体的形式化定义:

定义 1:域空间表示为二元结构 <D,W>,其中 D 为域,W 为 D 上的最大状态集。

定义 2:概念模型表示为三元结构 $C = <D,W,\Phi>$,其中 Φ 为域空间 <D,W> 上所有概念关联集,n 维的概念关联 ρn 为全函数,$\rho n: W \rightarrow 2^{D^n}$,即表示从 W 到 D 上全体 n 维的关系集的映射。

定义 3:本体是概念模型明确的部分描述。

通过各国研究学者观点的归纳,我们可以看出本体的概念是随着研究的深入不断改进完善,而且本体的提出是以知识共享和重用为目的,所以本体的构建要满足 Gruber 于 1995 年提出的 5 条规则:明确性和客观性,即本体应用自然语言对所定义术语给出明确的、客观的语义定义;完全性,即所给出的推论与术语本身的含义是相容的,不会产生矛盾;最大单调可扩展性,即向本体中添加通用或专用的术语时,不需要修改其已有的内容;最小承诺,即对待建模对象给出尽可能少的约束。

另外本体的研究要有目的:(1)要针对某种用途和目的,并能对该应用的发展有所帮助;(2)在不同的应用中,所用的本体能根据需要进行重用,本体本身的开发规则要统一;(3)构建本体要抓住默许的元知识,并能说明其含义,而不只是单纯描述一些领域概念术语,真正的将领域中的模糊信息明确化。下面一节我们讨论本体的作用以及应用领域。

2. 知识本体的作用

本体作为语义层次上信息共享和交换的基础,它的作用主要包括以下几个方面:

(1)交流 Understand:本体可以在不同系统之间的交流提供交流基础——共同的词汇,减少概念和术语上的歧义,使得来自不同背景、持不同观点和目的的人或者系统的理解和交流成为可能,为交流提供语境。

(2)集成 Relate:绝大多数的应用程序要实现不同信息系统之间的互操作,但是这些信息常常是大量分散的、并且是非结构化的异构信息,本体可以在信息之间建立起机器可处理的联系,屏蔽资源层的差异。

(3)推理 Produce:信息系统越来越需要更多的智能化、自动化,本体中的规则可以在原有的基础上推理出新知识,使得本体能够"无中生有"。

3.数控领域本体的构建与分析

数控领域是综合了计算机、自动控制、电机、电气传动、测量、监控、机械制造等学科领域最新成果而形成的边缘学科技术,其涉及的概念非常之多,我们与数控加工为核心概念,在以上述的关系图进行扩展。将数控领域语义化包含两项工作:首先是在领域的元数据中设计和选用合适的语义标签,为数控领域知识映射领域本体提供"组织"保障;其次是设计和实现该领域本体,从而将该领域资源的知识组织和系统检索的准确性提供"语义"保障。

(1)为本体设计和选用语义标签

语义标签是本体的构建语言,也是本体表示语言。设计选用语义标签必须满足以下要求:其一,为本体构建提供建模元语;其二,能为本体从自然语言的表示格式转化成为极其可读的逻辑表达格式提供标引工具;其三,为本体在不同系统之间的导入和输出提供标准的机读格式;其四,形式化语言表示,利用机器可读的形式化表示语言表示本体,可以直接被计算机存储、加工、利用,或在不同的系统之间进行互操作。

在过去的十几年里,产生了许多本体表示语言,例如比较有名的 Ontolingua、LOOM、OCML、Flogic 等等,还有一些应用于万维网的语言如 XML、RDF、RDF Schema、SHOE、XOL、OIL、DAML + OIL、OWL 等,这些语言各有各的特点,其各自的优缺点可参考文献[32][33]。选用 OWL 主要基于以下几点考虑:第一,OWL(Ontology Web Language)是 W3C Web - ontology 工作小组在 XML 和 RDF 等的基础上发展的一种用于网络上的资源描述语言;第二,OWL 的设计目的是要软件代替人工来进行信息内容的加工,这一点正和的系统处理信息的要求不磨而合;第三,OWL 能够被用于清晰的表达词汇表中词条(term)的含义以及这些词条之间的关系。而且OWL 相对于 XML、RDF 和 RDFS 来讲,拥有更多的机制表达语义。

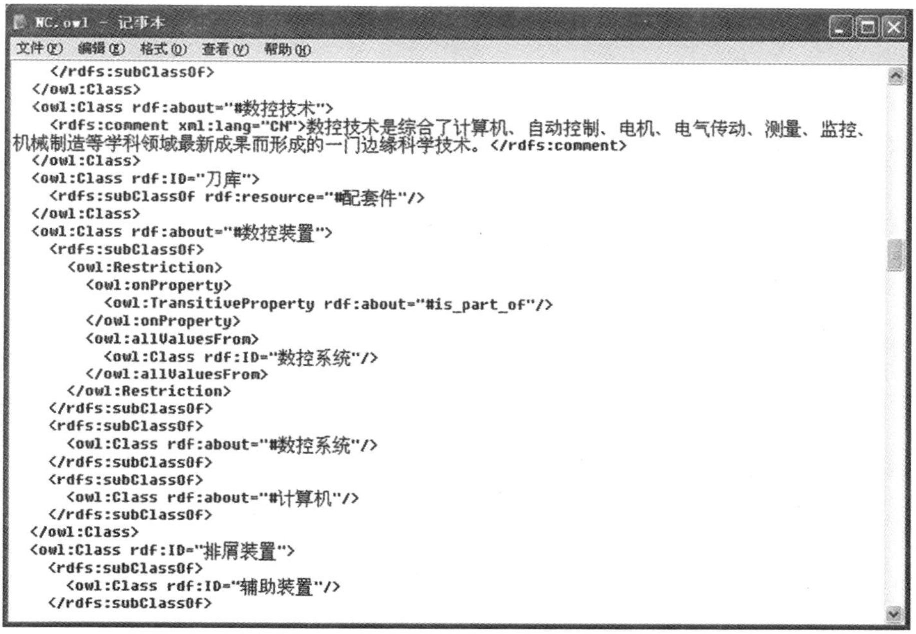

图 1 - 24　OWL 描述

利用 OWL 对数控领域的元数据进行描述,得到如图 1 - 24 描述文件。OWL 自身标签语言有 rdf：subClassOf,rdf：resource,rdf：ID 等。对于属性描述,如刀具切削工件,就可以做如下描述：

< owl：Class rdf：about = "#刀具" >

　< owl：Restriction >

　　< owl：allValuesFrom >

　　　< owl：Class rdf：ID = "工件"/ >

　　< / owl：allValuesFrom >

　　< owl：onProperty >

　　　< owl：ObjectProperty rdf：ID = "cut"/ >

　　< / owl：onProperty >

　< / owl：Restriction >

　< rdfs：subClassOf >

```
< owl:Class rdf:ID = "工具系统"/ >
    </rdfs:subClassOf >
</owl:Class >
```

(2)设计和实现领域本体

领域本体的构建的方法是当前研究的热点问题,由于构建本体是面向特定领域,出于各自学科领域和具体工程的不同考虑,其构建过程也不尽相同。李景等人分析了几种常见的本体构建方法路线,包括专用于构建虚拟企业本体的 TOVE 法、专用于构建化学本体的 Methontology 法、专门用来构建企业本体的骨架法,又称 Enterprise 法,还有 KACTUS 工程法、用于自然语言处理的 SENSUS 法、美国 KBSI 公司开发的 IDEF5 法、斯坦福大学开发的用于领域本体构建的七步法。上述几种方法都是按照一个总体流程以及一定的操作规则构成,针对特定应用目的,基于一定的专业领域来实现的。每种方法的有各自优缺点,适合的领域和应用的项目也有所不同。

针对数控领域本体设计和实现,选取七步法作为构造"数控技术"领域本体工程方法。七步法构造本体的过程 McGuinness 等人有做了详细论述,可参见文献,下面主要讨论按照"七步法"的思路设计"数控技术"领域本体。

第一步,明确本体的专业领域和范畴。"数控技术"领域涉及的技术学科众多,随着该技术的发展,其涉及的领域将会发生变化。但"数控技术"是机械制造的一门核心技术,其他的计算机技术、电子技术、精密测量技术等都是为了机械制造而服务的。应用本体的目的主要是为了提高检索系统的语义特性,更好地挖掘数控领域的深层信息。

第二步,考察复用现有本体的可能性。首先考虑的是《中图分类法》以及主题词表等,这些轻量级本体并没有提供"数控技术"详细的概念框架,只是把数控机床的各个种类分到机床的类别中,比如数控钻床分到钻削加工及钻床的类别下。我们建立的本体就不能复用现有的本体,不过可以借鉴其中的一些线索。

第三步,列举本体中的重要术语。数控领域的信息知识非常丰富,单单中国知网关于数控的文献就有 20638 条,分类号为 TG659 的有 8252 条,笔者参考了《中国图书资料分类法》、主题词表和分类主题词表等,从现有的文献数据库中进行了概念的抽提、去重、语义分析和归并,构建了领域的 7 个顶层概念:人(people)、工件(work piece)、数控机床(NC machine)、组织部门(company &institution)、计算机(computer)、资料(knowledge)。还有其他的重要术语可以分成 3 种概念集合(类):名词性概念、机床种类概念、谓词性概念。

第四步,定义类(Class)和类的等级体系(Hierarchy)。完善等级体系有几种方法(Uschold and Gruninger 1996):①自顶向下:即从领域中最大概念开始,而后再将概念细化。②自底向上:由底层最小类的概念开始,然后将细化的类组织在更加综合的概念之下。③综合法:结合上述两种方法,先定义大量重要的概念,然后分别将他们进行恰当地归纳和演绎,然后用一些中级概念关联起来。

数控领域涉及的学科多,实例也多,为了更便捷的构建领域本体,笔者选用第三种方法,首先,统计文献数据库出现的主题词以及教材里的关键词汇,并对它们进行归并、合并、归类和语义分析,然后对他们的关系进行考察分析,用树形结构联系起来。

①重要的概念包括:专家学者、机械工程师、工件、组织部门、企业、科研机构、机床、数控机床、工具系统、计算机、资料、刀具、主轴、步进电机、夹具、数控系统、伺服系统、工件、数控加工、刀具磨损、热变形等。

数控领域的重要概念主要可以分成三类:名词性概念、种类概念、谓词性概念。名词性概念很多,比如 CNC 装置、床身、工作台、导轨、工具、伺服驱动装置、工件、被吃刀量、进给速度、检测装置、步进电机、刀具、夹具、技术要求、加工精度、使用寿命、几何形状、切屑、程序、切削液等等;谓词性概念,是指具有谓词的性质,但也可以作为名词来使用,可称为"二元性概念",如"加工"、"测量"、"编程",既可作为动词,又可以作为名词指代"加工技术"、"测量方法"、"编程原理"等名词性概念。

②将各个层次的概念用树形结构来表示,如图 1 - 25 所示。数控机床由多个部分组成,每个部分之间还有关系,比如夹具定位夹紧刀具,伺服驱动系统中的主轴伺服驱动单元控制主轴等。

第五步,定义类的属性。只有各个类的关系图还不足以为检索系统提供足够的信息,还需要定义描述各个类的属性信息。类的属性信息主要有以下几个方面:①内在属性(intrinsic properties),例如刀具材料。②外在属性(extrinsic properties),例如某种刀具的厂家。③与其他个体关系。例如铣刀铣削工件。一般情况

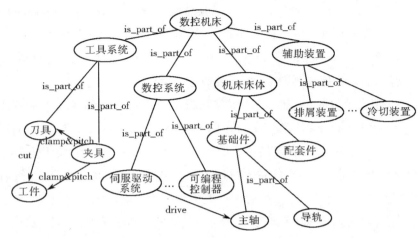

图 1-25　领域概念树形结构示意图

下类的属性是可继承的,即任意一个类的所有下位类都会继承其上位类(母类)的属性。

第六步,定义属性分面。一个属性可能还有自己的特性,它可能包括属性取值类型(Value Type)、容许的取值(Allowed Values)、取值个数(Cardinality)和有关属性取值的其他特征。

第七步,创建实例。

刀具是数控加工的一个重点,它是保证工件满足加工技术要求的关键,是实现切削加工不可缺少的工具。以刀具为例创建一个小本体。首先确定了本体应用范围,该刀具本体是数控领域的一小分支,其刀具是安装在数控机床上。第二步和第三步,参考中国图书馆分类法以及相关书籍,列举以刀具相关的概念有:车刀、刨刀、钻头等以种类划分的概念;切削速度、进给量、吃刀量等参量概念;前面、主后面、副后面、主、副切削刃、刀尖等刀具要素概念;切削力、切削热、刀具磨损等;切屑;还有硬质合金刀具、陶瓷刀具、高速钢刀具等以材料划分的概念。第四步将各个概念按等级关系及影响关系(即非等级关系)按照综合法进行归纳演绎。图 1-26 是刀具的等级关系图,图 1-27 是部分概念的非等级关系图。第五步定义类的属性。图 1-26 中的刀具信息参数就是刀具的内在属性信息。加工条件是刀具外在属性信息,而切削则是其与工件之间的关系属性。切削还可以按照加工方式不同继续划分为车削、刨削、铣削等。第六步定义属性分面,即属性取值,如刀具材料是高速钢,进给速度 60m/min 等。第七步,创建实例。定义好各个类和属性以及属性分面,就可以具体建一个实例个体,比如数控车刀 YBC251,将其特性一一填写。这样一个刀具本体就告一段落。在运用本体时,发现新的知识再对本体进行完善优化。

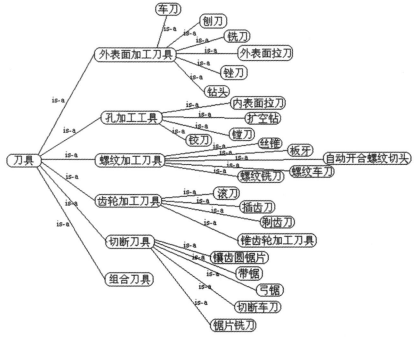

图 1-26 刀具等级关系图

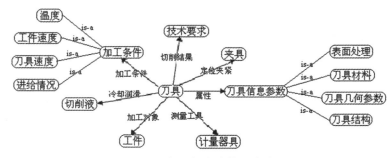

图 1-27 部分概念非等级关系图

二、Agent 技术在该智能检索系统中的应用研究

1. 智能主体(Agent)简介

主体,也称为代理是指具有感知能力、问题求解能力与外界进行通讯能力的能持续自主的发挥作用的一个软件实体。它的自主性和连续性,可以连续不断的感知外界及其自身状态的变化,并自主的产生相应的动作。

智能主体发展至今,不管它能否成为新一代的软件开发技术,在这种软件系统服务能力要求不断提高的环境下,在系统中引入智能因素已经成为必然。Agent 作为人工智能研究重要而先进的分支,它已引起了科学、工程、技术界的高度重视。将利用它的思想及开发方法,来满足信息检索的个性化和智能化需求。

Agent 的研究可追溯到 20 世纪 70 年代分布式人工智能的研究,主要分成两条研究路线:一条围绕经典人工智能展开,主要研究 Agent 的拟人行为,多代理的协商模型等,其研究方向可分为 Agent 理论、Agent 体系结构、Agent 语言和多 Agent 系统(MAS)等,一些计算机科学家称之为"智能代理"或是强定义的代理;另一条从 90 年代左右到现在,以应用为主,将经典人工智能关于 Agent 的强定义弱化,拓宽了 Agent 的应用范围,新的研究方向主要包括代理界面,基于代理的软件工程(AOSE)。

Agent 至少应具备 11 种属性。

(1)代理性(Acting on Behalf of Others)。Agent 具有代表他人的能力,即它们都代表用户工作. 这是 Agent 的第一特征。Agent 还可以把其他资源包装起来,引导并代替用户对这些资源进行访问,成为便于通达这些资源的枢纽和中介。

(2)自治性(Autonomy)。Agent 应该是一个独立自主的计算实体,具有不同程度的自制能力. 它能在非事先规划、动态的环境中解决实际问题,在没有用户参与的情况下,独立发现和索取符合拥护需要的资源、服务等等。

(3)主动性(Pro – activity)。Agent 能够遵循承诺采取主动,表现面向目标的行为. 例如,Internet 上的 Agent 可以漫游全网,为用户收集信息,并将信息提交给用户。

(4)反应性(Reactivity)。Agent 能感知环境,并对环境做出适当的反应。

(5)社会性(Social Ability)。Agent 具有一定的社会性,即它们可以同 Agent 代

表的用户、资源以及其他 Agent 进行交流。

（6）智能性（Intelligence）。Agent 具有一定程度的智能，包括推理到自学习等一系列的智能行为。

Agent 也可能在一定程度上表现其他的属性：

（7）合作性（Collaboration）：更高级的 Agent 可以与其他 Agent 分工合作，共同完成单个 Agent 无法完成的任务。

（8）移动性（Mobility）：具有移动的能力，为完成任务，可以从一个节点移动到另一个节点. 比如访问远程资源、转移到环境适合的节点进行工作等。

除上之外，在有关 Agent 的文章还能时常牵涉到其他一些属性，例如：

（9）诚实性。即可以认为 Agent 不会故意发布错误信息。

（10）顺从性。即 Agent 不会违背命令，每个 Agent 都会尽力完成用户所要求的任务。

（11）理智性。即 Agent 仅采取有助于自身目标任务实现的行动而不会采取妨碍自身目标任务实现的行动——至少不会盲目采取行动。

Agent 概念的上述属性使得它表现出类似人的特征，这为计算机以及人工智能等领域所面临的复杂问题的求解提供了新的途径。尽管 Agent 可能具有多种属性，但在实际系统中，并没必要构建一个包括上述所有属性的 Agent 或多 Agent 系统，只需根据实际需要出发，开发包含以上几种特性的 Agent 系统。

现有 Agent 的分类是以 Agent 的某几个属性作为关键属性，进行分类和设计 Agent 系统。

（1）根据移动属性分类：静止 Agent 和移动 Agent（Mobile Agent）。

（2）根据 Agent 结构分类：知识型 Agent（或思考型 Agent）、反应型 Agent 和混合型 Agent。知识型 Agent，又称为思考型 Agent，它拥有内部、形式化、推理模型，为了和其他 Agent 协调工作而计划、谈判。反应型 Agent 只简单地对外部刺激产生响应，本身并不拥有环境内部的、形式化的模型。而这种反应型 Agent 已经被证明在没有显式、形式化表述的情况下，同样能实现智能行为[40]。

（3）根据功能和基本属性分类：界面型 Agent、学习型 Agent、协同型 Agent 和智能型 Agent。

Agent 的分类还可以按照它们的角色分类,这种分类方法经常利用 Internet 网搜索引擎。也将采用角色来对 Agent 进行分类,根据检索系统的功能要求,设置了学习主体、搜索主体、过滤主体等。

2. 智能检索系统中智能主体的应用与实现

利用知识本体解决了系统知识的表述问题以及构建了系统的知识组织工具(即知识本体)后,利用现有的智能主体技术,为用户构造一个具有学习能力,能满足个性化需求的网络信息检索系统。在该系统中需要应用多个 Agent 互相协作,以提高系统检索准确性和快速性为目标,与用户进行交互并支持(异步、同步)协调工作、共同实现知识的检索、利用和共享等问题。

MIIRS(Mechanical Intelligent Information Retrieval System)的工作过程是:用户提交查询请求,Web 服务器利用本体库来判断检索词可能的领域以及检索词的语义,提交给 Agent 层,根据学习主体构建的用户兴趣模型来确定检索词的真正领域,由搜索主体对知识库以及网络信息进行检索,将搜索的结果发送给过滤主体。过滤主体将用户感兴趣的内容排在前面,并将相关的内容也推荐给用户,提高检索的查全率和查准率,并将获得内容存储到知识库中,提高知识的重用性。在检索过程中,用户所输入的关键字以及其检索过程的行为,如用户收藏打开的页面、阅读某一页面停留的时间等,都反映了用户的兴趣,由学习主体学习并进行记忆。

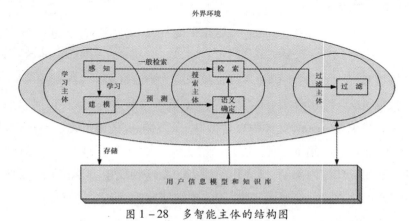

图 1-28 多智能主体的结构图

智能主体贯穿了整个系统的主要模块,是实现检索系统的主要功能模块之一,如图 1-28 所示。学习主体负责分析用户行为,对外界环境的行为信息进行感知学习,并对用户的兴趣信息进行建模,获得的用户信息模型存储到数据库中。搜索主体负责确定信息检索的领域以及检索词的含义,和信息的检索。过滤主体主要是对检索的结果进行过滤排序,为用户提供准确全面地信息内容。

3. 学习主体的构建和实现

要实现学习主体的学习功能,即在用户检索的过程中,通过感知用户的检索行为和检索方式,分析用户访问的页面内容,不断地学习用户的兴趣,我们需要解决下面几个问题:①用户的兴趣如何表示? ②哪些行为可以反映用户的兴趣? ③当学习主体发现用户有某一方面的兴趣,如何修改和添加用户信息模型?

(1)用户兴趣的表示

用户的兴趣具有很强的主观性,而且具有不固定性,用户的兴趣可能随着时间的变化和情况变化而发生变化。针对的研究范围,我们只对对机械领域感兴趣的用户进行研究分析。以机械领域的专家学者等为例,虽然这些用户对机械领域的研究方向研究内容会发生变化,但是在某一时期,他研究的主题和方向还是比较稳定,因此,我们假定这一时期他对这一主题是感兴趣的。在这一时期用户的行为和思维都相对静止,将这些行为信息进行收集学习,能给用户构建一个相对稳定的用户模型。

首先,对用户兴趣抽象化,定量化,使其能被计算机理解。用户的兴趣可以是多样化,假定他拥有 n 种兴趣,兴趣以 I 表示,则其拥有的兴趣可表示为:$(I_1, I_2, \cdots I_n)$。另外,用户对这些兴趣的感兴趣程度并不相同,假定该用户对某一兴趣 I_i 的感兴趣程度为 D_i,所有兴趣的兴趣度可分别表示为:$(D_1, D_2, \cdots D_n)$。

其次,对用户兴趣进行挖掘和确定。机械领域所含有的主题和内容是相当丰富的,利用已构建的知识本体,对用户可能的兴趣进行分类定义。假定用户对这些主题都是感兴趣的,每一兴趣项所对应的兴趣度进行设定,其数值范围在 $(0,1)$ 之间。设定一个兴趣阀值 δ,即当 $D_i > \delta$ 时,可认定用户对这一兴趣是感兴趣的,当低于 δ 甚至为 0,可认定其对这一兴趣没有多大兴趣甚至是毫无兴趣。

(2)用户兴趣的识别

用户的兴趣识别可分为两种方式,一是显性的行为信息,即用户的兴趣可由用户直接填写,提交给系统,存储到用户模型中。还有就是用户在检索时输入的关键词也是作为一种显性的行为信息来提供自己的兴趣。二是隐性行为信息,由系统感知用户行为,挖掘用户的兴趣。这些信息包括:用户访问某一主题的网站页面的次数;用户访问某一网站停留的时间;用户看完后收藏的页面。当用户对某一主题感兴趣,会在一段时间内多次查阅相关网站,并花比较多的时间进行研究,甚至收藏该页面内容,因此我们可以依据这些隐性行为信息判断用户的兴趣。

同样,将这些行为信息进行量化,按上述分析,用户的兴趣度以 D_i 进行定义,假定用户使用该系统进行检索以及察看网站所用的时间是 H 小时,对某些用户需要的页面内容保存了 M 次,在这段 H 时间内浏览页面的总次数为 N 次。其中用户对其中一个兴趣项 I_i 相关的内容页面总浏览时间为 h_i,对兴趣项 I_i 的相关页面浏览次数为 n_i 次,对这一兴趣的内容页面保存的次数为 m_i 次。我们定义用户对兴趣项 I_i 的兴趣度 D_i 为:

$$D_i = \alpha \frac{h_i}{H} + \beta \frac{m_i}{M} + r \frac{n_i}{N}$$

其中,α、β、γ 为浏览时间、浏览次数、保存次数 这三项对兴趣项 I_i 的影响因子,$0 \leq \alpha \leq 1, 0 \leq \beta \leq 1, 0 \leq \gamma \leq 1$,且 $\alpha + \beta + \gamma = 1$。$\alpha$、$\beta$、$\gamma$ 的取值可由学习主体学习获得。

利用这个公式,用户的兴趣可通过这些隐性行为信息反映给系统,当用户所花的时间、浏览的页面、保存的页面内容都和某一兴趣项 I_i 有关时,$D_i = 1$。用户不可能只关心某一兴趣项,因此假定一个兴趣界点 δ,其中 $0 < \delta \leq 1$,当 $D_i \geq \delta$ 时,表明用户对这一兴趣项是感兴趣的。

(3)添加和修改用户模型

由上述分析后,用户的行为信息可以反映其兴趣,如何将这些信息转化成用户信息模型呢? 首先为每一用户设定所有的兴趣主题,并假定用户对这些兴趣项的兴趣度都为 0,每一兴趣主题由多个主题关键词构成。当用户的行为信息反映给系统时,由学习主体进行学习计算,并修改每一兴趣主题的兴趣度 D_i,当用户经过一段时间后,其行为发生突然变化,比如查阅其他兴趣主题,用户兴趣模型也要发生变化,根据变化修改各个兴趣主题项的兴趣度 D_i,可采取以下公式来进行计算:

$$D_i' = \mu \cdot d_i + \nu \cdot D_i$$

上式的 d_i 为原值,即用户产生新的行为之前的兴趣度, D_i 为在一段时间 H 的上网时间后,用户对兴趣项 I_i 所计算的新的兴趣值, μ 和 ν 分别为权重因子,且 $\mu + \nu = 1$。 μ 和 ν 的取值通过学习主体进行学习获得。

4.搜索主体的构建和实现

建好了用户的兴趣模型后,对用户提交的检索请求进行检索。现在检索的缺点是检索的准确性不高和查全率低,要解决这一缺点需要解决以下问题:①如何识别检索词的含义。每个词汇可能包含多种含义,并且同一概念也有多种词汇表示,因此确定检索词的含义对提高检索的准确性以及查全率是很有帮助的。②怎样对信息进行检索等问题

(1)确定检索词含义

本系统是面向机械领域,并以数控领域为例,因此检索词也限定在机械领域内。但网络信息是多种多样的,并且信息质量良莠不齐,纷繁复杂。需要搜索主体将检索词的领域及语义确定下来。

用户提交检索请求,将请求分解成多个关键词,并利用本体库检索其各自含义,及其所在领域。将这些请求发送给搜索主体,搜索主体将请求与用户的兴趣模型进行比较,进一步确定用户的真正意图,最后对检索请求进行检索。

(2)检索知识信息

检索的对象主要有两个方面,一是利用信息提取模块存储的知识库,该知识库具有一定语义性,是在用户检索过程中不断完善的,这在后面将进行进一步描述。二是纷繁复杂的网络信息,网络的信息多种多样,内容丰富,要快速获得所需的信息资源,本系统采用成熟的检索引擎,即利用诸如百度、雅虎、Google 等,利用多线程技术,快速检索获得的结果发送给过滤主体。

5.过滤主体的构建和实现

过滤主体的主要功能是将不属于用户需求范围的过滤掉,把与用户检索请求和用户兴趣最相关的信息知识提交给用户,过滤的结果按照相似度从大到小来进行排序,相似度较低的页面就不提交给用户。

过滤主体需要知识库的支持,并且要与其他主体保持通讯。知识库为过滤主

体提供用户的信息模型,同时过滤主体过滤后的结果也将存储到知识库,及时更新和修改知识库。其他主体为过滤主体提供用户检索提问式,和检索的语义领域,以及检索获得结果,过滤主体筛选出用户所需的结果返回给用户。过滤主体除了与其他主体、用户进行交互,最主要的是对检索获得的结果进行分析,并与用户检索提问式及用户兴趣进行匹配。

经过信息提取模块剔除了格式、内容、语言等方面存在的问题或严重缺失的文档后,过滤主体获得的是较为规整的文本元数据,过滤主体的任务就大大减轻,只需对用户的提问与这些元数据进行匹配,设定一个相似度阀值 S,当计算的结果大于 S,返回给用户。

1.3 基于语义 Web 服务的制造资源发现机制

制造资源共享是网络化制造的目标之一,而制造资源的有效发布和发现是制造资源共享的基础。目前网络化制造系统中制造资源信息的描述缺乏统一的格式,资源信息的语义发现存在着问题,同时无法实现面向客户的制造资源共享。结合 Web 服务和语义网的技术优势,提出了基于语义 Web 服务的制造资源发现机制,并对实现基于语义 Web 服务的制造资源发现机制的相关关键技术进行了研究。

在制造资源的信息模型表达方面,采用面向对象的建模思想,从制造设备的物理域、状态域和功能域三个方面,建立了相应地 EXPRESS—G 图,并研究了 XML 与 EXPRESS 语言之间的映射机制。在此基础上,构建了制造资源信息的 XML 文档表示,建立了相应的数据存储结构。

为实现制造资源的有效发布和发现,对 Web 服务及语义 Web 服务的相关技术进行了分析,详细阐述了 UDDI 注册模式与语义 Web 服务描述语言 OWL－S 之间的映射关系,通过在 UDDI 注册中心外扩展一层语义信息层,实现了制造资源的语义 Web 服务发布;分析了制造资源领域的本体概念,使用 OWL 语言构建了本体库,为制造资源的语义发现提供了支持;提出了一种双层次的匹配策略,研究了语义相似度的计算算法,利用语义相似度定量计算了服务的匹配程度,实现制造资源的有效发现。

1.3.1 基于 **XML** 的制造资源建模的探讨

一、XML 概述

1. XML 简介

XML（eXtensible Markup Language，可扩展标记语言）是由 World Wide Web Consortium（W3C）于 1998 年 2 月创建的一组规范。XML 同 HTML 一样，都源自 SGML（Standard Generalized Markup Language，标准通用标记语言），是它的一个简化的子集。XML 摒弃了 SGML 设计复杂的缺点，保留了 SGML 结构化等优点。同时，XML 也不同于 HTML，XML 是一种自描述语言，它允许使用者对特定的案例自己定义标签和属性，突破了 HTML 使用固定标签集合的限制，具有易扩展、交互性好、语义性强等特点，更好地适用 Web 应用要求。

虽然 XML 称为可扩展标记语言，它本身并不是一种标记语言，而是一种创建、设计和使用标记语言的根规则集，是一种创建标记语言的元语言。其主要特点是：

（1）灵活性。XML 将文档数据和文档样式分离，通过 DTD 或 XML Schema 模式文件，来规范 XML 文件格式，形成结构良好的 XML 文档。再使用样式表描述显示或外观方法。一个 XML 文档也可以使用多个样式单，这样 XML 文档可以在不同的环境下，选择适当的显示方式。

（2）简单性。相对于 SGML 而言 XML 要简单得多，易学、易用，并且易于实现。

（3）自描述性。XML 允许编写者对特定的案例自己定义标签和属性。XML 提供了一个表示结构化信息架构，可以定义任意一组标记来满足不同内容的需求，有很强的语义性，避免了数据类型的重载。

（4）平台无关性。XML 文档是基于结构化的数据描述方式，因为文档结构是相容的，XML 文档可以在不同平台上使用，具有高度可移植性。

2. DTD 与 XML Schema

XML 文档是一种结构化的标记文档。创建 XML 文档之前，首先要确立其元素和结构，在根据结构的定义，填入实际的内容，形成一个 XML 文档。XML 文档的结构文件有两种定义方式，即文档类型定义（Document Type Definition，DTD）和模式定义(Schema)。

DTD 是一套关于标记符的语法规则,定义了可用在文档中的元素、属性和实体,以及这些内容之间的相互关系。它方便信息的交流,使得信息有效地共享。同时,它也验证了 XML 文档的有效性,每个有效的 XML 文档必须指定它对于哪个 DTD 是有效的。

XML Schema 在功能上和 DTD 类似,也是一种用于定义 XML 文档结构类型的技术。XML Schema 本身也是一种 XML,XML Schema 的格式与 XML 的格式是完全相同的,XML 用户在使用 XML Schema 的时候,不需要为了理解 XML Schema 而重新学习。相对于 DTD 而言,XML Schema 具有如下优势:

(1)一致性:XML Schema 使得对 XML 的定义不必再利用一种特定的形式化的语言,而是直接借助 XML 自身的特性,利用 XML 的基本语法规则来定义 XML 文档的结构,使得 XML 达到了从内到外的完美统一,也为 XML 的进一步发展奠定了坚实的基础。

(2)扩展性:XML Schema 对 DTD 进行了扩充,引入了数据类型、命名空间,从而使其具备较强的可扩展性。

(3)互换性:利用 XML Schema,能够书写 XML 文档以及验证文档的合法性。另外,通过特定的映射机制,还可以将不同的 Schema 进行转换,以实现更高层次的数据交换。

(4)规范性:同 DTD 一样,XML Schema 也提供了一套完整的机制以约束 XML 文档中置标的使用,但相比之下,后者基于 XML,更具有规范性。

通过比较,可以看出,XML Schema 比 XML DTD 具有更强的表现力能够更好地满足不同领域应用的需求。所提出的制造资源建模方法就是基于 XML Schema 的。

二、制造资源建模的特点及需求

1.制造资源概述

制造资源贯穿产品生产全过程,是企业完成产品整个生命周期所有生产活动的物理元素的总称,按其特征可以分为广义制造资源和狭义制造资源[23]。广义制造资源是企业完成产品整个生命周期中所有生产活动的物理元素的总称,是面向虚拟制造和敏捷制造的信息需求的高层次应用的制造资源。按其使用范围可以分为物资资源、信息资源、技术资源、人力资源、财务资源和其他一些辅助资源。其中,物资资源包括设备资源、物料资源等;信息资源是指与制造过程相关的各种信息,如市场信息、客户信息等;技术资源包括的范围非常广,是网络化制造的核心资源,它包括管理技术、设计技术等;人力资源指参与产品生产活动的所有人员;财务资源指企业的固定资金、股份资金等;辅助资源指不直接参与产品制造生产过程,但对企业同样起着至关重要的作用,如企业的文化、信誉等。狭义的制造资源是广义制造资源的一个子类,是指加工一个零件所需要的物质元素,是面向 CIMS、CAD、CAPP、NC 等制造系统底层的制造资源,它包括机床、工件、刀具、夹具、量具等。

在网络化制造环境下,越来越多的企业成为网络中的节点,形成暂时性的、动态的联盟企业,将分散在不同企业的核心竞争力集成起来,实现企业间技能、技术、成本、市场份额、投资风险等的共享。制造资源在保持传统的支撑制造业的基本物理元素外,引进了信息资源、动态联盟、资源优化配置等一些新的概念和元素,以满足网络化制造环境下对制造资源的需求,并赋予制造资源新的特征。由于制造资源隶属于不同企业的不同部门,各个企业的资源管理模式、分布层次、资源形态等方面都存在着差异,有必要为制造资源建立统一的模型,借助于网络技术,加强企业之间的协作,达到资源的高度共享。

2. 制造资源的模型

制造资源模型是一个通过定义制造资源之间的逻辑关系和制造资源的具体属性,从而描述制造资源的结构及其结构之间的逻辑关系的模型。制造资源建模是一种建立描述制造资源模型的方法与技术,它通过定义制造资源实体及其相互间的关系来描述企业的制造资源结构和制造资源构成。

3. 制造资源建模的需求

目前国内外虽然开展了一些制造资源建模技术的研究,但研究工作还远远不够全面和系统,主要存在如下问题:由于产品设计资源的信息描述还没有非常完善的统一标准,对制造资源活动中具体的工艺信息、资源信息建模涉及较少;不能针对不同层次的信息及不同的应用系统给出制造资源的不同描述,模型的柔性和开放性差。

网络化制造系统是一种动态的生产系统,其重要的特征之一就是能够根据市场的变化,通过网络将不同地域、不同企业的制造资源进行组合,产生新的制造联盟,以最快的方式生产市场所需要的产品。因此,网络化制造系统的制造资源模型应满足以下需求:

(1)分布式。网络化制造的本质要求制造资源表达模型必然是分布式模型,支持异地制造资源的分散集成。这种分布式要求还体现在同 Web 技术结合上,应利于采用 Web 语言技术标准发布资源,利用 Web 平台,实现拥有制造资源的个体间的松散耦合。

(2)多样性。网络化制造环境中,企业、组织或个人由于背景、资质、基础等情况的差异,造成了他们之间对于制造资源理解及表达上的差别,这要求制造资源模型引入柔性机制以容纳这种差异。另外,多样性还表现在制造资源本身内容的复杂性上,制造资源具有复杂的体系结构,如何条理清晰地适应这种复杂性也是制造资源模型要面对的挑战之一。

(3)灵活性。多样性是从资源种类和组织结构的角度出发,而灵活性则是从资源表现形式的角度来考虑,要求制造资源模型可针对不同层次的信息及不同的应用系统给出制造资源模型的不同描述,这将有利于信息的有效表达及在工程中的实际应用。

(4)共享性。要求资源模型提供一致性较高的描述机制,在个体内部之间以及在协作伙伴之间实现资源的充分共享,避免由于表达不一致引起的冗余、冲突等降低共享程度的问题,提高制造资源的可重用性。

(5)可发现性。准确有效的资源搜索是建立网络化制造协作的前提,为提高搜索的准确率和查全率,制造资源模型需要提供深层次的语义结构,利于计算机理解,以支持基于语义的搜索,克服关键字检索带来的种种弊端。

(6)关联性。网络化制造的协作特性使得制造资源的来源分布化,资源模型需要提供关联机制来组织这种分布来源,以及组织各种制造资源的相关性,以更好地服务于资源搜索和资源定位。

(7)交互性。要求提供友好的交互手段,易于用户浏览并理解资源的形式化内容及深层次语义信息,以及易于实现对于制造资源的管理。

三、制造资源模型的 EXPRESS – G 图描述

1. 制造资源的分类

制造资源的分类就是把具有某种共同属性或特征的制造资源归并在一起。资源分类是制造资源建模的重要部分,必须采用一致的分类方法,使制造资源建模具有一致性。一般来说,可将制造业资源分为:硬件资源、软件资源、技术资源、人力资源、信息资源、财务资源。分类详情见图 1 – 29 所示。

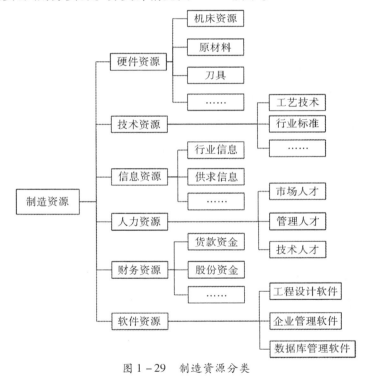

图 1 – 29 制造资源分类

目前网络化制造环境中制造资源的共享主要是针对硬件资源的发现及共享,而数控机床是制造资源中典型的加工设备,它的技术水平在某种程度上代表一个国家的制造业水平。所以主要对制造资源中的设备资源进行描述,以数控机床为研究切入点,对它进行深入探讨和具体描述。

2. 制造资源模型的物理框架

的研究对象是网络化制造中的制造资源模型。由于网络化的复杂性所导致的网络化系统中制造资源的复杂性,在研究过程中只能有选择地抽取认为关键的要素并针对所建模型进行研究和分析,删繁就简,建立能够直观反映制造资源物质元素及结构层次的物理模型以及能够用于计算机处理与存储的数据模型。因此,我们采用面向对象的建模方法来建立制造资源框架。

面向对象的建模方法的基本出发点是把现实世界的复杂实体信息形态的各个方面抽象为对象。一个对象包含若干属性,用来描述对象的形态、组成和特性。除了属性外,对象还包含若干方法,用来描述对象的行为特征,它可以对对象进行操作,从而改变对象的状态。对象描述和操作方法被封装为一个整体,外界只能借助消息与对象通信。

按照面向对象的原理,根据制造资源的特性,制造资源对象属性可划分为静态属性和动态属性两部分。具体包括资源的物理域属性、功能域属性和状态域属性三个子类。其中物理域属性定义资源的静态属性,如编号、名称、几何形状、尺寸等。功能域属性定义资源能完成的工作项目和程度,如机床的加工精度和加工范围等,代表资源的能力,包括静态和动态两方面的属性。状态域属性用来定义资源是处于使用、等待、空闲状态,还是处于维修状态以及利用率等动态信息,用于指导资源的动态调度。在此模型中物理域、状态域和能力域从三个不同的方面描述了具体的对象资源。三个方面中物理域是实现资源能力的基础,资源能力的最终实现还取决于资源的当前状态。

3. 制造资源的 EXPRESS – G 图描述

应用 EXPRESS 描述方法建立统一的资源模型,并使用 EXPRESS – G 图示法直观地说明标准数据定义。EXPRESS 语言用数据元素、约束、关系、规则和函数来定义资源构件,对资源构件进行了分类,建立层次结构,以满足应用协议的开发要求。EXPRESS – G 图可以直观地表示在 EXPRESS 语言中定义的数据模型。EXPRESS – G 图中常用的资源描述符号说明如表 1 – 4 所示。

表 1 – 4　EXPRESS – G 图常用资源描述符号

符号	表示内容
———○	（细实线）表示一般属性
●———○	表示父子继承关系
实 体	表示实体
BINARY	表示简单数据类型,如 STRING、INTEGER 等
枚举类型	表示枚举类型

下面应用 EXPRESS – G 图描述方式,从物理域、能力域和状态域三个方面描述制造设备资源模型。

（1）制造设备资源的物理域描述

根据上述的制造资源分类法及面向对象的建模思想,在资源模型中抽取了两种对象类:资源类型对象类和资源对象类。其中资源类型对象类是对资源类型的特性的抽象,反映的是同一类型的共有属性。同时根据面向对象的继承机制,子类类型对象继承其上层父类类型对象的属性。资源对象类是对特定资源属性的描述,并继承其所属的类型对象的属性。

①制造设备资源的物理域描述

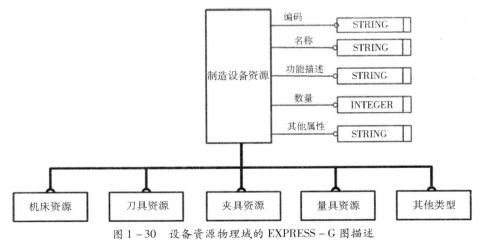

图 1 – 30　设备资源物理域的 EXPRESS – G 图描述

设备资源的物理域主要描述设备资源对象的属性,其 EXPRESS – G 图描述如图 1 – 30 所示。由图可以看出,机床资源、刀具资源、夹具资源等设备资源具有一些共有的通用属性,如编码、名称、功能描述等,采用面向对象的方法,将设备资源的这些通用属性定义为父类类型对象——制造设备资源对象的属性,子类对象通过父类对象的继承具备父类对象的通用属性。而具体的设备资源对象类如机床、刀具、夹具等,除具有上述设备资源对象的通用属性外还具有各自的专用属性。

②机床资源的物理域描述

按功能用途、自动化程度等不同的分类原则,机床可以分成各种不同的类型,对于不同类型的机床,物理域描述相差较大,但同一类机床具有相似的属性。采用面向对象的方法,用继承的关系表达机床的层次关系,避免信息的冗余。其 EX-PRESS – G 图描述如图 1 – 31 所示。

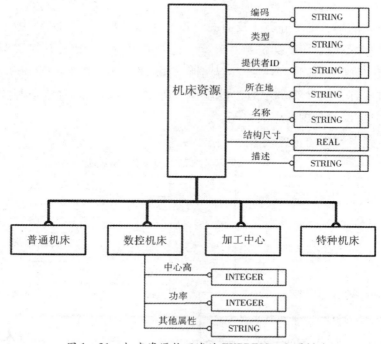

图 1 – 31 机床资源物理域的 EXPRESS – G 图描述

③刀具资源的物理域描述

在完成某一制造任务时,机床设备常常需要辅助工具进行协作。对于数控机床来说,经常用到的辅助工具有刀具、夹具和量具。其中刀具安装在数控机床上的,它是保证工件满足加工要求的关键,也是实现机械加工不可少的工具。刀具可以从刀具名称、刀具型号、尺寸参数、刀具材料、切削参数等几个方面对它进行描述。刀具资源的 EXPRESS – G 图描述如图 1 – 32 所示。

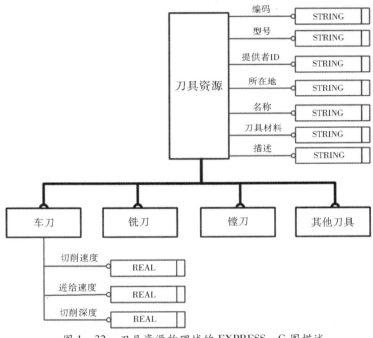

图 1 – 32 刀具资源物理域的 EXPRESS – G 图描述

（2）制造资源的能力域描述

制造能力是资源提供的有关完成某一制造任务、并达到一定要求的性能尺度。制造能力一方面体现在需要有资源提供,如完成切削加工,除必须提供机床设备资源,还必须配备相关的刀具、夹具等辅助资源;另一方面只有将资源合理地组织在一起,才能完成特定的制造任务。在制造资源的物理域建模中,以机床为主体,刀具和夹具等分别在各自独立的资源库中表示。机床作为有自主能力的对象通过检索刀具和夹具等辅助工具对象实例库,判断它们能否被其使用,依此建立机床与刀具、夹具和量具的连接,将它们结合起来。数控机床资源能力域的 EXPRESS – G 图描述如图 1 –33 所示。

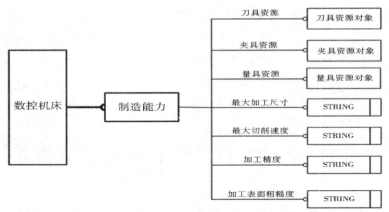

图 1-33　数控机床资源能力域的 EXPRESS-G 图描述

(3) 制造资源的状态域描述

资源当前状态是否可用,是由状态域模型决定的。资源的状态域模型主要反映制造环境的动态特性,确定资源在一定计划期内是否可用。状态域属性用来定义资源是处于使用、空闲状态,还是处于维修状态等动态信息,用于指导资源的动态调度。该属性可以简单地定义为一个枚举类型属性。数控机床资源状态域的EXPRESS-G 图描述如图 1-34 所示。

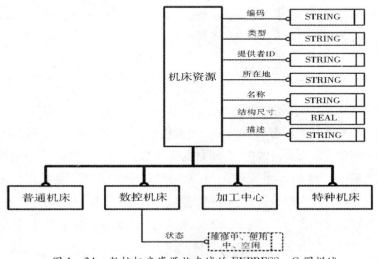

图 1-34　数控机床资源状态域的 EXPRESS-G 图描述

四、基于 XML 的制造资源建模

如上所述,我们使用 EXPRESS – G 图直观的描述了制造资源之间的逻辑关系和制造资源的具体属性,EXPRESS – G 图作为 EXPRESS 语言的图示化表示方法,它可以很好地映射为 EXPRESS 语言描述的数据模型。EXPRESS 具有很丰富的数据结构,包括高级的传递结构。但是,由于 EXPRESS 语言的特定性质,以及它着重于固定的数据交换,而不是共享,因此 EXPRESS 很难在产品数据组织之外被理解、不易扩充,不适合基于 Web 的信息发布与集成。可扩展标记语言(XML)是一种柔性数据描述语言,已成为最为流行和实用的跨平台信息描述方法,也是产品数据交换的一种工具。为此,采用 XML 语言描述制造资源的数据模型。通过 EXPRESS 到 XML 的映射,建立 XML 文档,则可以实现基于 WEB 的制造资源信息的集成与共享。

EXPRESS 模式向 XML Schema 的映射主要是 EXPRESS 模式中说明的模式、实体、属性和数据类型以及实体引用和继承关系的映射。具体的映射规则如下:

(1)EXPRESS 中表示的实体映射为 XML Schema 中的复合类型的元素,实体名即为元素名;

(2)EXPRESS 中实体的属性映射为 XML Schema 中元素的属性;

(3)EXPRESS 中子实体映射为 XML Schema 中复合元素的子元素;

(4)EXPRESS 中子实体的属性映射为 XML Schema 中子元素的属性;

(5)EXPRESS 中的数据类型映射。EXPRESS 中的简单数据类型在 XML Schema 中有相应的简单数据类型与之映射,而 EXPRESS 中的复杂数据类型只使用到了枚举类型,在 XML Schema 中也有枚举类型与之映射。

按照上述方法建立的基于 XML 的制造资源数据模型具有如下特点:

(1)制造单元的各资源之间、制造单元与客户之间均采用 XML 文档交互信息,统一采用 XML 文档交换格式,减少系统的冗余。

(2)XML 具有独特的树型结构,能够把资源准确地表达。此外,XML 将文档数据和文档样式分离,通过 DTD 或 XML Schema 模式文件,来规范 XML 文件格式,形成结构良好的 XML 文档。

(3)XML 本身是作为网络上的一种通用数据传输格式被定义的,可用于现有

的 Web 协议,能够结构化地表示信息,并支持网络跨平台应用和数据交换。因此,基于 XML 的资源数据模型非常适合于网络上的资源发布和共享。

1.3.2 制造资源发现框架的构建

一、制造资源发现框架的功能需求

网络化制造环境下的制造资源信息由分布在异地的多个企业资源信息聚合而成。只有合理地组织、存储和管理这些分布式的大量数据,才能为广域的资源共享和制造协同提供支持。网络化制造环境中的制造资源的发现需要结合任务管理、资源建模和网络技术等,采用组件化的框架模型,满足整个制造过程对资源发现和资源配置的需求,具体功能需求为:

1. 制造资源信息的建模技术。制造资源的建模对于资源的发布、发现及共享都是非常重要的。制造资源的模型必须包含资源的属性、可用性及能力等重要信息,以便实现网络制造资源的全局优化利用。同时制造资源模型对于用户和计算机来说必须是可以理解的,这就意味着制造资源的描述内容和结构要清晰易懂,很容易地被计算机程序所处理。上述的基于 XML 的制造资源描述模型能够很好地满足这些需求。

2. 制造资源的发布。制造资源发布是制造资源的所有者以一定的形式提供自己的全部或部分资源,允许网络环境下的用户在一定的规则下,通过一定的手段获取和使用这些资源的行为。因此制造资源的发布是制造资源发现框架的基本环节之一。

3. 制造资源的发现。制造过程的复杂性决定了其所涉及的资源是多样的,当前的资源发现研究虽然向模糊检索、语义检索的方向发展,但仍无法满足制造资源的自动发现。目前,许多学者提出了基于 Web Services 的制造资源集成模式,采用 UDDI 技术实现了制造资源的发现,而 UDDI 是基于关键字的发现机制,在查全率和查准率方面存在着明显的不足。

4. 面向用户的制造资源个性化信息服务。随着网络上制造资源信息的日益膨胀,检索结果中存在着越来越多的非相关信息。实现面向用户的个性化信息服务后,能够根据用户的兴趣偏好提供有针对性的制造资源信息,过滤非相关信息,有效地提高制造资源查询的精度,并能实现主动地发送相关资源信息。

二、基于语义 Web 服务的制造资源发现框架

1. 总体架构

基于语义 Web 服务的制造资源发现框架的总体架构如图 1 - 35 所示,主要分为客户层、代理层、应用层、数据层。

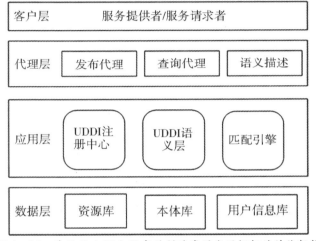

图 1 - 35　基于语义 Web 服务的制造资源发现框架的总体架构

客户层:为用户提供信息交互平台,实现信息的发送、显示等功能。客户层包含服务提供者和服务请求者两种用户终端。

代理层:发布代理负责接收服务提供者的发布、更新或删除请求,并在 UDDI 注册中心进行相应的发布、更新或删除请求。查询代理负责接收服务请求者的查询请求信息,并根据请求者的查询信息搜索注册中心,返回查询结果。要实现基于语义 Web 服务的资源发现,必须对资源的发布以及请求信息进行语义处理,语义描述代理将完成这一任务。

应用层:由 UDDI 注册中心、UDDI 语义层、匹配引擎组成。UDDI 注册中心用于发布和存储资源的服务描述,并使其他企业能够发现并访问该服务。UDDI 语义层是基于语义的 Web 服务发现的基础,为匹配引擎提供知识保障。由于 UDDI 注册中心不支持基于语义的查找,因此在本框架中,在 UDDI 外增加了一个语义层,

通过这个语义层性能查询端口,并结合匹配引擎,可以实现基于语义的资源发现。

数据层:由资源库、本体库和用户信息库组成。资源库提供资源的详细描述信息;本体库提供资源相关的语义知识;用户信息库提供用户注册信息、偏好等信息,是实现个性化服务的基础。

2. 制造资源的语义 Web 服务发现模式

资源以服务的形式进行发布后,由于资源的复杂多样性,这些服务也具有不同的形式,且复杂程度不一样,客户需要以不同方式在这些不同类型的服务中找到其想要的服务,这就是 Web 服务发现要解决的问题。在目前的 Web 服务架构中主要采用 UDDI 技术来实现 Web 服务发现。UDDI 为服务注册和发现提供了一种有效的方法,然而这种基于目录的服务发现方法是不足够的,存在仅仅基于关键词的查找、缺乏语义描述机制等局限性。语义 Web 服务将语义网与 Web 服务结合起来,很好地解决了上述问题。语义 Web 服务的发现问题是制造资源的语义 Web 服务发现机制需解决的重要问题之一。

目前国内外已有不少学者提出了基于语义的 Web 服务发现解决方案。Georgia 大学的 Speed – R 项目是基于 P2P 的框架,提出保留现有公司的私有 UDDI,运用本体论来管理这些注册点,根据领域本体对所有服务进行逻辑划分,每个注册点对应一个操作节点代理。Paolucci Massimo 等提出了基于 DAML – S 的 augment UDDI 注册系统,使得 UDDI 注册中心增加了服务的语义信息。清华大学提出的 Web 服务模型采用了完全分布式的发现架构,没有采用通用的 UDDI 规范也没有保留获得业界广泛支持的服务描述标准 WSDL。同时在构建 P2P 网络时,以每个 Peer 的相似度为依据进行组的创建。Carnegie Melton University (CMU) 的 OWL – S/UDDI matchmaker,它在配有 WSDL 和 UDDI 基础上扩展了一个 OWL – S/UDDI Matchmaker,将 OWL – S 与 UDDI 的 tModel 结合起来,从而在 UDDI 中添加语义信息。

综观现有的研究,不同的服务发现方法都考虑了利用语义信息和本体论来实现服务发现的高效化和自动化,但是各有其局限性。如 Georgia 大学 Speed – R 项目对于服务的描述仍然采用 UDDI 的 tModel,没有更高层次的查询和组合。提出了一种新的语义 Web 服务的发现框架,如图 1 – 36 所示。该框架保留 UDDI 这一成熟的技术,充分利用和发挥 UDDI 的长处,同时在 UDDI 外增加一个语义层,支持基于语义的查找。在服务发布过程中,代理接收服务提供者的发布信息,并映射成 UDDI 的标准数据结构如 tModel、businessService 等后,调用 UDDI 的 API 完成服务在注册中心的发布。UDDI 注册完成后,得到服务的唯一标识符,并返回给代理。然后代理再将这个服务的标识 ID 结合服务发布信息的语义标注信息存入服务语义信息数据库即 OWL – S 语义库中。这样通过唯一标识符将服务语义信息标识的 Web Service,与在 UDDI 中注册的 Web Service 联系起来。在服务请求的过程中,当代理模块识别出服务请求者的查询请求后,将查询请求发送到服务匹配引擎。服务匹配引擎根据当前服务语义信息库和本体库中的信息,通过匹配算法计算匹配的级别,匹配到符合需求的服务及其标识信息。然后直接通过调用 UDDI 接口,检索 UDDI 注册中心,获取到与服务标识信息相对应的、具体的服务信息,并通过代理返回给服务请求者。

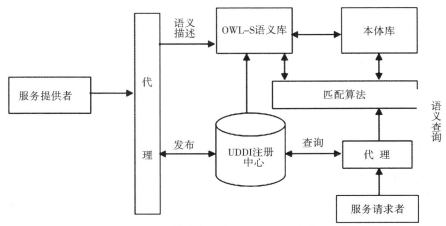

图 1 – 36　制造资源的语义 Web 服务发现框架

1.3.3　制造资源发现机制关键技术研究

一、Web 服务及语义 Web 服务

1. Web 服务

Web 服务技术是一种面向开放互联网协议的软件应用,它通过 XML 消息及协

议完成与其他应用软件的直接交互,实现更大范围内系统间的互联、互通和互操作,其接口及绑定形式是基于 XML 标准的定义、描述和检索。Web 服务的主要目标就是在现有的各种异构平台的基础上构筑一个通用的与平台无关、语言无关的技术层,各种不同平台之上的应用依靠这个技术层来实施彼此的连接和集成。目前,国际标准化组织已经制定了一系列基于 XML 的 Web 服务标准,如通用描述发现集成协议 UDDI、Web 服务描述语言 WSDL 和简单对象访问协议 SOAP 等。

(1)Web 服务的体系结构

Web 服务体系结构基于三种角色(服务提供者、服务注册中心和服务请求者)之间的交互。交互具体涉及发布、发现和绑定操作,如图 1－37 所示。

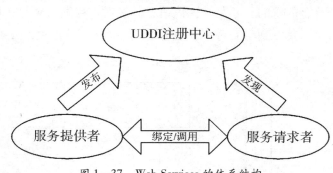

图 1－37　Web Services 的体系结构

从图 1－37 可以看出,Web Services 的体系结构具有三种服务角色:

①服务提供者(Services Provider)是服务的创建者和所有者,可以发布、更新或取消自身提供的服务、并且对服务请求进行响应;

②服务注册中心(Services Registry)是存储可用服务描述信息的信息库,提供服务的发布和定位功能,服务提供者在此注册和发布服务,服务请求者在此查找服务,获取服务的绑定信息;

③服务请求者(Services Requestor)是需要特定服务以完成自身任务的一方,利用服务注册中心查找符合要求的服务,然后与服务提供者进行绑定和交互,以调用该服务。

Web Services 的体系结构中必须具有上述一种或多种角色,这些角色之间使用三种操作:

①发布(Publish),使服务提供者可以向服务注册中心注册自己的功能及访问接口;

②查找(Find),使服务请求者通过服务注册中心查找特定种类的服务并分发匹配结果;

③绑定(Bind),使服务请求者真正能够访问和调用服务提供者提供的服务。

XML、SOAP、WSDL 和 UDDI 是可用于构建和使用 Web 服务的核心标准和技术。WSDL 是 Web 服务接口界面的跨平台描述语言;UDDI 提供了 Web 服务注册、发现和查找的技术规范;SOAP 则提供了不同系统之间进行 Web 服务调用的通信手段;XML 是 SOAP、WSDL 和 UDDI 的基础,为 Web 服务之间交换数据提供了跨平台性。

(2)Web 服务的描述语言 WSDL

WSDL(Web Services Description Language,Web Services 描述语言):是用于描述 Web Services 的一种 XML 格式语言,将 Web 服务描述为一组能够进行消息交换的服务访问点的集合,具有语言无关性。WSDL 文档一般分为服务接口定义和服务实现定义两部分,请求者据此可以知道服务要求的数据类型、消息结构、传输协议等,从而实现对 Web Services 的调用。WSDL 具有 6 个主要部分:

①类型定义(Types):数据类型定义的容器,定义了在 Web 服务中使用的数据类型以及从哪里找到这些类型的定义。一般这部分使用 XML Schema 中的类型定义系统。

②消息部分(Message):通信消息的数据结构的抽象类型化定义。使用 Types 中所定义的类型来定义整个消息的数据结构。

③端口类型部分(Port Types):对于某个访问入口点类型所支持的操作的抽象集合,这些操作可以由一个或多个服务访问点来支持。

④绑定部分(Bandings):特定端口类型的具体协议和数据格式规范的绑定。

⑤端口部分(Ports):描述一个服务访问入口的部署细节。

⑥服务部分(Service):所有不同的端口及其具体位置的集合。

由此可见,端口部分与消息和数据类型部分的元素细节相结合描述了 Web 服务是什么,绑定元素描述了如何使用 Web 服务,端口部分和服务部分描述了 Web

服务的位置。

(3)Web 服务注册中心 UDDI

UDDI(Universal Description,Discovery and Integration,统一描述、发现和集成协议):定义了一套用于发布和存储 XML 消息格式的服务描述的注册机制,同时也包含一组使企业将自身提供的 Web 服务进行注册,并使其他企业能够发现并访问该服务的标准接口。UDDI 提供了基于 Web 和分布式商业注册中心的方法和标准实现协议,支持各种分类方法标准,实现对各种 Web 服务的检索。UDDI 所登录的信息主要包括:

①商业实体信息(businessEntity):该数据模型提供商业实体的基本信息,如商业实体名称、描述、提供的企业服务、属于所在工业分类法的分类信息、身份标识以及联系信息等。

②服务信息(businessService):businessService 结构将一系列有关商业流程或分类目录的服务的描述组合到一起。

③绑定信息(binding Template):对于每一个 businessService,存在一个或多个 Web 服务的技术描述。这些技术描述包括应用程序连接 Web 服务并与之通讯所必需的信息。

④技术标识(tModel):tModel 是一个技术规范的超类,能够描述商业标识符、分类方法、技术规范、网络协议等各类的技术规范。tModel 的数据项是关于调用规范的元数据,它包括服务名称,发布服务的组织以及指向这些规范本身的 URL 指针等。

Web 服务的工作流程为:服务提供者开发一个通过网络可以被访问到的服务,然后将服务的描述和 WSDL 文档注册到服务注册中心;服务请求者向 UDDI 注册中心查找是否存在具有合适功能的服务;UDDI 注册中心将服务请求者的需求与存储的服务描述进行匹配并返回结果;服务请求者得到如何调用该服务的描述信息;当找到所需的服务后,通过绑定就可以调用该服务。

(4)Web 服务的特征

Web 服务是一种部署在 Web 上的对象或组件,它具备以下特征:

①良好的封装性。Web 服务是一种部署在 Web 上的对象,具备对象的良好封

装性,对于服务使用者而言,仅能看到该对象提供的功能列表,而不必关心服务是如何实现的。

②松散耦合。Web 服务将服务请求者和服务提供者在服务实现和如何使用服务方面隔离开来。当一个 Web 服务的内部实现发生变更的时候,服务请求者不需要知道服务提供者诸如程序语言和底层平台等实现技术的细节,只要 Web 服务的调用接口不变,服务实现的任何变更对他们来说都是透明的。

③使用标准协议规范。Web 服务所有公共的协约完全使用开放的标准协议进行描述、传输和交换,其中绝大多数协议规范都是由 W3C 和结构化信息标准推动组织（Organization for the Advancement of Structured Information Standards, OASIS）作为标准公开发布和维护的,界面调用更加规范化,更易于机器理解。

④高度可集成能力。Web 服务采用简单、易理解的标准 Web 协议作为组件界面的描述规范,完全屏蔽了不同软件平台的差异,各种异构的分布式对象或组件都可以通过这种标准的协议进行互操作,实现相关应用在当前环境下的高度集成。

2. 语义 Web 服务及相关技术

语义 Web 服务是语义网的一种应用,它将 Web 服务与语义网集成起来,通过 Web 发布、定位和调用,是独立的、自描述的、模块化的应用。

Web 服务的发现、自动组合和互操作,都需要对服务进行一定的语义描述。前面已经提到 Web 服务描述语言 WSDL 只是基于 XML 的 Web 服务描述语言,它不包含语义,研究者们提出了专门针对服务语义的 OWL–S 语言。

OWL–S 的前身是 DAML–S（DARPA Agent Markup Language for Service）,它是 OWL 的应用,是 DAML + OIL 本体中专用来描述 Web 服务的高层本体语言。OWL–S 规范了一组用来描述服务的知识本体（Ontology）,使用语义标记使得 Web 服务具备机器可理解性和易用性。OWL–S 的知识本体由三部分组成,分别描述服务是做什么的,服务是如何工作的,以及如何被访问的,如图 1–38 所示。

服务轮廓描述了服务是做什么的,提供了搜索服务主体所必需的信息和服务能力的描述。在 OWL–S 语言中表示为类 ServiceProfile。它提供了搜索服务主体所必需的信息和服务的能力描述,从而使智能主体能够决定这个服务是否是所需要的。

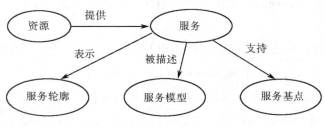

图 1 - 38　OWL - S 中服务本体

　　服务模型描述了服务是如何工作的。在 OWL - S 语言中表示为类 ServiceModel。它描述了服务是如何运作的。对于简单的服务,它描述服务的输入输出和执行的前提以及执行后产生的效果;对于复杂的服务,它还要描述服务的过程模型。

　　服务基点描述了服务是如何被访问的。在 OWL - S 语言中表示为类 ServiceGrounding。它说明了如何访问服务的细节,包括通信协议,消息格式及一些其他细节,比如通信时用的端口等。另外,服务基点必须详细说明在服务模型中所阐述的每一个抽象类型。

二、基于语义 Web 服务的制造资源发现机制

1. 基于语义 Web 服务的制造资源发现原理的研究

　　Web 服务的发现就是研究服务的描述以及在服务描述的基础上服务匹配的问题[41]。服务描述不仅要灵活、有足够的表达能力,而且还要考虑从语义层次上来描述。服务匹配既能在语法层上进行服务匹配,又要能在语义层上进行服务匹配,既要考虑服务匹配的质量,又要考虑服务匹配的效率。提出了一种基于语义 Web 服务的制造资源发现机制,服务请求和服务描述都用 OWL - S 进行描述,根据相关的领域本体添加概念约束以实现语义发现。本框架将语义 Web 与 UDDI 结合,既可以利用 UDDI 扩大 Web 服务发现范围,又有利于查询和发布基于语义描述的服务。

　　基于语义 Web 服务的制造资源发现框架完成的主要功能是制造资源服务的发布和发现。在服务的发布过程中,代理接收服务提供者的发布信息,将发布信息描述为特定的 UDDI 格式的同时,还需对其进行语义处理,存储于语义信息库中。在服务的语义查询过程中,代理将请求发送给 OWL - S 匹配算法,匹配算法根据本

体库和 OWL－S 语义库找到合适的服务并返回给请求者。由此可见,要实现服务的语义匹配,首先必须对服务进行语义描述,然而原有的服务发现体系结构并不能支持和利用这种服务的语义描述进行服务发现,因此需要对注册中心进行扩展,使其支持服务的语义描述,并能把服务描述中的语义信息嵌入到数据结构中去,以支持基于语义级别的服务匹配。为了解决该问题,在 UDDI 注册中心外增加了一层语义层,当代理接收到发布消息后,进行 OWL－S 和 UDDI 的映射,实现 OWL－S 中的 Profile 和 UDDI 的 tModel 中的每一个属性一一对应,再分别发布到 UDDI 和 OWL－S 语义库。当在查询或发布服务时,便可以到对应的文档所定义的本体之中去查询元素所表达的意义了。

在 OWL－S 语言中,服务轮廓描述了服务是做什么的、提供的详细信息,在基于语义 Web 服务的制造资源的发现机制中,我们关心的主要是制造资源的详细信息,因此服务的 OWL－S 描述中的服务轮廓部分就能够满足制造资源发现的信息需求。通过服务轮廓(Service Profile)将 Web 服务的精确描述提供给服务注册中心,所以服务一旦被选定后,服务轮廓就可以确定了。下面详细介绍 OWL－S 的服务轮廓和 UDDI 的映射。

描述一个具体的 Web 服务轮廓是用 rdf:ID 赋予一个标识,以便能够被其他的本体识别。服务轮廓将服务描述为三类基本信息的函数:服务的提供组织、服务的功能和一组标定服务特点的属性值。

第一部分是用“presents”属性来说明一个 Web 服务是由该轮廓描述的,或者用“presentedBy”属性来说明一个给定的轮廓描述了某个 Web 服务。以此来提供 Web 服务与服务轮廓之间的映射关系和链接信息。

第二部分给出了提供服务的实体的联系信息,这些信息主要是为人所服务的。它们主要由下面给出的属性所提供:

serviceName 用来给出与之链接的 Web 服务的标识名;

TextDescription 给出简短的服务描述,如:服务能提供的内容,服务的工作环境等;

ContactInformation 给出可为服务使用者提供联系的人或实体。

第三部分是轮的重要组成部分,它提供了服务的功能描述。服务的功能描述是根据服务所需的输入（Input）参数和服务产生的输出（Output）参数来表达的。也就是说 Input 和 Output 属性给出了过程处理的信息转移，从待处理的输入信息到服务操作的结果信息。除了输入输出参数外，功能描述还被两个条件参数来描述，称作前提（Precondition）和效果（Effect）。前提指在服务能够正确执行前所要求的条件，而效果指在服务成功执行后所导致的事件。也即 Precondition 和 Effect 给出了服务执行状态的改变，从请求服务必须满足的前提条件到成功执行服务后产生的显现的效果。Profile 为 IOPE（Input，Output，Precondition，effect）列出了如下属性：

hasParameter：它的值域是 OWL－S 中的 Parameter 类。该类通常不被实例化，它的存在只是使得领域知识更加清晰；

hasInput：它的值域是 OWL－S 中的 Input 中的类；

hasOutput：包括了 ConditionalOutput 实例，UnConditionalOutput 是 ConditionOutput 的子类，因此这个属性包括了无条件限制输出的实例；

hasPrecondition：指明了服务的一个前提，包括了一个 Precondition 实例，它是根据 Process ontology 中的 schema 来定义的；

hasEffect：指明了服务的一个效果。

第四部分是描述服务轮廓的其他特性，包括：

serviceParameter：是一个属性扩展表，包含对 Web 服务想要描述的附加参数说明。每个服务参数都是 serviceParameter 的实例；

ServiceCategory：是对 Web 服务的分类说明，有可能超出 OWL－S 的类别范畴。该属性的值是 ServiceCategory 的实例；

QualityRating：是在特定级别系统中对 Web 服务的级别划分，这种服务级别的划分有助于用户了解服务质量。质量等级是 QualityRating 的实例。

参考 DAML－S Profile 到 UDDI 的映射机制，通过扩展 tModel 类型的方法来实现 OWL－S 到 UDDI 的映射。主要思想是对于在 UDDI 中没有相应元素的 OWL－S 元素，在注册中心为其创建新的 tModel 类型，使 OWL－S Profile 元素与该 tModel 产生映射关系。OWL－S Profile 到 UDDI 的映射如图 1－39 所示。

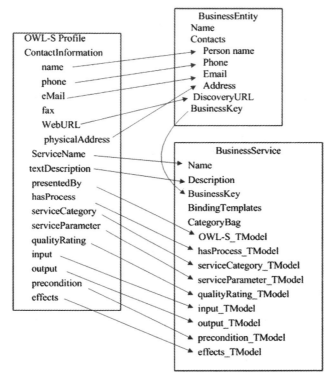

图 1 - 39　OWL - S Profile 到 UDDI 的映射机制

OWL - S Profile 中的服务提供者信息与 BusinessEntity 的 Contacts 元素映射，几个主要的联系信息 name、phone、email、webURL、physicalAddress 分别直接映射到 BusinessEntity 的 personName、phone、email、address；服务基本信息如 serviceName 和 textDescription 与 businessService 中 name 和 description 映射。OWL - S Profile 的 PresentedBy、serviceCategory、input、output、precondition、effect 与新建的 DAML - S_TModel、serviceCategory_ TModel、input_TModel、output_TModel、precondetione_TModel、effect_TModel 等映射。通过 businessKey 把 BusinessEntity 和 BusinessService 信息相联系，通过 bindingTemplates 将 Web 服务和相关 tModel 的实例绑定起来。

2. 语义 Web 服务匹配算法

（1）现有匹配算法

在 Web 服务架构中，服务提供者向服务注册中心发布服务描述，服务注册中心负责维护和管理服务描述,服务请求者向服务注册中心发出查询请求时,服务注册中心将请求映射为服务请求描述并与服务描述进行匹配。于是,服务发现的问题就转化为请求描述与服务描述之间的匹配问题。在基于语义 Web 服务的制造资源发现框架中,服务和请求之间的匹配问题是该框架的重要组成部分,服务匹配算法的好坏直接影响到语义 Web 服务发现的效率问题。

Paolucci 提出了一个语义匹配算法[14],能够识别服务请求与服务发布之间一对一的输入输出匹配程度。采用分类的方式将匹配结果划分,不同的类别代表不同的匹配程度。此算法中最主要的类别有四种:完全匹配(Exact)、插拔匹配(Plugin)、包含匹配(Subsume)、匹配失败(Fail)。即在完全匹配之外又增加了三种匹配类别,其中匹配失败类别可以被看作默认类别,只要不属于前三种类别都归于匹配失败。也就是说,实际上此算法本质上增加了两种类别,即插拔匹配和包含匹配。这两种类别的划分用到本体中类和类之间继承关系,因此这种匹配可以被看成应用本体语义的一种语义匹配。

该经典匹配方法的核心算法表达如下:

degreeOfMatch(outR,outA)

{

if(outA ==outR) return exact;

if(outR subclassOf outA) return exact;

else if (outA subsumes outR) return plugIn;

else if (outR subsumes outA) return subsumes;

else return fail;

}

这里表达的是服务输出之间的匹配,其中,outR 表示用户请求的输出,outA 表示服务提供的输出,subclassOf 表示子类关系,subsume 表示包含关系。当用户请求输出与服务输出相同时,为完全匹配;当用户请求输出是服务输出的直接子类时,也为完全匹配;当服务输出包含用户请求输出时,为插拔匹配;反之,当用户请求输出包含服务输出时,为包含匹配;否则,为匹配失败。

上述匹配算法存在着一些局限性,如当用户请求需要一台数控机床时,如果

Web 服务恰巧提供数控机床,那么自然就是完全匹配;但当 Web 服务只声称提供机床,没有说明是普通机床还是数控机床时,根据以上算法,数控机床是机床的直接子类,因此这个匹配仍然是完全匹配,这样得到的结果显然是不令人满意的。因此提出了如下的匹配策略。

(2)匹配策略

服务匹配的实质是将服务请求描述与服务发布描述进行比较,如果两者的匹配程度达到服务请求者的要求,则说明服务匹配成功。根据 OWL－S Profile 规范对服务请求和服务发布进行描述,每个服务请求描述和服务发布描述都是 Profile 的实例。为使服务请求和服务发布的描述能够更精确地匹配,针对 OWL－S Profile 采用双层次匹配,分别为:①服务类别(ServiceCategory)的匹配;②服务文本描述(textDescription)、服务输入输出参数等的匹配。匹配引擎接收到请求 Profile 后,首先进行 ServiceCategory 级匹配,把服务请求描述和服务发布描述中的 ServiceCategory 信息进行比较,如果两者不属于同一分类,则排除该候选服务;如果属于同一分类则进行第二层次的语义匹配,获取服务请求描述和服务广告描述的输入输出参数等功能信息所对应的本体,进行语义相似性的匹配计算。第二层次的匹配度计算是匹配算法中的核心部分。

(3)语义相似度算法

为衡量服务描述与服务请求之间的密切程度,我们引入服务的语义相似度系数,提供一个量化的标准,用于描述供、需服务在语义层次上的相似度。服务是通过一系列概念进行描述的,因此计算服务的语义相似度系数,可以通过计算概念集合的相似度来获得。首先应该求出两个概念间的语义相似度,一种比较直观的计算概念间语义相似度的方法是,将两个概念分别映射到本体后,计算本体图上两个概念节点间的最短路径,但计算图上节点间的最短距离复杂度较高。提出了一种简化的方法来计算概念间相似度,主要是通过概念的上下位关系来进行计算。

概念 C 的上位概念集合包括它的所有祖先概念和自身,用 $CS(C, M)$ 表示,其中 M 表示概念 C 所在的本体。因此表示概念 C 在所在的本体中的上位概念集合 CS 不会是个空集合。

对于同一本体中的两个概念 C_i 和 C_j 之间的语义相似度是小于等于 1,当两个概念相一致的时候,两者之间的语义相似度等于1,而当两个概念不存在公共的上位概念元素时,两者之间的语义相似度等于0。对于介于上面两种情况之间的概念,概念 C_i 和 C_j 之间的语义相似度可以定义为:

$$SSD(C_i, C_j, M) = \frac{CS(C_i, M) \cap CS(C_j, M)}{CS(C_i, M) \cup CS(C_j, M)}$$

其中 $SSD(C_i, C_j, M)$ 表示在本体 M 中概念 C_i 和 C_j 的语义相似度。

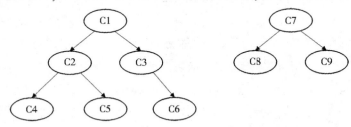

图 1-40 制造资源本体 M 的抽象模型

如图 1-40 所示是制造资源本体 M 的抽象模型,描述了两大类概念实体,其中概念间的有向边表示概念间的上下位关系。C1 和 C7 两类没有公共的上位概念,因此它们的语义相似度为0。下面主要以 C1 与 C2、C2 与 C4、C3 与 C5 及 C2 与 C3 为例进行计算,如下所示。

$$SSD(C1, C2, M) = \frac{CS(C1, M) \cap CS(C2, M)}{CS(C1, M) \cup CS(C2, M)} = \frac{\{C1\} \cap \{C1, C2\}}{\{C1\} \cup \{C1, C2\}} = \frac{1}{2} = 0.5$$

$$SSD(C2, C4, M) = \frac{CS(C2, M) \cap CS(C4, M)}{CS(C2, M) \cup CS(C4, M)} = \frac{\{C1, C2\} \cap \{C1, C2, C4\}}{\{C1, C2\} \cup \{C1, C2, C4\}} = \frac{2}{3} =$$
0.67

$$SSD(C3, C5, M) = \frac{CS(C3, M) \cap CS(C5, M)}{CS(C3, M) \cup CS(C5, M)} = \frac{\{C1, C3\} \cap \{C1, C2, C5\}}{\{C1, C3\} \cup \{C1, C2, C5\}} = \frac{1}{4} =$$
0.25

$$SSD(C2, C3, M) = \frac{CS(C2, M) \cap CS(C3, M)}{CS(C2, M) \cup CS(C3, M)} = \frac{\{C1, C2\} \cap \{C1, C3\}}{\{C1, C2\} \cup \{C1, C3\}} = \frac{1}{3} = 0.33$$

对于服务发布描述和服务请求描述都可以看成是通过一系列的概念描述的,因此计算服务发布和服务请求的语义相似度,相当于计算服务发布描述和服务请求描述所包含的概念集合的相似度,该概念集合包含了服务文本描述、服务输入输出参数所涉及的本体概念。前面讨论了概念的相似度计算,概念集合间的语义相似度,可以通过分别对集合中的概念元素进行语义相似度计算并求算术平均后获得。最后我们给出制造资源服务语义相似度的计算模型,如下:

$$SSR(RS,PS,M) = \frac{1}{n} \times \sum_{i=1}^{n}$$

$SSD(RS_i,PS_i,M)$

其中 RS、PS 分别表示本体 M 中的服务请求描述的概念集合及服务发布描述的概念集合;

RS_i、PS_i 分别表示集合 RS、PS 中的概念元素;

n 表示概念集合所包含的概念总数;

$SSR(RS,PS,M)$ 表示概念集合 RS、PS 在本体 M 中的语义相似度。

第二章

支持不确定网络环境下的制造资源建模方法研究

　　企业制造资源信息建模是在网络环境中制造资源信息获取的基础问题,传统意义下的制造模式,企业制造资源信息模型是根据产品生产过程中各个部门、各个阶段和各个计算机应用子系统,对制造资源信息的需求而制定的。各个不同系统的信息资源客观上形成信息孤岛,不能很好地实现资源共享。各个子系统所设计的制造资源信息数据库相互独立,其主要缺点表现在:缺乏统一、完整的制造资源信息定义和表达,造成部分数据冗余;数据表示的不一致性导致系统之间无法进行信息交换;制造数据多处存储,浪费大量储存资源,且导致数据维护与同步更新的困难。

　　制造资源贯穿产品生产全过程,是企业完成产品整个生命周期所有生产活动的物理元素的总称,按其特征可以分为广义制造资源和狭义制造资源。制造资源通常可以分为六个大类:①财务资源:企业运作的各种财务状况,包括固定资产、流动资金、负债率等;②技术资源:各种工艺技术、行业标准。设计图纸等;③设备资源:机床资源、非机床、工装、量具等;④人力资源:工程技术人才、工人技师、管理人才等;⑤软件资源:各种 CAD 系统、财务系统、ERP 系统等;⑥物流资源:汽车货运、火车托运等。分类详情见图 2-1 所示。

　　狭义的制造资源是广义制造资源的一个子类,通常是指加工一个零件所需要的物质元素,是面向 CIMS、CAD、CAPP、NC 等制造系统底层的制造资源,它包括机床、工件、刀具、夹具、量具等。

　　由于广义的制造资源涉及面非常广,本论文研究主要针对对象为狭义的制造资源。模型[160]是人们为了研究和解决客观世界中存在的种种问题而对客观现实

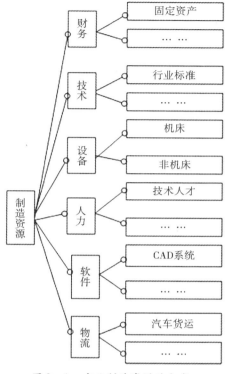

图 2-1 广义制造资源的分类

经过思维抽象后用文字、图表、符号、关系式以及实体模样描述所认识到的客观对象的一种简化的表示形式。模型是理解、分析、开发或改造事物原型的一种常用手段。模型的表示形式可以是多种多样的,根据模型理论的定义模型主要有四种基本表示形式,分别是:形象模型、模拟模型、数学模型、其他模型,通过这些模型的表示形式来表达所需研究问题的实际事物或系统的抽象体。通过对模型的分析、研究可完成对实际对象的理解和认识。

制造资源模型是一个通过定义制造资源之间的逻辑关系和制造资源的具体属性,从而描述制造资源的结构及其结构之间的逻辑关系的模型。制造资源建模是一种建立描述制造资源模型的方法与技术,它通过定义制造资源实体及其相互间的关系来描述企业的制造资源结构和制造资源构成。

在制造资源的匹配、资源的选择、资源的优化、资源的重构都需要制造资源模

型的支持,都需要对制造资源统一建模,制造资源模型的建立有以下的优点:

(1)制造资源的共享:网络化制造资源分布于不同地区、不同企业、不同组织中,不同地区、不同企业、不同组织对制造资源的管理都有一套自己的标准和规范,存在资源共享上的异构性。给出统一的标准和规范对制造资源进行合理的建模,能够摒弃制造资源的异构性,有利用资源的共享性。

(2)制造资源的集成:制造资源的统一建模,不同企业模型之间不存在数据相互转换,在制造资源的集成过程简单、方便,有利于制造资源的集成。

(3)制造资源的统一管理:制造资源随时间的变化不断地加入和撤出,其状态是动态变化的,对制造资源进行统一建模有利用同步信息数据,避免数据的不一致,有利用制造资源的统一管理。

网络化的制造资源种类繁多,数量巨大,制造资源的要素多而复杂,资源模型的建立不能简单描述制造资源的信息,应选择关键要素进行研究、分析和建模,去除冗余要素。制造资源模型应能够直观反映制造资源的信息及结构层次,制造资源模型数据能够用于计算机的处理与储存并且有利于网络化制造资源的重构。所以网络化制造资源模型的建立必须遵循以下原则:

(1)系统性原则:从系统论的角度,充分考虑各种因素的影响,兼顾相关资源领域,以保证资源模型的完整性和合理性;

(2)相关性原则:针对制造资源重构过程中涉及的重要的资源进行考虑,避免范围过大,混淆主体;

(3)针对性原则:完整表示一种资源的性质,往往需要大量的属性,摒弃无关紧要的和干扰性的因素和属性,只针对资源的重构这一目标来加以考虑;

(4)共享性:要求资源模型提供一致性较高的描述机制,在个体内部之间以及在协作伙伴之间实现资源的充分共享,避免由于表达不一致引起的冗余、冲突等降低共享程度的问题,提高制造资源的重构性;

(5)语义性:制造资源模型应有利于计算机的理解,方便资源的搜索;

(6)关联性:制造资源的来源具有分布化,资源模型需要提供关联机制来组织这种分布来源,以及组织各种制造资源的相关性,以更好地服务于资源搜索和资源定位;

（7）交互性：要求提供友好的交互手段，易于用户浏览并理解资源的形式化内容，以及易于实现对于制造资源的管理。

动态联盟是网络化制造的必然结果，动态联盟构成了虚拟企业，其资源构成形式如图2－2所示。动态联盟是为了快速响应某一市场机遇，通过信息高速公路，将产品涉及的不同企业临时组成一个没有围墙，超越空间约束，靠计算机网络联系，统一指挥的合作经济实体。此经济实体随着市场机遇的存亡而聚散。动态联盟的实质是突破企业的有形界限和延伸企业的功能，其策略是充分利用外部资源，减少投资风险，加速实现市场目标；其目标是对企业外部资源优势进行整合，实现聚变，创造出超常的竞争优势；其手段是计算机网络技术。

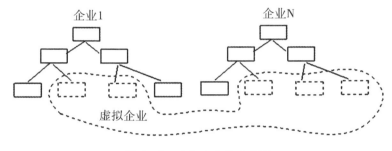

图2－2　虚拟企业构成形式

基于动态联盟制造资源建模有其自身的特点。对于单个企业而言，制造信息资源必须在企业内部全局统一，企业内部必须建立相对粒度较小的制造资源模型以适应企业内部对信息的需求，资源模型必须面向多应用系统。对于虚拟企业而言，资源信息必须满足网络化制造的特点，一方面动态联盟通常对企业制造资源的模型要求粒度较大，并不关心企业很多细节性信息，另一方面单个企业内部的一些敏感信息也不希望被其他企业访问。

2.1　支持不确定网络环境下的制造资源元模型

2.1.1　制造资源建模需求分析

企业对制造资源的需求通常是源于被加工零件的线性工艺规划。机械产品零件加工工艺规划是产品制造过程的纲领性和指导性文件,通常情况下是企业工艺设计人员根据本企业现阶段所拥有的设备情况,将产品加工过程分解为若干子任务,并详细地规定每个子任务的加工技术参数和工艺装备。针对机械产品的制造工艺给出一个具有唯一性的加工路线方案,并且该路线方案中的各制造子任务存在严格线性次序,前后两项任务之间存在使能关系。

然而在实际在机械加工领域中,针对产品设计图纸所指定的任一几何设计特征和技术特征,通常都存在多种可实现特征的加工方法或者加工方法组合。因此对应一个产品往往有多种加工方案可选,每种加工方案都有多种加工方案的组合,它们的次序也并非唯一。传统的工艺路线规划将工艺力图在一次规划中找到最优工艺解,这样的规划工艺柔性差,可移植性不强,尤其是在外界网络化的制造环境中,物理加工设备的状态处于未知状态,而且外界制造资源会出现动态变化,这些因素都会对单一方案的线性工艺规划产生不确定的影响因素。

目前机械制造领域的一些相关学者提出了非线性工艺规划 NLPP(Nonlinear Process Planning)的概念。NLPP 与线性工艺规划不同在于:它抛弃了强制性的线性加工次序,根据几何和技术特征包含了多种可选择的加工路线方案,是任何全部或者部分具有可替代项的工艺计划的统称。例如同一几何或者技术特征利用不同的加工方法实现;同一几何或者技术特征利用一种加工方法实现,但可以选取不同的设备。可替代项通常是加工设备、加工次序,也可以是整个加工工艺,其主要目的是提高车间或者企业层面对不断变化的生产任务的高效响应能力。与传统的线性工艺规划相比,NLPP 由于包含了多种可能的加工方案,大大地扩大了生产设备可选择的空间,特别在网络化制造环境当中,为获得更好的生产调度性提供了必要的理论依据。这些工艺规程组成了工艺的可行域,用户可以从可行域中挑选或者优选工艺路线。由于加工结果与工艺路线之间不再是一对一的映射关系,所以这种关系是非线性的。

目前制造资源建模较多是以物理机床为单位的逐个建模,采用面向对象技术对制造资源进行建模,数据交换标准 STEP 等通用的数据交换标准实现不同类型制造资源模型的信息交换。但是随着制造资源的需求不仅仅局限于企业内部,通过外部网络寻求资源的需求出现,对制造资源的建模方法又提出了新的要求。

现有的制造资源模型基本上是基于单个机床或者设备基础之上来描述制造资源的各种特征。外界搜索制造资源的时候也是通常以机床设备名作为关键词来进行搜索,而这种描述方法,对于不确定外界网络环境下的工艺需求,很可能会遗漏潜在的物理设备资源,失去动态企业联盟的机会。

现代制造系统制造设备资源中的客观存在这功能相似性问题,例如加工中心就是具有多功能性的数控机床,并且在实际生产中获得了广泛的应用,这使得不同的制造设备资源在加工功能上有所重合,在制造资源信息模型当中有必要考虑这一特点,这样在整个建模过程中可以将不同的设备资源进行相似性加工功能的组合,减少不同设备的功能描述的重复建模,提高资源建模数据的利用率,并为 NLPP 奠定数据检索基础。

目前的制造资源建模方法并没有把制造资源的功能重叠部分与单个制造设备资源模型分离开。因此可以对设备资源进行功能分析,归纳提取基本加工能力特征并建模,多个加工能力特征的组合集合可以构成了制造设备资源表述的功能部分。这样在不影响设备其他信息的前提下,从企业级别层次上实现制造设备资源的制造能力共享,而不单单是制造设备资源为单位的物理实体共享,如图 2 - 3 所示:

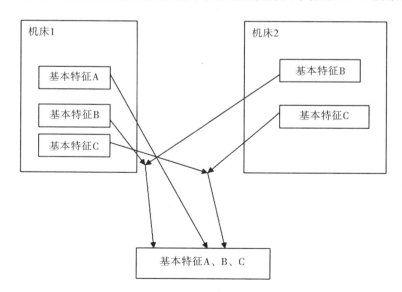

图 2 - 3 企业级别特征能力的提取模型

制造资源的匹配、资源的选择、资源的优化、资源的重构都需要制造资源模型的支持,都需要对制造资源统一建模,资源模型的建立有以下的优点:

(1)有利于制造资源的共享:网络化制造资源分布于不同地区、不同企业、不同组织中,不同地区、不同企业、不同组织对制造资源的管理都有一套自己的标准和规范,存在资源共享上的异构性。利用相同的标准和规范对制造资源进行合理的建模,能够摒弃制造资源的异构性,有利用资源的共享性。

(2)有利于制造资源的集成:对制造资源进行统一的建模,不存在模型之间的相互转换,在制造资源的集成过程简单、方便,有利于制造资源的集成。

(3)有利于制造资源的统一管理:制造资源随时间的变化不断地加入和撤出,其状态可以随时间的变化而变化,对制造资源进行统一建模有利用发现这些变化,有利用制造资源的统一管理。

2.1.2 制造资源的元模型

本论文所提及的制造资源建模是针对设备资源,主要包括机加工设备和非机加工设备。零件和设备之间存在着内在的特征联系,零件特征和设备特征均包含管理特征、几何特征、技术特征等,设备的制造能力通常决定了是否可以达到零件设计要求。制造工艺基本特征不仅包括几何特征,同时还包括零件技术要求所包含的非加工技术特征。加工能力特征同时受到设备与零件之间的约束限制,我们把这个称之为特征约束,特征约束通常包括:精度等级约束、尺寸约束、粗糙度约束、形位公差约束等。

设备资源加工能力信息与零件设计要求信息具有各自的特点,制造工艺基本特征及约束的提取原则应该选取两者共同具备的信息,这样才能够进行特征及约束匹配,以便零件加工进行设备资源搜索。主要基本工艺特征及其约束可以归类为下图 2 - 4 所示。

制造信息异构、数据异构妨碍了不同企业之间的信息获取与交换。在制造资源建模的时候,需要考虑企业内部信息与外部发布信息的统一,同时还需考虑信息发布的高效检索问题,通过网页一般的关键词的检索方法效率都不高。传统的面

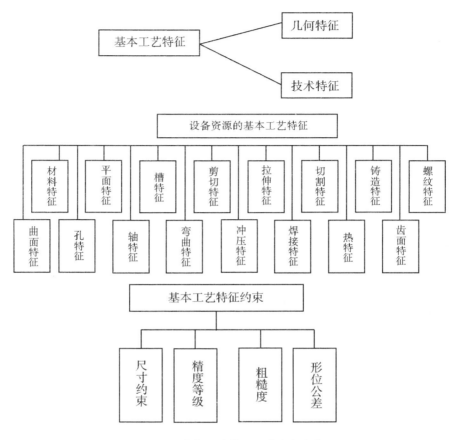

图 2-4 基本工艺特征及其约束分类

向企业的工艺分工路线设计一般都是以企业所拥有的制造资源为基础进行的,不能满足动态企业联盟的产品工艺分工规划需求[163]。本研究考虑零件工艺特征和设备工艺特征匹配作为设备资源检索的主要方法,并构建基本工艺特征和特征约束两级匹配模型,在 UDDI 中进行基本工艺特征匹配,满足条件继续在 WSIL 中进行特征约束匹配(见图 2-5),这样就可以大大提高设备资源检索的效率。具体匹配算法将在第三章中详细介绍。

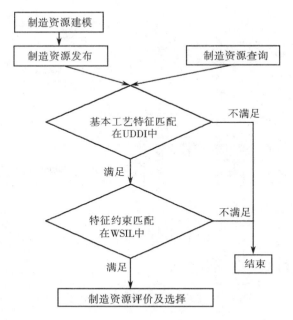

图 2 - 5 制造资源两级匹配模型

一、元模型的定义

元模型用来定义语义模型构造和规则,通常称为定义表达模型的语言[164]。元模型具有较高的抽象性、通用性。制造资源元模型的构建应该具有以下特点:完整性、可拓展性、对立性。事物的属性通常包括关键属性和附属属性,元模型的基本特征应该体现出事物的关键属性。下面分别定义元模型的基本特征分类,元模型的特征约束,元模型的属性基本信息。

定义 1 元模型的基本特征(Basic Process Feature,BPF),BPF = {Material Feature,Hole Feature,Plane Feature,Shaft Feature,Groove Feature,Curved Surface Feature,Shear Feature,Bend Feature,Stretch Feature,Stamp Feature,Weld Feature,Cast Feature,Heat Treatment Feature,Face of Gear Feature,Thread Feature}

定义 2 元模型的特征约束(Feature Restrain,FR),FR = {Size Restrain,Accuracy Grade Restrain,Roughness Restrain,Tolerance of Form and Position Restrain}

定义 3 元模型的属性基本信息(Basic Information,BI),BI = {Equipment Name,

Location，Equipment Number，Load State}

二、元模型的特点

（1）高度抽象了设备加工能力特征与零件设计制造需求特征的共同点，该特征不仅包括几何特征而且包含了零件非几何技术要求特征。元模型具有可扩展性，企业用户可以根据实际情况进行类别扩展。

（2）零件与设备之间，依据元模型匹配，结果有两种情况——不满足匹配和满足匹配。不满足匹配表明企业的制造加工能力不能够达到零件的设计制造要求。满足匹配表明企业的制造加工能力能够达到零件的设计制造要求，在这种情况下，有可能企业的多种设备同时满足制造要求，这个是由于设备之间具有基本特征功能重叠部分所产生的（图 2 - 6）。在满足匹配条件下，需要根据一定的指标对制造资源进行优化选择。

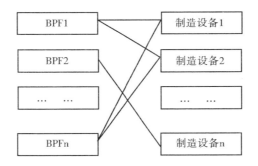

图 2 - 6　基本工艺特征与制造设备的多对多关系

2.2　网络制造资源建模语言的探讨

2.2.1　HTML 简介

HTML(HyperTextMark - upLanguage) 即超文本标记语言，是 WWW 的描述语言。HTML 一种为普通文件中某些字句加上标示的语言，其目的在于运用标记(tag)使文件达到预期的显示效果。

设计 HTML 语言的目的是为了能把存放在一台电脑中的文本或图形与另一台电脑中的文本或图形方便地联系在一起,形成有机的整体,人们不用考虑具体信息是在当前电脑上还是在网络的其他电脑上。只需使用鼠标在某一文档中点取一个图标,Internet 就会马上转到与此图标相关的内容上去,而这些信息可能存放在网络的另一台电脑中。HTML 文本是由 HTML 命令组成的描述性文本,HTML 命令可以说明文字、图形、动画、声音、表格、链接等。HTML 的结构包括头部(Head)、主体(Body)两大部分,其中头部描述浏览器所需的信息,而主体则包含所要说明的具体内容。

一个 HTML 文档是由一系列的元素和标签组成,元素名不区分大小写,HTML 用标签来规定元素的属性和它在文件中的位置。HTML 超文档分文档头和文档体两部分,在文档头里,对这个文档进行了一些必要的定义,文档体中才是要显示的各种文档信息。

超文本置标语言 HTML 免费、简单,在世界范围内得到了广泛的应用。它侧重于主页表现形式的描述,大大丰富了主页的视觉、听觉效果,为推动 WWW 的蓬勃发展、推动信息和知识的网上交流发挥了不可取代的作用。可是,HTML 也有如下几个致命的弱点,这些弱点逐渐成为 HTML 继续发展应用的障碍。

HTML 是专门为描述主页的表现形式而设计的,它疏于对信息语义及其内部结构的描述,不能适应日益增多的信息检索要求和存档要求。HTML 对表现形式的描述能力实际上也还非常不够,它无法描述矢量图形、科技符号和一些其他的特殊显示效果。HTML 的标记集日益臃肿,而其松散的语法要求使得文档结构混乱而缺乏条理,导致浏览器的设计越来越复杂,降低了浏览的时间效率与空间效率。正因为如此,1996 年人们开始致力于描述一个置标语言,它既具有 SGML 的强大功能和可扩展性,同时又具有 HTML 的简单性。XML 就是这样诞生的。

2.2.2 XML 简介

XML(eXtensible Markup Language,可扩展标记语言)是由 World Wide Web Consortium(W3C)于 1998 年 2 月创建的一组规范。XML 同 HTML 一样,都源自 SGML(Standard Generalized Markup Language,标准通用标记语言),是它的一个简

化的子集。XML 摒弃了 SGML 设计复杂的缺点,保留了 SGML 结构化等优点。同时,XML 也不同于 HTML,XML 是一种自描述语言,它允许使用者对特定的案例自己定义标签和属性,突破了 HTML 使用固定标签集合的限制,具有易扩展、交互性好、语义性强等特点,更好地适用 Web 应用要求。

虽然 XML 称为可扩展标记语言,它本身并不是一种标记语言,而是一种创建、设计和使用标记语言的根规则集,是一种创建标记语言的元语言,其主要特点是:

(1)灵活性。XML 将文档数据和文档样式分离,通过 DTD 或 XML Schema 模式文件,来规范 XML 文件格式,形成结构良好的 XML 文档。再使用样式表描述显示或外观方法。一个 XML 文档也可以使用多个样式单,这样 XML 文档可以在不同的环境下,选择适当的显示方式。

(2)简单性。相对于 SGML 而言 XML 要简单得多,易学、易用,并且易于实现。

(3)自描述性。XML 允许编写者对特定的案例自己定义标签和属性。XML 提供了一个表示结构化信息架构,可以定义任意一组标记来满足不同内容的需求,有很强的语义性,避免了数据类型的重载。

(4)平台无关性。XML 文档是基于结构化的数据描述方式,因为文档结构是相容的,XML 文档可以在不同平台上使用,具有高度可移植性。

2.2.3 语义 Web 标记语言

目前,国内外在语义 Web 标记语言方面的研究主要有:SHOE(Simple HTML Ontology Extension)是美国 Maryland 大学 James Hendle:教授和他的学生们从 1995 年开始研究和开发的第一个实际意义上的基于本体的语义 Web 标记语言和原型系统,从网页的语义标记语言到语义网页的爬行机器人再到基于语义的搜索引擎,都有一个完整的展示。SHOE 的语法基于 HTML,语义基于 Horn 逻辑。德国 Karlsruhe 大学 AIFB 研究所的 Ontobroker 是基于 HTML 语法和框架逻辑(Frame - logic)的语义 Web 语言。它在很多方面与 SHOE 有相似之处,整个系统包括本体的定义语言、网页的标记语言、网络爬行者、推理机和查询接口。欧共体的 On - To - Knowledge 项目资助开发的 OIL(Ontology Interchange Language)也是一种在 Web 上描述本体的语言。OIL 通过扩展 RDFS 标准来克服 RDFS 的限制,是在 RDFS 层之上增加定义的一层，基于描述逻辑（Description Logic）以提供形式化的语义和推理功能。美国 DARPA 资助的 DAML（Darpa Agent Markup Language），项目的主要研究活动有：制定该标记语言的规范；研究和开发知识标记工具；构造能理解 DAML 的多 Agent 系统等等。早期的 DAML 语言规范版本称为 DAML – ONT。后来吸收了 SHOE，OIL 等其他一些标记方法的特性而定义了一个统一的 Web 本体语言框架，由于后期 DAML 更多的和 OIL 保持了一致性，因此后来的版本称为 DAML + OIL。为了推出 Web 本体语言的标准，W3C OWL（Web Ontology Language）工作组在 DANIL + OIL 的基础上进行了一定的改进，2003 年 7 月 W3C 公布了 OWL 语言的最初工作草案。2004 年 2 月 10 日，OWL 正式成为 W3C 推荐的标准。DAML + OIL 和 OWL 都建立在 RDF[177]（Resource Description Framework）和 RDFS 之上，基于描述逻辑以提供形式化的语义和推理功能，从而为语义 Web 提供了本体层。本体层的研究已经比较成熟，但在其之上的逻辑规则层还没有出现成熟的语言。因此，目前语义 Web 语言所能表达的语义仅限于描述逻辑，还不能表达一般形式的规则。

本体描述语言主要是为领域模型编写清晰的、形式化的概念描述，目前已诞生了许多种本体描述语言，自 20 世纪 90 年代以来，一些基于 AI 的本体实现语言陆续被提出，如 KIF，Ontolingua，CycL，Loom，OCML 和 FLogic。随着 Web 的发展，又出现了基于 Web 标准的本体描述语言如 SHOE（Simplr HTML Ontology Extension）、XOL（XML – based Ontolgoy – exchange Language）、RDF、RDF – S、OIL、DAML、DAML + OIL 和 OWL。着重研究基于 Web 的本体描述语言。

1. SHOE

SHOE（Simple HTML Ontology Extensions）作为 HTML 的扩展，是马里兰大学开发的，它是基于框架和规则的。它使用不同于 HTML 的一些标记，使得可以在 HTML 文档中插入本体。当 XML 产生并成为 Web 上交换信息的标准后，SHOE 的语法被修改为基于 XML。目前，马里兰大学已经停止研究 SHOE，他们有关本体的研究项目开始使用 OWL 和 DAML + OIL 作为本体的描述语言。

2. XOL

XOL（Ontology Exchange Language）是 SRI International 的人工智能中心开发

的,它是一种简单通用的定义本体的方法。其目的是在不同的数据库、本体开发工具或者其他应用程序之间交换本体。XOL 设计之初是为生物信息学领域本体的交换,但是它可以应用于各种领域。

3. RDF,RDF – S

RDF(资源描述框架,Resource Description Framework)、RDF – S(RDF Schema)是 W3C 在 XML 的基础上推荐的一种标准,用于表示任何的资源信息。RDF 提出了一个简单的模型用来表示任意类型的数据。这个数据类型由节点和节点之间带有标记的连接弧组成。节点用来表示 Web 上的资源,弧用来表示这些资源的属性。因此,这个数据模型可以方便地描述对象(或者资源)以及它们之间的关系。RDF 的数据模型实质上是一种二元关系的表达,由于任何复杂的关系都可以分解为多个简单的二元关系,因此 RDF 的数据模型可以作为其他任何复杂关系模型的基础模型。RDF Schema 为 RDF 资源的属性和类型提供定义良好的词汇表,W3C 推荐以 RDF/RDF – S 标准来解决 XML 的语义局限。

4. OIL

OIL(Ontology Inference Layer/Ontology InterchangeLanguage,本体推理层/本体交换语言)是在欧洲的 IST 项目 On – To – Knowledge 中开发的。OIL 以 RDF Schema 为起点,用更为丰富的 Ontology 建模原语对 RDF Schema 进行扩充。OIL 将框架系统、描述逻辑和 Web 标准(XML 和 RDF)这三个不同领域的优点结合起来,提供了一种通用的语义 Web 的标记语言。其中,基于框架的语言在 AI 中有很长的历史,它们的中心建模元语是类(称为框架)和属性(称为槽)。描述逻辑(DL)通过概念(对应于类或者框架)和角色(对应于槽)描述知识,具有良好的语义和有效的推理。

5. DAML

DAML(DARPA Agent Markup Language)是 DARPA 计划第一阶段所创建的一种语言。DARPA(Agent Markup Language)项目始于 2000 年 8 月,由美国政府支持,目标是开发一种语言和一组工具,为语义 Web 提供支持。Mark Greaves 是该项目的领导者。DAML 形成于 DAML – ONT(一种本体语言)和 DAML – Logic(一种表达公理和规则的语言)。DAML 扩展了 RDF,增加了更多更复杂的类、属性等定义。它一度很流行,成为网上很多本体的描述语言,直到 DAML 的研究者和 OIL 的研究者开始合作,推出了 DAML + OIL 语言,成为 W3C 研究语义 Web 中本体描述语言 OWL 的起点,并成为标准。

6. OWL

OWL（Web 本体语言,Web Ontology Language）是 W3C 推荐的本体描述语言的标准,它是为了在 WWW 上发布和共享本体而提供的语义标记语言。OWL 是在 DAML + OIL 的基础上发展起来的,作为 RDF（S）的扩展,目的是提供更多的元语以支持更加丰富的语义表达,并更好地支持推理。OWL 提供大量的基于描述逻辑的语义原语来描述和构建各种本体,例如类型之 ICJ 的不相交性（disjointness）,基数（cardinality）,等价性,属性特征（如对称性 symmetry）,以及枚举类型（enumerated classes）等。OWL 相对 XML,RDF 和 RDF Schema 拥有更多的机制来表达语义,从而 OWL 超越了 XML,RDF 和 RDF Schema 仅仅能够表达网上机器可读的文档内容的能力。

从上面的对比分析可以看出 OWL 语言是目前描述本体的最好语言,它是以 XML 语言为基础,但是具有很强的逻辑推理能力。所以选择 OWL 作为本体的描述语言工具。

2.3 基于特征、本体、编码技术的元模型

2.3.1 本体理论及构造技术

网络化制造环境下制造资源的整合手段是利用网络,特别是因特网技术,以产品加工制造为中心,跨越不同企业的时空差距,通过企业间的信息（包括产品设计、制造知识）集成、过程集成、资源共享,实现分布式资源优化配置,从而缩短产品研制周期,降低研发和制造成本,提高制造群体的竞争力。对于在广阔的地域范围内将跨企业的制造资源信息进行充分开发和利用,发挥其潜在效益,一般通过查询工具来进行。

然而目前在制造资源信息检索方面还存在着很多问题,如:①查询模式中的查

询条件、查询结果组合单一,只能按照固定的几种方式,如企业分类、企业名称、产品名称等进行检索,无法实现对相关概念、属性进行动态组合查询,以及查询结果的自定义,不接受非系统预定模式的查询定义;②无法实现模糊查询,如"查询具有高加工精度车床的所属企业名称"、"查询加工精度满足精车要求的车床所属企业名称";③查询智能化程度不高,网络不能完全理解查询人的意图,无法通过逻辑推理进行检索。出现这些问题的原因在于目前 Web 采用的是超文本标记语言(HT-ML),网页上的内容是设计成专供人类浏览的,而不是供计算机理解和处理的,Web 无法为用户提供逻辑自动处理网上数据的功能。

同时,Web 是按"网页的地址",而非"内容的语义"来定位信息资源的,网上所有信息都是由不同的企业网站发布的,各个企业发布的信息数据异构、结构异构,相同主题的信息分散在全球众多不同的服务器上,没有通过一个有效工具或者平台将不同来源的相关制造资源信息综合起来。

Bernem - Lee 在 2000 年 XML2000 会议上提出了语义 Web(Semantic Web)。语义 Web 的目标是使得 Web 上的信息不仅人可以理解,而且具有计算机可以理解的语义,这样便于计算机处理信息内容,即给出一种计算机能够理解的表示信息资源的手段,使得用户很方便地找到有价值的信息,并从中提取出知识内容。

Berners - Lee 把语义 Web 描述为七层结构(图 2 - 7)。

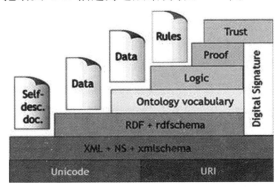

图 2 - 7　语义 Web 结构

第一层:Unicode 和 URI

Unicode 是一个字符集,这个字符集中所有字符都用两个字节表示,可以表示

65536 个字符,基本上包括了世界上所有语言的字符。数据格式采用 Unicode 的好处就在于它支持世界上所有主要语言的混合,并且可以同时进行检索。

URI(Uniform Resource Identifier),即统一资源定位符,用于唯一标识网络上的一个概念或资源。在语义 Web 体系结构中,该层是整个语义 Web 的基础,其中 Unicode 负责处理资源的编码,URI 负责资源的标识。

第二层:XML + NS + xmlschema

XML 是一个精简的 SGML,它综合了 SGML 的丰富功能与 HTML 的易用性,它允许用户在文档中加入任意的结构,而无须说明这些结构的含意。NS(Name Space)即命名空间,由 URI 索引确定,目的是为了避免不同的应用使用同样的字符描述不同的事物。XML Schema 是 DTD(Document Data Type)的替代品,它本身采用 XML 语法,但比 DTD 更加灵活,提供更多的数据类型,能更好地为有效的 XML 文档服务并提供数据校验机制。正是由于 XML 灵活的结构性、由 URI 索引的 NS 而带来的数据可确定性以及 XML Schema 所提供的多种数据类型及检验机制,使其成为语义 Web 体系结构的重要组成部分。该层负责从语法上表示数据的内容和结构,通过使用标准的语言将网络信息的表现形式、数据结构和内容分离。

第三层:RDF + rdfschema

RDF 是一种描述 WWW 上的信息资源的一种语言,其目标是建立一种供多种元数据标准共存的框架。该框架能充分利用各种元数据的优势,进行基于 Web 的数据交换和再利用。RDF 解决的是如何采用 XML 标准语法无二义性地描述资源对象的问题,使得所描述的资源的元数据信息成为机器可理解的信息。如果把 XML 看作为一种标准化的元数据语法规范的话,那么 RDF 就可以看作为一种标准化的元数据语义描述规范。Rdfschema 使用一种机器可以理解的体系来定义描述资源的词汇,其目的是提供词汇嵌入的机制或框架,在该框架下多种词汇可以集成在一起实现对 Web 资源的描述。

第四层:Ontology vocabulary

该层是在 RDF(S)基础上定义的概念及其关系的抽象描述,用于描述应用领域的知识,描述各类资源及资源之间的关系,实现对词汇表的扩展。在这一层,用户不仅可以定义概念而且可以定义概念之间丰富的关系。

第五至七层:Logic、Proof、Trust

Logic 负责提供公理和推理规则,而 Logic 一旦建立,便可以通过逻辑推理对资源、资源之间的关系以及推理结果进行验证,证明其有效性。通过 Proof 交换以及数字签名,建立一定的信任关系,从而证明语义 Web 输出的可靠性以及其是否符合用户的要求。

在语义 Web 中,Ontology 非常重要,它是解决上述问题的基础。在使用 XML 定义标签格式和 RDF 表达数据后,使用 Ontology 的网络语言来描述网络文档中术语的明确定义及其之间的关系。其结果表现为第四层的 Ontology 词汇表。

在设计产品的文档资源、技术资料资源的数据库过程中,各个企业对同一事物或概念可能给出不同的信息描述,而且同行的企业生产管理以及技术知识都会因不同的企业而有所不同,这对企业的跨平台合作的电子文档的交互和互操作造成很大的困难,领域本体的构建可以很好地解决这些问题对现实世界的概念描述。领域本体是基于分层和继承关系的思想进行的,具有通用的资源描述框架 RDF、有类 class、属性 property 和公理 axion 等。类通过 Named classes 和 disjoint classes 来定义。属性由功能属性 functional、传递属性 transitive 对称属性 symmetric 和反属性 inverse 来定义。公理通过类约束和属性约束以及它们之间的相互关系来定义和说明,如量约束 quantifier restrictions 集约束 cardinality 和值约束 has value 等。

本体是概念模型的明确规范说明[179]。本体网络语言 OWL 是 RDF 框架语言在网络上的一种具体实现方式,它对事物的描述主要有以下方式来组织:概念由类表达,通过 rdfs:subclass of;rdfs:subproperty of 形式概念及其关系的分类化和层次化结构描述。

值得注意的是:语义 Web 并不是创建一个全新的 Web,其目的是对现有 Web 进行扩充,给其中的信息定义丰富的语义含义。在语义 Web 中,信息不但能够被人理解和使用,而且计算机也能够共享和处理这些数据,可以实现智能化、自动化、集成化以及跨不同应用程序的知识复用。本体被用来特指在一定范围内共享的概念模型明确的形式化规范说明。Class、property、instances、axions 四个基本组成部分。类也被称为 concepts,用于描述本体相关领域中的各个实体元素。属性也称为关系 relations,表示概念之间的联系。实例是类具体化的表现形式。公理是利用逻辑的形式通过属性对类进行约束,实现深层次的知识挖掘。

本体的基本关系如表 2 - 1 所示。

表 2 - 1   本体的基本关系

关系	含义
Part - of	表达概念之间部分与整体的关系
Kind - of	表达概念之间的继承关系
Instance - of	表达概念的实例与概念之间的关系
Attribute - of	表达某个概念是另一个概念的属性

各个层次的概念用树形结构来表示,如图 2 - 8 所示。数控机床由多个部分组成,每个部分之间还有关系,比如夹具定位夹紧刀具,伺服驱动系统中的主轴伺服驱动单元控制主轴等。将各个概念按等级关系及影响关系(即非等级关系)按照综合法进行归纳演绎。图 2 - 9 是刀具的等级关系图,图 2 - 10 是部分概念的非等级关系图。定义类的属性,图 2 - 10 中的刀具信息参数就是刀具的内在属性信息。加工条件是刀具外在属性信息,而切削则是其与工件之间的关系属性。切削还可以按照加工方式不同继续划分为车削、刨削、铣削等。

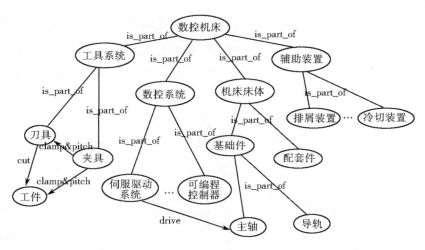

图 2 - 8   领域概念树形结构示意图

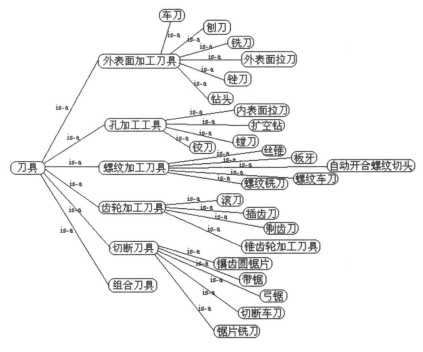

图 2-9　刀具等级关系图

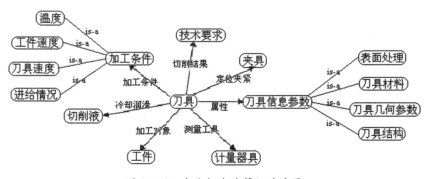

图 2-10　部分概念非等级关系图

本体根据其应用类型和本体粒度分为：领域本体、任务本体、特定领域的任务本体以及应用本体等。

目前本体的建立方法可分为自动建立和手动建立。前者作为研究热点，正在得到大量的研究,后者需要人工利用本体工具建立,由大量的本体工程师完成本体的建立。

本体的建立主要分为以下几个步骤:①确定本体的领域与范围,明确领域中的重要概念;②建立本体概念框架;③设计本体模式(领域中概念及概念之间的关系);④定义类及类的层次关系;⑤定义类的属性;⑥按照本体模式建立实例;⑦本体的检验评价。

一直以来,本体的建立是领域专家和专业人员的工作。随着本体应用的不断发展,本体的建立也进一步面向大众推广。更多的普通用户开始建立自己的本体,为了提高本体建立的效率,很多本体定义的工具被开发出来辅助普通用户建立本体,如 Protégé、Jena、Sesame 等。

下面为"车床"概念的一小部分 OWL 标注的代码

```
< 车床 rdf:ID = " C6120" >
< 名称 rdf:datatype = " http://www.w3.org/2001/xMLSehem#string" > 车床
    </名称 >
    < 型号 rdf:datatype = " http://www.w3.org2001/MLSchema#string" > C6120
    </型号 >
    < 最大长度 rdf:datatype = " http://www.w3.org/2001/XMLsehema#float" > 400
    </最大长度 >
    < 最大直径 rdf:datatype = " http://www.w3.org/2001/XMLsehema#float" > 220
    </最大直径 >
    < 圆柱度 rdf:datatype = " http://www.w3.org/2001/XMLsehema#float" > 0.04
    </圆柱度 >
    < 粗糙度 rdf:datatype = " http://www.w3.org/2001/XMLsehema#float" > 1.25
    </粗糙度 >
</车床 >
```

2.3.2　信息编码技术

信息编码是按照一定的规律给概念赋予代码的过程,代码通常是由若干字符组成。信息编码是人们统一认识、交换信息的一种技术手段,信息编码是各类信息系统的重要基础,是信息交换的共同语言。

数据信息模型异构和数据信息异构在一定程度上妨碍了信息集成,企业内部数据利用标准编码可以较好地实现机器对信息理解唯一性问题。本体技术主要是能对事物之间的关系进行逻辑推理,把信息编码与本体技术相结合,有助于解决编码描述信息的语义化。

一、信息编码系统的研究现状

信息编码作为信息表达、集成与交换的基础,已经成为国内外广泛关注的热点。发展到现在,信息编码技术不仅有了自己的一套相对独立的方法和原则,在过去的几十年中,国内外针对不同应用需求,开发了许多不同种类的信息分类编码系统。

主要集中在以下几个方面:①零件编码系统:比较典型的有 VUOSO 零件分类编码系统和德国 OPITZ 系统。VUOSO 系统是成组技术中最早出现的零件分类编码系统,它是捷克斯洛伐克金属切削机床研究所在卡洛茨教授领导下制订的。OPITZ 系统有九位数字码组成。前五位表示零件的形状特征,称为主码。后四位分别表示零件的尺寸、材料、原始形状和精度,称为辅码。②制造企业的分类编码系统:比较典型的有波音公司的 BUOCS 系统和 SB – CIMS 编码系统。BUOCS 系统由 5 位主码和 7 位辅码构成,主要由数字码构成,用于企业产品设计、制造和管理。SB – CIMS 编码系统是一种分级柔性的分类编码系统,此编码结构允许对事物特征做尽可能详细的描述,在代码应用上简单、灵活。

二、信息编码系统的发展趋势

随着信息技术的飞速发展,产生了一批新制造技术和制造哲理,信息编码系统也呈现出新的发展方向:①信息编码的高度柔性化;②信息编码的标准化;③信息的共享和远程交互。

三、信息编码的重要性

①准确标识事物,避免人工管理系统中无法用简单的文字、语言描述的二义性;②提高计算机处理信息的能力和速度,降低计算机使用成本;③所有事、物一经编码,就可以很容易地按照其特征进行分析、统计、汇总、排序等作业;④信息编码技术有利于便于信息交换和数据共享。

为了达到这一目的,目前国际、国内都采用一系列的统一编码标准,这是现代通信与网络技术的基础,也是企业信息化系统的基础。

信息编码是实现企业内部信息表达、交换的基础。信息编码技术有效地解决了企业内部信息异构的问题。将信息编码技术与本体技术相结合构造制造资源信息模型,有效地统一了企业内部和外部信息异构问题。

信息编码的原则:①按照信息域进行编码;②采用数字、字母编码方法或者数字与字母混合编码;③整体协调编码位数,确保同层次编码长度能表达分类信息,并具有一定的升级空间;④编码与具体信息做到一一对应,不产生多义性。

信息域可以分为:基本特征域(TZ000)、特征约束域(YS000)、设备状态域(ZT000)、基本信息域(JB000)、管理信息域(GL000)。这个是采用字母与数字混合编码的方式,例如在基本特征域内的相关信息可以有000—999个信息编码。

利用本体技术、编码技术、基本特征思想建立的元模型部分更加利用信息检索的高效性,给出部分代码如下所示:

```xml
< ? xml version = "1.0"? >
< rdf:RDF
    xmlns = "http://www.owl – ontologies.com/Ontology1273142953.owl#"
    xmlns:rdf = "http://www.w3.org/1999/02/22 – rdf – syntax – ns#"
    xmlns:xsd = "http://www.w3.org/2001/XMLSchema#"
    xmlns:rdfs = "http://www.w3.org/2000/01/rdf – schema#"
    xmlns:owl = "http://www.w3.org/2002/07/owl#"
  xml:base = "http://www.owl – ontologies.com/Ontology1273142953.owl" >
  < owl:Ontology rdf:about = "" / >
< basic_process_feature 编码   xml:lang owl: = "en" > TZ000 < / basic_process_feature 编码 >
< plane_feature 编码   xml:lang owl: = "en" > TZ001 < / plane_feature 编码 >
< scope_of_size 编码   xml:lang owl: = "en" > YS001 < / scope_of_size 编码 >
< machinging_accuracy 编码   xml:lang owl: = "en" > YS002 < / machinging_accuracy 编码 >
  < owl:Class rdf:ID = "plane_feature" >
    < rdfs:subClassOf >
      < owl:Class rdf:ID = "basic_process_feature" / >
    < /rdfs:subClassOf >
```

```
</owl:Class >
< owl:Class rdf:ID = "scope_of_size" >
    < rdfs:subClassOf rdf:resource = "#plane_feature"/ >
</owl:Class >
< owl:Class rdf:ID = "machinging_accuracy" >
    < rdfs:subClassOf rdf:resource = "#plane_feature"/ >
</owl:Class >
</rdf:RDF >
```

第三章

联合式网络制造资源发现机制的研究

3.1 网络化制造资源联合式发现框架

核心企业在获取订单后,在自身不能完成承担生产任务的时候,会寻找外部的网络化制造资源来共同完成订单任务。由于网络化制造资源数量庞大,为了有效地减少噪声信息,必须提供检索约束条件,这样才可以提高检索效率。企业作为盟主选择合作企业时,必须考察被选企业是否具有接受该任务所需的加工能力,这就涉及候选企业的设备是否满足盟主企业提出的工艺要求的问题,即制造资源能力与制造工艺匹配的问题。

在计算机领域,服务发现方面人们已经进行了一些工作的工作,目前提出的服务发现机制可以大致分为以 UDDI 为代表的集中式服务发现机制和以 WS – Inspection 为分布式发现方式。从目前一些以 UDDI 为发现制造资源方法的文献来分析,在制造资源发布的方法上,均是以描述机床设备名称为作为搜索条件,使得搜索不精确,存在在大量的噪声信息。

3.1.1 制造资源联合式发现的工作原理

联合式制造资源发现机制的工作原理如下:

(1)制造资源的建模,即制造资源信息的数据处理。主要讨论设备资源,采用基于 XML 本体语言对服务提供者提交的制造资源信息进行描述和转化,建立统一的基于开放式标准技术上的数据格式。

(2)制造资源的发布。制造资源服务提供企业将制造资源信息以 Web 服务的形式、按照联合式制造资源发现机制的特点进行制造资源发布。制造资源服务提供企业按照设备的工艺能力信息进行制造资源服务发布。按照 UDDI 规范向 UD-DI 注册中心发布制造资源基本工艺特征,基本工艺特征通常包括平面特征、孔特征、轴特征、槽特征、曲面特征、剪切特征、弯曲特征、冲压特征、焊接特征、热处理等。

基本工艺特征值 = {特征值 1,特征值 2,…特征值 n},特征值可以包括加工精度、尺寸范围等工艺参数,特征值在本地 WSIL 对外发布详细的制造资源服务信息。

(3)制造资源的查询。制造资源服务需求企业首先根据需加工零件将其按照基本工艺特征进行分解。然后到 UDDI 服务注册中心查找制造资源基本工艺特征,如果能找到符合基本工艺特征的制造资源服务提供企业,则链接到符合条件的 WSIL 当中继续匹配特征值详细信息。如果特征值匹配全部满足,则说明制造资源服务提供企业所拥有的设备资源能力满足需求方的制造工艺约束。通过 Binding 绑定所需的网络化制造 Web Services,制造资源服务需求企业便可以获取到所需设备资源完备的各类信息。

3.1.2 体系结构

联合式制造资源发现框架的体系结构如图 3 - 1 所示,主要分为用户层、应用层、资源层。

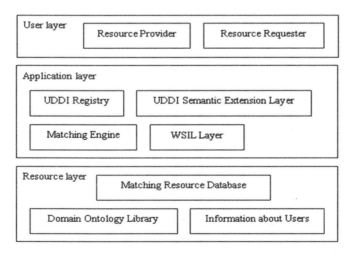

图 3 - 1 联合式制造资源发现框架的体系结构

用户层:定义制造资源服务提供企业和制造资源服务需求企业两种类型用户,为企业用户提供制造资源信息交流平台。

应用层:由 UDDI 注册中心、UDDI 语义扩展层、匹配引擎、WSIL 层组成。UDDI 注册中心用于发布和存储制造资源的基本类型服务描述,并使其他企业能够发现并访问该服务。UDDI 语义扩展层是基于语义的 Web 服务发现的基础,为语义匹配引擎提供知识保障。WSIL 驻留在制造资源服务提供者本地,负责组织制造资源服务发布的详细资料。

资源层:由制造资源库、领域本体库和企业用户信息库组成。制造资源库提供资源的详细描述信息;领域本体库提供资源相关的语义知识;企业用户信息库提供用户注册信息、偏好等信息,是实现个性化服务的基础。

3.1.3 联合式制造资源发现框架

如图 3 – 2 所示,在服务发布过程中,制造资源服务提供企业利用 OWL – S 发布基本工艺特征服务信息,并映射成 UDDI 的标准数据结构如 tModel、businessSer-vice 等后,调用 UDDI 的 API 完成服务在注册中心的发布。UDDI 注册完成后,得到服务的唯一标识符,并返回给发布者。然后再将这个服务的标识 ID 结合服务发布信息的语义标注信息存入服务语义信息数据库即 OWL – S 语义库中。这样通过唯一标识符将服务语义信息标识的 Web Service,与在 UDDI 中注册的 Web Service 联系起来。同时制造资源服务提供企业利用本地 WSIL 文件组织 OWL – S 基本工艺

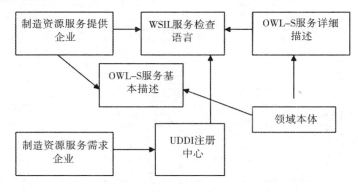

图 3 – 2　联合式制造资源发现框架

特征详细的特征值。在服务请求的过程中,当服务请求者的查询请求后,将查询请求发送到服务匹配引擎。服务匹配引擎根据当前服务语义信息库和本体库中的信息,通过语义相似度算法计算匹配,匹配到符合需求的服务及其标识信息。大于相似度阀值的,通过 WebURL 链接到 WSIL 本地进行特征值的匹配,如果全部满足匹配算法,然后直接通过调用 UDDI 接口,检索 UDDI 注册中心,获取到与服务标识信息相对应的、具体的服务信息,返回给服务请求者。

3.1.4 联合式制造资源发现框架的特点

提出的联合式制造资源发现总体框架具有如下技术特点:

(1)在 UDDI 中进行基本工艺特征匹配,相对应的特征值匹配在本地 WSIL 中进行。该方法大大降低了 UDDI 的负荷,避免了单节点瓶颈问题,在客观上提高了系统的高可用性。如果万一发生 UDDI 单节点故障也可以利用网络爬虫的方式进行搜索,这样提高了系统的可用性。

(2)由于外界网络制造资源信息不确定性,零件加工工艺具有不确定性。根据制造资源能力与制造工艺约束进行匹配可以很好地满足可加工性。

(3)目前很多检索都是基于关键字的检索,不具有语义性,同义、近义信息不在搜索结果中。基本工艺特征的匹配过程中引入本体,增强匹配的语义相似性,提高检索的查全率、查准率。特征值采用智能提示的方法进行在线智能提示,当供求双方的基本工艺特征描述相似度大于用户预先设定的相似度阀值,则双方描述的基本工艺特征被系统认为是一致的,此时系统将根据预先设定好的相对应的特征值目录,提示用户填入相应的特征值数据。

3.2 联合式发现框架的关键技术

3.2.1 Web 服务发现机制

Web 服务发现机制如图 3 - 3 所示

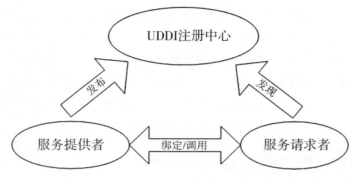

图 3-3 Web Services 的体系结构

Web Services 的体系结构具有三种服务角色：

（1）服务提供者（Services Provider）是服务的创建者和所有者，可以发布、更新或取消自身提供的服务、并且对服务请求进行响应。

（2）服务注册（Services Registry）是存储可用服务描述信息的信息库，提供服务的发布和定位功能，服务提供者在此注册和发布服务，服务请求者在此查找服务，获取服务的绑定信息。

服务注册主要通过 UDDI 来实现，UDDI 是一种开放的、基于 Internet 的新一代电子商务技术标准。其主要目的是建立一个全球化的、与平台无关的、开放式的架构，使得企业能够实现以下功能[185]：①发现彼此；②定义如何通过 Internet 进行交互；③使用一个全局性的商务注册中心共享信息。

服务请求者（Services Requestor）是需要特定服务以完成自身任务的一方，利用服务注册中心查找符合要求的服务，然后与服务提供者进行绑定和交互，以调用该服务。

3.2.2 WSIL 服务发现检查语言

目前网格服务与资源发布的方式主要有两种：统一描述、发现和集成 UDDI 注册中心和 Web 服务检查语言 WSIL 文档。UDDI 的设计使得用户可以在其中发布和搜索商业伙伴的业务及他们的网格服务。UDDI 注册中心是一个存储这种信息以及网格服务位置的中心。有两种类型的 UDDI 注册中心：公共的和私有的。您可以以应用程序开发者或服务提供者的身份把您的网格服务发布到 IBM、Microsoft、HP 或 SAP 掌管的公共 UDDI 注册中心。采取集中式网格服务发布在服务查询的速度方面有一定的优势,但是集中查询必然带来了中心服务器的扩展性问题,特别是随着网格服务的迅猛发展,查询和注册请求将呈几何级数增长,这必然带来了大量的连接服务请求。因此 UDDI 注册中心将成为整个网格体系的瓶颈。而采取分布式服务发布的 Web 服务检查语言和 WSIL 文档提供了对已存在的服务描述文档的引用进行聚集的方法。然后这些检查文档在服务提供点处被提供,或者通过可以放置在内容媒体(比如 HTML)中的引用使其可用通过 WSIL 文档服务使用者既可以通过搜索引擎快速发现可用的网格服务资源和调用方法,也可以将查询请求分布到整个互联网上,避免了集中查询带来的瓶颈问题。使用 WSIL 文档快速发现分布在互联网上的网格服务需要有高效的网格服务搜索引擎,然而目前的大多数搜索引擎都没有搜索 WSIL 文档的功能,因此不能够查找网格服务或网格服务描述等,同时搜索引擎提供的服务本身是在搜索引擎内部,没有很好的提供对外调用的接口,因此目前的搜索引擎很难在不同的应用系统中使用。

WSIL 和 UDDI 一样,提供了一个发现 Web 服务的方法。与 UDDI 集中式模型不同的是,WSIL 用的是一种分布、离散模型,WSIL 文档允许 Web 服务的客户在网站上浏览可用的 Web 服务。WSIL 不直接对服务进行描述,而是对服务信息进行组织。下面为 WSIL 的一个描述片段:

```
< ? xml version = "1.0" encoding = "UTF – 8"? >
< inspection xmlns = "http://schemas. xmlsoap. org/ws/2001/10/inspection/" >
    < abstract > Basic_ process_feature Services  </abstract >
    < service >
        < name > plane_feature Service </name >
        < abstract > A service to perform a kind of manufacturing </abstract >
        < description referencedNamespace = http://schemas. xmlsoap. org/wsdl/ location = "http://
211.65.91.191/services/ Size _restrain. wsdl" > </description >
    </service >
    < link >
    referencedNamespace = "http://schemas. xmlsoap. org/ws/2001/10/inspection/"
```

location = "http:// 211. 65. 91. 191 /services/ plane_feature. wsil" >

Basic_ process_feature Services

</link>

</inspection>

3.2.3　联合式发现机制

图 3 - 4 为 UDDI—WSIL 联合发现机制,在 UDDI 中制造资源服务提供企业发布基本工艺特征信息,各类基本工艺特征的特征值服务在 WSIL 本地发布。在 UD-DI 注册中心外增加了一层语义层,当收到发布消息后,进行 OWL - S 和 UDDI 的映射,实现 OWL - S 中的 Profile 和 UDDI 的 tModel 中的每一个属性一一对应,再分别发布到 UDDI 和 OWL - S 语义库。当在查询或发布服务时,便可以到对应的文档所定义的本体之中去查询元素所表达的意义了。这样制造资源服务需求企业首先在 UDDI 中查询基本工艺特征服务类别,如果服务类别符合条件,则自动根据 Dis-covery URI(Universal Resource Identifier 通用资源标志符)到相应的服务提供企业本地的 Inspection. wsil 中进行进一步的详细匹配具体业务。如果匹配成功,则在 WSIL 中的 binding 进行服务绑定,制造资源服务需求企业可以得到所需设备资源完备的完整各类信息。

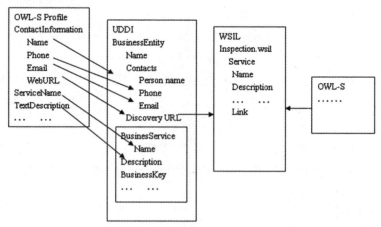

图 3 - 4　语义扩展的联合发现机制

3.2.4　领域本体

本体(Ontology)是应用领域概念化的显式说明,本体是现代企业知识管理系统重要的组成部分。构造本体被看作是改进知识工程过程、增强知共享和复用、促进异构系统间互操作的重要手段[188]。通过本体语义信息的引人,利用本体概念相似度的语义 Web 服务匹配算法,将大大提高系统的检索效率。

3.2.5　语义网络标识语言

目前 Web 服务描述语言 WSDL(Web Services Description Language)只是基于XML 的 Web 服务描述语言,它不包含语义,研究者们提出了专门针对服务语义的OWL – S 语言。

语义 Web 和 Web 服务是语义 Web 服务的两大支撑技术,而 OWL – S 是连接两大技术的桥梁。OWL – S(Web Ontology Language for Services)框架主要包括 ServiceProfile,ServiceModel 和 ServiceGrounding 共 3 类上层本体,这 3 类本体分别描述了服务具备的功能、服务如何执行、服务如何访问等语义信息,如图 3 – 5 所示:

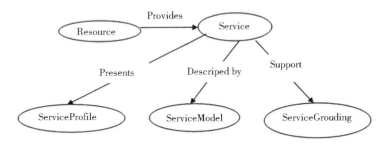

图 3 – 5　OWL – S 框架

OWL – S 的知识本体由三部分组成,分别描述服务是做什么的,服务是如何工作的,以及如何被访问的。

服务轮廓描述了服务是做什么的,提供了搜索服务主体所必需的信息和服务能力的描述;服务模型描述了服务是如何工作的,在 OWL – S 语言中表示为类 ServiceModel;服务基点描述了服务是如何被访问的,在 OWL – S 语言中表示为类 ServiceGrounding,它说明了如何访问服务的细节,包括通信协议,消息格式及一些其他细节,比如通信时用的端口等。

下面介绍 ServiceProfile 中在服务发现中发挥作用的属性。

(1)服务的基本信息:ServiceName,TextDescription 和 Con – tactInformation。

(2)服务的功能描述信息:OWL – S Profile 描绘了服务两个方面的功能:信息转换(通过输入 Inputs 和输出 Outputs 描述)和服务执行产生的状态变换(通过前提 Preconditions 和影响即 Effects 描述),以上各要素合称 IOPE。它描述了服务功能性的核心内容。

(3)服务的特征描述:ServiceCategory 引用某本体论或者服务分类法中的项来指定服务所属的分类,QualityRating 通过特定的等级系统指定服务的级别,从而提供了服务质量的信息,其值是类 QualityPating 的实例。

提出的元模型的基本特征有如下:(Basic Process Feature,BPF),BPF = {Material Feature,Hole Feature,Plane Feature,Shaft Feature,Groove Feature,Curved Surface Feature,Shear Feature,Bend Feature,Stretch Feature,Stamp Feature,Weld Feature,Cast Feature,Heat Treatment Feature,Face of Gear Feature,Thread Feature}

对 OWL – S 的 ServiceProfile 进行扩展得到 OWL – S 的模型如图 3 – 6 所示。

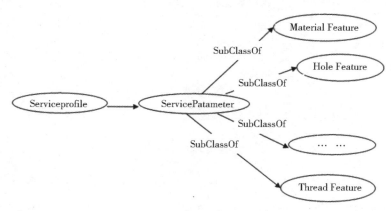

图 3 – 6   OWL—S 的制造资源扩展模型

OWL—S 的制造资源扩展模型的 ServiceProfile 的. OWL 文件如下:

< owl:Class rdf:ID = " Material Feature " >

```
            < rdfs:subClassOf
    rdf:resource = "#ServieeParameter"/ >
    < owl:Class rdf:ID = "Hole Feature" >
            < rdfs:subClassOf
    rdf:resource = "#ServieeParameter"/ >
    < owl:Class rdf:ID = "Plane Feature" >
            < rdfs:subClassOf
    rdf:resource = "#ServieeParameter"/ >
    < owl:Class rdf:ID = "Shaft Feature" >
            < rdfs:subClassOf
    rdf:resource = "#ServieeParameter"/ >
    < owl:Class rdf:ID = "Groove Feature" >
            < rdfs:subClassOf
    rdf:resource = "#ServieeParameter"/ >
< owl:Class rdf:ID = "Curved Surface Feature" >
            < rdfs:subClassOf
    rdf:resource = "#ServieeParameter"/ >
    < owl:Class rdf:ID = "Shear Feature" >
            < rdfs:subClassOf
    rdf:resource = "#ServieeParameter"/ >
    < owl:Class rdf:ID = "Bend Feature" >
            < rdfs:subClassOf
    rdf:resource = "#ServieeParameter"/ >
    < owl:Class rdf:ID = "Stretch Feature" >
            < rdfs:subClassOf
    rdf:resource = "#ServieeParameter"/ >
    < owl:Class rdf:ID = "Stamp Feature" >
            < rdfs:subClassOf
    rdf:resource = "#ServieeParameter"/ >
    < owl:Class rdf:ID = "Weld Feature" >
            < rdfs:subClassOf
```

```
                        rdf:resource = "#ServieeParameter"/ >
            < owl:Class rdf:ID = "Cast Feature" >
                        < rdfs:subClassOf
                        rdf:resource = "#ServieeParameter"/ >
        < owl:Class rdf:ID = "Heat Treatment Feature" >
                        < rdfs:subClassOf
                        rdf:resource = "#ServieeParameter"/ >
            < owl:Class rdf:ID = "Face of Gear Feature" >
                        < rdfs:subClassOf
                        rdf:resource = "#ServieeParameter"/ >
            < owl:Class rdf:ID = "Thread Feature" >
                        < rdfs:subClassOf
                        rdf:resource = "#ServieeParameter"/ >
```

提供一段数控机床信息发布的部分片段如下:

```
        < profile:serviceName > 数控机床 </profile:serviceName >
                < profile:contactInformation >
            < actor:Actor idf id = "0603" >
                < actor:name > 齐航数控 </actor:name >
        < actor:phone >0511 - 86253312 </actor:phone >
                    </actor:Actor >
                </profile:contactInformation >
                < profile:textDescription >
                    ...... ......
                </profile:textDescription >
            < owl:class rdf:ID = "serviceNum" >
        < rdfs:subclassof df:resource = "#serviceParameter"/ >
                    </owl:class >
            < owl:class rdf:ID = "serviceArea" >
        < rdfs:subclassof df:resource = "#serviceParameter"/ >
                    </owl:class >
            < owl:class rdf:ID = "serviceID" >
```

```
< rdfs:subclassof df:resource = "#serviceParameter"/ >
                    </owl:class >
            < owl:class rdf:ID = "serviceState" >
< rdfs:subclassof df:resource = "#serviceParameter"/ >
                    </owl:class >
            < profile:serviceParameter >
            < serviceNum >2 </serviceNum >
            < serviceArea >上海 </serviceArea >
            < serviceID >CAK1626 </serviceID >
            < serviceState >闲置中 </serviceState >
            </profile:serviceParameter >
```

3.2.6   基于语义 Web 服务的制造资源发现原理的研究

Web 服务的发现就是研究服务的描述以及在服务描述的基础上服务匹配的问题[41]。服务描述不仅要灵活、有足够的表达能力,而且还要考虑从语义层次上来描述。服务匹配既能在语法层上进行服务匹配,又要能在语义层上进行服务匹配,既要考虑服务匹配的质量,又要考虑服务匹配的效率。提出了一种基于语义 Web 服务的制造资源发现机制,服务请求和服务描述都用 OWL – S 进行描述,根据相关的领域本体添加概念约束以实现语义发现。本框架将语义 Web 与 UDDI 结合,既可以利用 UDDI 扩大 Web 服务发现范围,又有利于查询和发布基于语义描述的服务。

基于语义 Web 服务的制造资源发现框架完成的主要功能是制造资源服务的发布和发现。在服务的发布过程中,代理接收服务提供者的发布信息,将发布信息描述为特定的 UDDI 格式的同时,还需对其进行语义处理,存储于语义信息库中。在服务的语义查询过程中,代理将请求发送给 OWL – S 匹配算法,匹配算法根据本体库和 OWL – S 语义库找到合适的服务并返回给请求者。由此可见,要实现服务的语义匹配,首先必须对服务进行语义描述,然而原有的服务发现体系结构并不能支持和利用这种服务的语义描述进行服务发现,因此需要对注册中心进行扩展,使其支持服务的语义描述,并能把服务描述中的语义信息嵌入到数据结构中去,以支持基于语义级别的服务匹配。为了解决该问题,在 UDDI 注册中心外增加了一层语义层,当代理接收到发布消息后,进行 OWL－S 和 UDDI 的映射,实现 OWL－S 中的 Profile 和 UDDI 的 tModel 中的每一个属性一一对应,再分别发布到 UDDI 和 OWL－S 语义库。当在查询或发布服务时,便可以到对应的文档所定义的本体之中去查询元素所表达的意义了。

在 OWL－S 语言中,服务轮廓描述了服务是做什么的、提供的详细信息,在基于语义 Web 服务的制造资源的发现机制中,我们关心的主要是制造资源的详细信息,因此服务的 OWL－S 描述中的服务轮廓部分就能够满足制造资源发现的信息需求。通过服务轮廓(Service Profile)将 Web 服务的精确描述提供给服务注册中心,所以服务一旦被选定后,服务轮廓就可以确定了。下面详细介绍 OWL－S 的服务轮廓和 UDDI 的映射。

描述一个具体的 Web 服务轮廓是用 rdf:ID 赋予一个标识,以便能够被其他的本体识别。服务轮廓将服务描述为三类基本信息的函数:服务的提供组织、服务的功能和一组标定服务特点的属性值。

第一部分是用"presents"属性来说明一个 Web 服务是由该轮廓描述的,或者用"presentedBy"属性来说明一个给定的轮廓描述了某个 Web 服务。以此来提供 Web 服务与服务轮廓之间的映射关系和链接信息。

第二部分给出了提供服务的实体的联系信息,这些信息主要是为人所服务的。它们主要由下面给出的属性所提供:

serviceName 用来给出与之链接的 Web 服务的标识名;

TextDescription 给出简短的服务描述,如:服务能提供的内容,服务的工作环境等;

ContactInformation 给出可为服务使用者提供联系的人或实体。

第三部分是轮廓的重要组成部分,它提供了服务的功能描述。服务的功能描述是根据服务所需的输入(Input)参数和服务产生的输出(Output)参数来表达的。也就是说 Input 和 Output 属性给出了过程处理的信息转移,从待处理的输入信息到服务操作的结果信息。除了输入输出参数外,功能描述还被两个条件参数来描述,称作前提(Precondition)和效果(Effect)。前提指在服务能够正确执行前所要求的条件,而效果指在服务成功执行后所导致的事件。也即 Precondition 和 Effect 给出了服务执行状态的改变,从请求服务必须满足的前提条件到成功执行服务后产生的显现的效果。Profile 为 IOPE(Input,Output,Precondition,effect)列出了如下属性:

hasParameter:它的值域是 OWL – S 中的 Parameter 类。该类通常不被实例化,它的存在只是使得领域知识更加清晰;

hasInput:它的值域是 OWL – S 中的 Input 中的类;

hasOutput:包括了 ConditionalOutput 实例,UnConditionalOutput 是 ConditionOutput 的子类,因此这个属性包括了无条件限制输出的实例;

hasPrecondition:指明了服务的一个前提,包括了一个 Precondition 实例,它是根据 Process ontology 中的 schema 来定义的;

hasEffect:指明了服务的一个效果。

第四部分是描述服务轮廓的其他特性,包括:

serviceParameter:是一个属性扩展表,包含对 Web 服务想要描述的附加参数说明。每个服务参数都是 serviceParameter 的实例;

ServiceCategory:是对 Web 服务的分类说明,有可能超出 OWL – S 的类别范畴。该属性的值是 ServiceCategory 的实例;

QualityRating:是在特定级别系统中对 Web 服务的级别划分,这种服务级别的划分有助于用户了解服务质量。质量等级是 QualityRating 的实例。

参考 DAML – S Profile 到 UDDL 的映射机制,通过扩展 tModel 类型的方法来实现 OWL – S 到 UDDL 的映射。主要思想是对于在 UDDI 中没有相应元素的 OWL – S 元素,在注册中心为其创建新的 tModel 类型,使 OWL – S Profile 元素与该 tModel 产生映射关系。OWL – S Profile 到 UDDI 的映射如图 3 – 7 所示。

OWL – S Profile 中的服务提供者信息与 BusinessEntity 的 Contacts 元素映射,几个主要的联系信息 name、phone、email、webURL、physicalAddress 分别直接映射到 BusinessEntity 的 personName、phone、email、address;服务基本信息如 serviceName 和 textDescription 与 businessService 中 name 和 description 映射。OWL – S Profile 的 PresentedBy、serviceCategory、input、output、precondition、effect 与新建的 DAML – S_

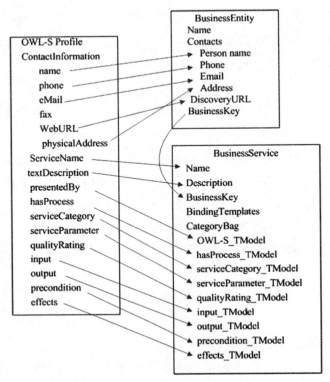

图 3 - 7   OWL - S Profile 到 UDDI 的映射机制

TModel、serviceCategory_ TModel、input_TModel、output_TModel、precondetione_TModel、effect_TModel 等映射。通过 businessKey 把 BusinessEntity 和 BusinessService 信息相联系,通过 bindingTemplates 将 Web 服务和相关 tModel 的实例绑定起来。

3.2.7   本体相似度算法

WordNet 是美国国家科学实验室和普林斯顿大学共同负责开发的英文字典,参考 WordNet 中的制造企业所拥有的制造资源信息的有关概念,结合机械领域专家经验可以得到比较完备的制造资源上层本体树。制造资源本体树的抽象模型如图 3 -8 所示,本体树的相关概念如下:

一、节点密度

本体树中不同节点的密度往往不同,有些地方节点密度大,说明该处节点制造

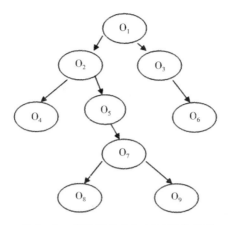

图 3 - 8 制造资源本体树的抽象模型

资源概念被描述得非常具体,这些节点间制造信息概念的语义相似度较高。如果节点处密度小,说明这些节点间制造信息概念的语义相似度较低。

二、节点深度

本体树可以看成一个无环的有向图,在图中规定一个根节点,定义指定节点到根节点的深度为节点的深度。由于本体树中,自顶向下,制造信息概念的分类由大到小,大类间的相似度要小于小类间的相似度。因此,节点的深度越大,节点制造信息概念的语义就越具体,信息概念间相似度也应越大。

三、边的强度

本体树制造信息概念结构图中,一个父节点可能有多个子节点,每个子节点与父节点间的语义相似度不完全相同,这种情况可以用边的强度来描述。

概念相似度测量方法可以遵循以下原则:①概念间语义距离越大其相似度越小,反之,其相似度越大;②概念间语义重合度越大其相似度越大。语义重合度是指两概念所包含相同语义的程度;③ 一般来说,位于密度大的区域概念分类较多,语义距离较大,反之,密度小的区域语义距离较小,所以必须加入概念密度对其加以调节;④相似度具有非对称性。

概念间相似度的计算方法目前比较多,语义相似度用于机床概念和基本工艺特征的检索。目前,本体相似度算法比较多,采用文献[190]和[106]本体相似度计算方法。

记结点 O 的宽度为 Width(O),它用来表示结点 O 的同级别结点个数,

记 Parent(O) 为结点 O 的父结点个数,

Weight(e_i) 为连接概念 O_1 和 O_2 的第 i 条边的权值,

$$\text{Weight}(O) = \begin{cases} \dfrac{1}{\text{Width}(O)}, & \text{若 O 为根结点} \\ \dfrac{1}{2} \times \dfrac{1}{\text{Width}(O)} \times \text{Weight}(\text{Parent}(O)), & \text{若 O 为非根结点} \end{cases} \quad (3.1)$$

记 Dist(O_1, O_2) 为概念 O_1 和 O_2 间的语义距离,

$$\text{Dist}(O_1, O_2) = \sum_1^n \text{Weight}(e_i) \quad (3.2)$$

记 Dep(O) 为结点的深度,它用于表示 O 与根结点的最短路径包含的边数,令

$$\partial = \frac{\text{Dep}(O_2)}{\text{Dep}(O_1) + \text{Dep}(O_2)}, \quad (3.3)$$

概念 O_1 和 O_2 间的相似度为:

$$\text{Sim}(O_1, O_2) = 1 - \left(\frac{1}{2} \times \partial \times \text{Dist}(O_1, O_2) \right)^{\frac{1}{n}}。 \quad (3.4)$$

(n 是可以调节的参数,通常取 2)

下面以机床的部分本体树为例子,介绍本体相似度的算法:

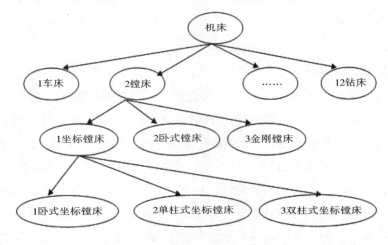

图 3-9 机床的部分本体树片段

$$\text{Weight}(机床) = \frac{1}{12} = 0.0833$$

$$\text{Weight}(镗床) = \frac{1}{2} \times \frac{1}{3} \times \frac{1}{12} = 0.0139$$

类似可以计算出　$\text{Weight}(车床) = 0.00463$；

$$\text{Weight}(坐标镗床) = 0.00231$$

取调节参数 $n = 2$

$$\text{Sim}(坐标镗床,镗床) = 1 - \sqrt{\frac{1}{2} \times \frac{1}{1+2} \times 0.0139} = 0.95$$

$$\text{Sim}(镗床,坐标镗床) = 1 - \sqrt{\frac{1}{2} \times \frac{2}{1+2} \times 0.0139} = 0.93$$

$$\text{Sim}(镗床,卧式坐标镗床) = 1 - \sqrt{\frac{1}{2} \times \frac{3}{1+3} \times (0.0833 + 0.0139 + 0.00231)} = 0.81$$

$$\text{Sim}(卧式坐标镗床,镗床) = 1 - \sqrt{\frac{1}{2} \times \frac{1}{1+3} \times (0.0833 + 0.0139 + 0.00231)} = 0.89$$

$$\text{Sim}(车床,卧式坐标镗床) = 1 - \sqrt{\frac{1}{2} \times \frac{3}{1+3} \times (0.00463 + 0.0833 + 0.0139 + 0.00231)}$$
$$= 0.74$$

计算结果表明,车床与卧式坐标锉床相似度较低,而锉床与卧式坐标锉床间相似度相对较高。类似的可以根据建立制造资源信息本体数,计算出制造资源信息其他词之间的相似度。

整体相似度的定义:WSim(Whole Simlar)

$$\text{WSim} = \sum_{i=1}^{m} \omega_i \times \text{Sim}_i \qquad (3.5)$$

其中 ω_i 为可调整权重系数,m 为相似度计算概念的个数。

3.2.8　发现匹配算法

发现匹配度算法用于制造资源能力与制造工艺特征值的匹配问题,在 OWL – S Profile 中用 serviceParameter 表示,并映射到 UDDI BusinessService 的 serviceParameter_TModel 中。不同的特征值,匹配算法不一样。对于一个基本工艺特征,只要当其所有的特征值均匹配成功,才说明制造资源与制造工艺约束满足可加工条件。

定义1:距离表示为 PD(Point Distance)

假设设备加工尺寸范围或者加工精度范围为[a,b];c 为经济加工点;零件加工尺寸或者精度为 x_0。

定义2:匹配的可行度 MFD(Matching Feasibility Degree)

制造资源的工艺能力与零件工艺需求匹配具有可行解。由于网络化资源的丰富性,可行解通常是一个集合,这就意味着有不止一个拥有制造资源的候选企业满足零件的工艺需求。

定义3:整体匹配可行度 WMFD(Whole Matching Feasibility Degree)

定义4:匹配的优化度 MOD(Matching Optimization Degree)

在 MFD 的基础之上,单纯从工艺角度来考虑,通常在可行解集合的基础上,求解最优解。这样避免资源利用的不合理性,使制造资源的利用更加科学化。

定义5:整体匹配优化度 WMOD(Whole Matching Optimization Degree)

匹配算法:

步骤1:若 $a \leqslant x_0 \leqslant b$,则表示符合 MFD 条件,意味着可行性。

步骤2:若存在 MFD,则 Value(MFD) = 1;否则,Value(MFD) = 0。

若所有的 Value(MFD) = 1,则 Value(WMFD) = 1;否则,Value(VMFD) = 0。

Value(WMFD) = 1 说明满足整体匹配度。

步骤3:令 $\xi = |x_0 - c|$,这样,ξ 越小则 MOD 越好。

$$Value(WMOD) = \sum_{i=1}^{n} \omega_i \times \xi_i \qquad (3.6)$$

其中 ω_i 为可调整权重系数,n 为参与匹配可行度的个数。根据步骤3可以选择出整体优化度较好的候选资源。

第四章
制造资源的评价研究

4.1　制造资源评价的需求分析

信息时代的到来,信息技术尤其是计算机网络技术的发展,使得世界经济趋于全球化、一体化,也给传统的产品设计与制造业带来了极大的冲击[191]。进入 21 世纪以来,制造企业面临的已经不再是由生产拉动需求的环境,而是需求拉动生产的环境。用户个性化需求的日益增长使得传统的制造理念已经不能适应当前竞争日趋激烈的市场,现代制造业必须有效地结合现代信息技术、网络技术及相关的先进管理理念,才能谋求长足的发展。在网络化制造模式下,制造任务通过分解形成不同层次的任务需求。不同层次的任务需求,通过网络对分布在不同地域的制造资源进行比较,实现快捷的资源整合与利用,以及异地并行制造的协作生产模式。

用户对网络制造资源的评价是实现面向服务的制造资源集成的一个重要环节,用户对服务效果的评价对个性化服务的发展具有重要意义。通过用户评价信息,收集用户对所提供的制造资源的意见和感受,研究并获取用户的潜在需求,并依据评价结果组织和协调制造资源的集成,以提供给用户更及时且具有针对性的服务,从而保持所提供的制造资源对用户的吸引力。

4.2　资源评价指标分析

4.2.1　制造资源指标选择原则

基础指标即评价指标体系中不能再进一步分解的指标,可分为定性基础指标和定量基础指标,简称定性指标和定量指标。因此,基础指标评价值的确定可分为两部分,即定性指标评价值的确定和定量指标评价值的确定。指标体系的建立,要视具体评价问题而定,基于用户评价的制造资源综合评价指标体系的构建不仅要考虑到一般制造资源评价指标的特性,还要根据用户评价的特点以及可行性,建立合适的评价指标体系。一般来说,在建立评价指标体系时,应遵循以下基本原则:①指标应具有代表性;②指标应具有相对独立性;③指标应具有可测性。

4.2.2 模糊评价矩阵

设评价论域 U 是评价方案 m 的集合 $U = (u_1, u_2, \cdots, u_m)$,而 $V = (V_1, V_2, \cdots, V_n)$ 是由一个评价指标组成的指标集。因此,各方案的因素指标向量为:$V_j = (V_{1j}, V_{2j}, \cdots V_{nj})^T, j = 1, 2, \cdots, m, V_{i,j}$ 为第 j 个方案的第 i 个因素的指标值,则得到 m 个方案的 n 个因素指标值矩阵 V:

$$V = \begin{bmatrix} V_{11} & V_{12} & \cdots & V_{1m} \\ V_{21} & V_{22} & \cdots & V_{2m} \\ \cdots & \cdots & \cdots & \cdots \\ V_{n1} & V_{n2} & \cdots & V_{nm} \end{bmatrix}, \tag{4.1}$$

其中,因素指标 $V_{i,j}$ 可分为两种类型:定量指标和定性指标,其隶属度可以采取如下方法来处理:

(1)当为定性指标时,评价时需要对其进行量化,一般可由专家评议确定。可将因素指标分成 5 个等级,其中 5 个等级的划分法一般为:优、良、中、差、劣,对 5 级划分来说,其因素隶属度可依次取:0.9、0.7、0.5、0.3、0.1。

(2)当为定量指标时,其通常又可以分为成本型和效益型。成本型指标(也称负指标)就是数值越小隶属度越大的指标;效益型指标(也称正指标)就是数值越大隶属度也越大的指标,其隶属度 r_{ij} 可由下式求得:

$$r_{ij} = \begin{cases} 0.1 + \dfrac{V_{i,max} - V_{ij}}{d}, 若 V_i 为负指标 \\ 0.1 + \dfrac{V_{ij} - V_{i,min}}{d}, 若 V_i 为正指标 \end{cases} \tag{4.2}$$

其中：$d = \dfrac{V_{i,max} - V_{i,min}}{1 - 0.1}$。

r_{ij}——第 i 项因素对第 j 个方案的隶属度，则 m 个方案 n 个评定值组成一个评价模糊矩阵 R

$$R = \begin{bmatrix} r_{11} & r_{12} & \cdots & r_{1m} \\ r_{21} & r_{22} & \cdots & r_{2m} \\ \cdots & \cdots & \cdots & \cdots \\ r_{n1} & r_{n2} & \cdots & r_{nm} \end{bmatrix}。 \tag{4.3}$$

4.2.3　制造资源评价体系模型

评价体系模型一般都包含四个步骤：①构建评价指标体系时首先要明确评价的目标；②确定指标预选集合，在此阶段可以通过各种途径向用户进行调查，向专家进行咨询，选择尽量全面的制造资源评价指标；③确定指标预选集合之后，虽然已经做到基本全面性，但也难免一些不必要的指标和漏选指标，因此还要对指标进行筛选；④经过以上几个步骤，得到较满意的指标体系后，就可以在实践中应用并检验其效果，在实际的应用过程中，随着制造资源和用户的不断适应和变化，也可以对指标体系进行不断地修改。

构建的三级制造资源评价指标如表 4 - 1 所示，这些指标当中包括定性指标和定量指标，定量指标又包括正向定量指标和负向定量指标。

表格内的指标可以进行分类如下：

①正向定量指标有劳动生产率 C3、资金周转率 C15、服务人员比重 C17、企业资产 C18、合同履行率 C19、售后服务网点 C20；

②负向定量指标有任务负载度 C7、加工废品率 C13、标价 C16；

③定性指标有设备生产能力 C1、生产计划能力 C2、交货及时 C4、工人技术等级能力 C5、设备状况 C6、精度能力 C8、工艺能力 C9、设备先进度 C10、企业信誉 C11、质量保证体系 C12、性价比 C14、服务技术等级能力 C21、人体健康危害 C22、生态环境危害 C23。

表 4-1 制造资源三级评价指标体系

一级指标	二级指标	三级指标
总体满意度 A	时间 B_1	设备生产能力 C_1
		生产计划能力 C_2
		劳动生产率 C_3
		交货及时 C_4
		工人技术等级能力 C_5
		设备状况 C_6
		任务负载度 C_7
	质量 B_2	工人技术等级 C_5
		设备状况 C_6
		任务负载度 C_7
		精度能力 C_8
		工艺能力 C_9
		设备先进度 C_{10}
		企业信誉 C_{11}
		质量保证体系 C_{12}
		加工废品率 C_{13}
		性价比 C_{14}
		资金周转率 C_{15}
	成本 B_3	工人技术等级能力 C_5
		设备先进度 C_{10}
		企业信誉 C_{11}
		加工废品率 C_{13}
		标价 C_{16}
		服务人员比重 C_{17}
	服务 B_4	服务人员比重 C_{17}
		企业资产 C_{18}
		合同履行率 C_{19}
		售后服务网点 C_{20}
		服务技术等级能力 C_{21}
	绿色 B_5	人体健康危害 C_{22}
		生态环境危害 C_{23}

4.3　制造资源评价组合权重的确定

在确定指标因素权重方面,目前应用较为广泛的方法主要为层次分析法(AHP)及其改进方法,但是该方法在遇到因素众多、规模较大的问题时,容易出现判断矩阵难以满足一致性要求等问题,并且心理学实验表明,当被比较的元素超过9 个时,判断就不准确,也就不能直接应用 AHP 法。针对上述原因,在元素超过 9个的时候确定资源评价指标权重时,采用参照比较法,小于 9 个元素的时候采用AHP 法确定权重,这样形成组合权重向量,流程如图 4－1 所示:

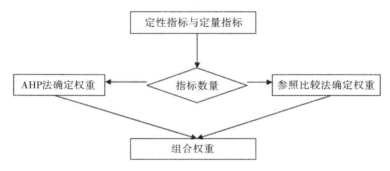

图 4－1　制造资源组合权重确定流程图

4.3.1　参照比较法确定权重

设专家在评价指标集$\{x_j\}$中挑选出他认为是最不重要的一个且只一个指标并记 x_{jm},这时不妨将 m 个指标 x_1,x_2,$\cdots$,x_m 重新标记为 x_{j1},x_{j2},$\cdots$,x_{jm},其中 x_{jk} 为$\{x_j\}$中的某一个指标。显然指标集$\{x_{jk}\}$与$\{x_j\}$是一一对应的。

一、点赋值的情形

设专家根据有关信息对评价指标 x_{jk} 与指标 x_{jm} 关于某准则(或目标)的重要性程度比 r_{km} 做出理性判断,即令

$$a_k = \begin{cases} r_{km}, & k = 1,2,\cdots,m-1 \\ 1, & k = m \end{cases} \qquad (4.4)$$

根据 r_{km} 的定义,当 a_k 的赋值准确时,评价指标 x_{jk} 的权重系数 有下面的式子给出:

$$\omega_k = a_k \bigg/ \sum_{i=1}^m a_i, (k = 1, 2, \cdots, m) \tag{4.5}$$

二、区间赋值的情形

在有些情况下,专家在对 a_k 进行主观赋值时,由于信息的不足而没有把握赋予 a_k 一个确切的数值时,可以给出 a_k 一个取值范围。即采用一种带有区间特征的主观赋权法,先给出以下几个基本概念。

实数有界闭集 $[d_1, d_2] = \{x \mid d_1 \le x \le d_2, x \subseteq R\}$ 称为闭区间,用 D 来表示,对于 $D = [d_1, d_2]$,

分别称 $e(D) = d_2 - d_1$ 和 $n(D) = (d_1 + d_2)/2$ 为 D 的区间宽度和区间中点。

此外,决策是带有风险的,根据专家对待风险的态度可将其划分为保守型、中立型及风险型专家。

由下面式子:

$$\varphi_\varepsilon(D) = n(D) + \varepsilon e(D) \tag{4.6}$$

定义的函数为具有专家风险态度的区间映射函数,其中 ε 为风险态度因子($|\varepsilon| \le 1/2$)。对于保守型专家,取 $-1/2 \le \varepsilon < 0$;对于中立型专家,取 $\varepsilon = 0$;对于风险型专家,取 $0 < \varepsilon \le 1/2$。对于指定的专家,ε 为确定的常数。

设专家根据有关信息对评价指标 x_{jk} 与指标 x_{jm} 关于某准则(或目标)的重要性程度之比 r_{km} 给出一个区间数 D_k,即给出 r_{km} 的取值区间:

$$r_{km} = a_k \in [d_{1k}, d_{2k}] = D_k (k = 1, 2, \cdots m - 1), \tag{4.7}$$

式中,$d_{1k} \le d_{2k} (k = 1, 2, \cdots, m - 1)$,而 $d_{2m} = d_{1m} = 1$

对于已给出的区间数序列 $\{D_k\}$,

定义 3 若 $\{D_k\}$ 的赋值准确,则评价指标 x_{jk} 的权重系数 有下面的定义给出:

$$\omega_k = \varphi_\varepsilon(D_k) \bigg/ \sum_{i=1}^m \varphi_\varepsilon(D_i) \tag{4.8}$$

4.3.2 层次分析法确定权重

层次分析法 AHP(Analytic Hierarchy Process)是美国运筹学家匹茨堡大学教授萨蒂(T. L. Saaty)于 20 世纪 70 年代初,提出的一种层次权重决策分析方法。采取对因子进行两两比较建立成对比较矩阵的办法,利用 1~9 尺度构造成对比较矩阵。

运用层次分析法建模,大体上可按下面四个步骤进行:①建立递阶层次结构模型;②构造出各层次中的所有判断矩阵;③层次单排序及一致性检验;④层次总排序及一致性检验。

设现在要比较 n 个因子 $X = \{x_1, \cdots, x_n\}$ 对某因素 Z 的影响大小,怎样比较才能提供可信的数据呢? Saaty 等人建议可以采取对因子进行两两比较建立成对比较矩阵的办法。即每次取两个因子 x_i 和 x_j,以 a_{ij} 表示 x_i 和 x_j 对 Z 的影响大小之比,全部比较结果用矩阵 $A = (a_{ij})_{n \times n}$ 表示,称 A 为 Z – X 之间的成对比较判断矩阵(简称判断矩阵)。容易看出,若 x_i 与 x_j 对 Z 的影响之比为 a_{ij},则 x_j 与 x_i 对 Z 的影响之比应为:

$$a_{ji} = \frac{1}{a_{ij}}$$

定义 1   若矩阵 $A = (a_{ij})_{n \times n}$ 满足

$$a_{ij} > 0, \quad a_{ji} = \frac{1}{a_{ij}} (i, j = 1, 2, \cdots, n), \tag{4.9}$$

则称之为正互反矩阵(易见 $a_{ii} = 1, i = 1, \cdots, n$)。

关于如何确定 a_{ij} 的值,Saaty 等建议引用数字 1~9 及其倒数作为标度。表 4 – 2 列出了 1~9 标度的含义:

表 4 – 2   9 级标度法的含义

标度	含义
1	表示两个因素相比,具有相同重要性
3	表示两个因素相比,前者比后者稍重要
5	表示两个因素相比,前者比后者明显重要
7	表示两个因素相比,前者比后者强烈重要
9	表示两个因素相比,前者比后者极端重要
2,4,6,8	表示上述相邻判断的中间值
倒数	若因素 i 与因素 j 的重要性之比为 a_{ij},那么因素 j 与因素 i 重要性为 $a_{ji} = 1/a_{ij}$

1. 层次单排序及一致性检验

判断矩阵 A 对应于最大特征值 λ_{max} 的特征向量 W，经归一化后即为同一层次相应因素对于上一层次某因素相对重要性的排序权值，这一过程称为层次单排序。

对判断矩阵的一致性检验的步骤如下：

①计算一致性指标 CI

$$CI = \frac{\lambda_{max} - n}{n - 1} \tag{4.10}$$

②查找相应的平均随机一致性指标 RI。对 $n = 1, \cdots, 9$，Saaty 给出了 RI 的值，如表 4 - 3 所示：

表 4 - 3　平均随机一致性指标表值

n	1	2	3	4	5	6	7	8	9
RI	0	0	0.58	0.90	1.12	1.24	1.32	1.41	1.45

RI 的值是这样得到的，用随机方法构造 500 个样本矩阵：随机地从 1 ~ 9 及其倒数中抽取数字构造正互反矩阵，求得最大特征根的平均值 λ'_{max}，并定义

$$RI = \frac{\lambda'_{max} - n}{n - 1}。 \tag{4.11}$$

③计算一致性比例 CR

$$CR = \frac{CI}{RI} \tag{4.12}$$

当 CR < 0.10 时，认为判断矩阵的一致性是可以接受的，否则应对判断矩阵作适当修正。

2. 层次总排序及一致性检验

上面我们得到的是一组元素对其上一层中某元素的权重向量。我们最终要得到各元素，特别是最低层中各方案对于目标的排序权重，从而进行方案选择。总排序权重要自上而下地将单准则下的权重进行合成。

设上一层次（A 层）包含 $A_1, \cdots, A_m$ 共 m 个因素，它们的层次总排序权重分别为 $a_1, \cdots, a_m$。又设其后的下一层次（B 层）包含 n 个因素 $B_1, \cdots, B_n$，它们关于 A_j 的层次单排序权重分别为 $b_{1j}, \cdots, b_{nj}$（当 B_i 与 A_j 无关联时，$b_{ij} = 0$）。现求 B 层中各

因素关于总目标的权重,即求 B 层各因素的层次总排序权重 $b_1, \cdots, b_n$,计算按图 4-2 所示方式进行,即

$$b_i = \sum_{j=1}^{m} b_{ij} a_j, \quad i = 1, 2, \cdots, n, \tag{4.13}$$

层 A 层 B	A_1 a_1	A_2 a_2	$\cdots$	A_m a_m	B 层总排序权值
B_1	b_{11}	b_{12}	$\cdots$	b_{1m}	$\sum_{j=1}^{m} b_{1j} a_j$
B_2	b_{21}	b_{22}	$\cdots$	b_{2m}	$\sum_{j=1}^{m} b_{2j} a_j$
$\vdots$	$\cdots$	$\cdots$	$\cdots$	$\cdots$	$\vdots$
B_n	b_{n1}	b_{n2}	$\cdots$	b_{nm}	$\sum_{j=1}^{m} b_{nj} a_j$

图 4-2 B 层总排序权值

对层次总排序也需作一致性检验,检验仍像层次总排序那样由高层到低层逐层进行。这是因为虽然各层次均已经过层次单排序的一致性检验,各成对比较判断矩阵都已具有较为满意的一致性。但当综合考察时,各层次的非一致性仍有可能积累起来,引起最终分析结果较严重的非一致性。

设 B 层中与 A_j 相关的因素的成对比较判断矩阵在单排序中经一致性检验,求得单排序一致性指标为 $CI = (j), (j = 1, \cdots, m)$,相应的平均随机一致性指标为 $CI = (j)$(其中 $CI = (j)$ 和 $RI = (j)$ 已在层次单排序时求得),则 B 层总排序随机一致性比例为:

$$CR = \frac{\sum_{j=1}^{m} CI(j) a_j}{\sum_{j=1}^{m} RI(j) a_j} \circ \tag{4.14}$$

当 $CR < 0.10$ 时,认为层次总排序结果具有较满意的一致性并接受该分析结果。

4.4　模糊数学在制造资源评价体系中的应用

　　模糊数学又称 FUZZY 数学，1965 年美国控制论学者 L. A. 扎德发表论文《模糊集合》，标志着这门新学科的诞生。现代数学建立在集合论的基础上。一组对象确定一组属性，人们可以通过指明属性来说明概念，也可以通过指明对象来说明。符合概念的那些对象的全体叫作这个概念的外延，外延实际上就是集合。一切现实的理论系统都有可能纳入集合描述的数学框架。经典的集合论只把自己的表现力限制在那些有明确外延的概念和事物上，它明确地规定：每一个集合都必须由确定的元素所构成，元素对集合的隶属关系必须是明确的。对模糊性的数学处理是以将经典的集合论扩展为模糊集合论为基础的，乘积空间中的模糊子集就给出了一对元素间的模糊关系，对模糊现象的数学处理就是在这个基础上展开的。本制造资源评价体系有三层指标构成，故为二级评价体系。

　　（1）二级综合评价集合为：

$$B_i = \omega_{bi} \circ R_{bi}, \tag{4.15}$$

式中"∘"为模糊合成算子，

　　目前实践中常用的有 M（∧，∨）、M（ • 、∨）、M（∧，⊕）、M（乘幂，∨）、M（ • ，⊕）等五种。

　　①取大取小型算子 M（∧，∨）

　　M（∧，∨）是取 $\dfrac{\wedge}{*}$ 为∧（取小，min），$\dfrac{\vee}{*}$ 为∨（取大，max），即

$$b_j = \max[\min(a_1, r_{1j}), \cdots, \min(a_n, r_{nj})]。 \tag{4.16}$$

　　②乘积取大型算子 M（ • ，∨）

　　M（ • ，∨）是用乘法" • "代替广义模糊"与"运算，用∨（取大，max）代替广义模糊"或"运算，即

$$b = \max[a_1 \cdot r_{1j}, a_2 \cdot r_{2j}, \cdots, a_n \cdot r_{nj}]。 \tag{4.17}$$

　　②取小上界和型算子 M（∧，⊕）

M(∧ ,⊕)取 $\frac{\wedge}{*}$ 为 ∧ , $\frac{\vee}{*}$ 为⊕,即

$$b_j = \oplus \sum_{i=1}^{m} (a_i \wedge r_{ij}) = \min\left\{ 1 , \sum_{i=1}^{m} (a_i \wedge r_{ij}) \right\} 。 \qquad (4.18)$$

④全面制约型算子 M(乘幂, ∨)

取 $\frac{\wedge}{*}$ 为乘幂, $\frac{\vee}{*}$ 为 ∧ (取小, min) , 即

$$b_j = \min\left\{ (r_{1j})^{a_1} , (r_{2j})^{a_2} , \cdots , (r_{nj})^{a_n} \right\} 。 \qquad (4.19)$$

⑤加权平均型算子 M(● ,⊕)

M(● ,⊕)为是用乘法"●"代替广义模糊"与"运算,用有界和"⊕"代替广义模糊"或"运算,即

$$b_j = \min\left\{ 1 , \sum_{i=1}^{m} (a_i ● r_{ij}) \right\} , (j = 1,2,\cdots,n) \qquad (4.20)$$

模糊综合评价具有综合性,它评价的基础是模糊关系矩阵 R 中各个单因素,所谓综合就是要把各单因素评价的信息最大限度地合成起来,以得到一个信息依据充分的总评价。另一方面,组合权重集 W 是因素集上的一个模糊子集,它是单因素在总评价各因素中所起作用大小的度量,即 W 应该是各评价因素的权系数向量。模糊综合评价需要做出比较,排出优劣顺序,这就是要求合成算子能够最大限度地综合利用单因素评价值和因素权重向量。下面就上述各种模糊合成算子的特点与适用范围进行分析。

由以上对五种模糊算子的数学模型分析可知,模型①与模型②是一种突出某一单个因素的模型,突出的均是最大者,而没有将其他的因素考虑进去,因此模型①与模型②没有达到综合评估的效果。模型③对于隶属度直接相加的方法在很多情况下得出的结果往往是评价空间中各评语对应的评估值都是 1,无法得出评估结果。而模型④也是突出了某一个因素,但突出的是最小者,而不是最大者。模型⑤与其他模型相比具有以下两方面显著特点:

ⓐ在决定各因素对 v_j 的隶属度 b_j 时,考虑了所有因素 u_i, $i = 1,2,\cdots,m$ 的影响,而不只是考虑对 b_j 影响最大的因素;

ⓑ由于同时考虑所有因素,所以 a_i 具有表达各因素 u_i 重要性的权系数的含

义,满足 $\sum_{i=1}^{m} a_i = 1$ 的要求。

从以上五种模糊综合评价数学模型的对比中可以发现,模型⑤最能体现综合评价原意的。因此,选择 $M(\bullet, \oplus)$ 模糊算子作为制造资源综合评价的计算模型。

故加权平均型算子为

$$b_j = \sum_{i=1}^{m} w_i \times r_{1j}。 \tag{4.21}$$

(2)一级因素的模糊综合总体满意度评价:

最底层综合评价是对某一类中的各个因素进行综合

$$A = \omega_a \circ \begin{bmatrix} B_1 & B_2 & \cdots & B_n \end{bmatrix}^T \tag{4.22}$$

第五章

制造资源个性化推送服务研究

5.1　制造资源信息主动推送需求分析

通常,互联网专业公司提供专业搜索引擎去访问站点,建立和补充关键词到 URL 引擎数据库。人们从互联网寻找相关信息,主要利用关键词通过 Web 搜索引擎数据库内来获取相关信息的网站网址,这个过程通常需要用户把握好关键词的表达。第一个问题是:缺乏语义的网络检索通常会偏离用户搜索的需求,存在大量的噪声信息,用户想搜索的内容未必会被搜索引擎所包括,并且由于网络镜像信息的存在,会导致网络信息大量的重叠。目前的网络制造信息在一段时间内由于制造资源信息的变更,用户的需求可能会因为信息更新而失去有价值的信息,另一方面用户的潜在需求也可能发生变化,因此系统有必要具有制造资源信息主动推送的功能。

Web 制造资源服务必须向用户提供以用户为中心的"量体裁衣"式的个性化服务,个性化服务通常需要考虑用户对制造资源的需求、偏好、习惯、兴趣等背景,以及用户所在部门、领域、工作经验等背景。不同部门的信息交换如图 5 - 1 所示。

在建立用户个性化推送的时候通常需要考虑用户的一些实际情况。部分用户在开始的时候,对制造资源的需求有可能是非常模糊的、不充分的。随着用户对网络在线制造资源信息的了解,用户会不断调整自己的需求。用户在信息搜索的过程当中,对于服务的描述未必和系统的描述十分接近,这就需要通过系统的本体知识来挖掘用户的潜在的、可能的需求。

个性化服务是针对不同用户的不同特点,提供不同的服务策略和服务内容的

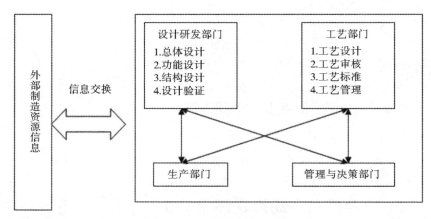

图 5 - 1   不同部门的信息交换

服务模式[195]，与用户为中心的个性化服务模式的普通服务模式相比，个性化服务显然具有更高的服务质量。制造领域的个性化信息服务是指个性化服务在网络化制造信息技术领域中的应用，是在了解制造用户的个性化需求的基础上提供针对性的信息服务，它主要有以下一些特点：

（1）通常的制造信息获取是"用户找信息"，而个性化制造服务是"信息找用户"的服务模式，可以及时地向用户提供最新的制造资源信息，减少用户在线时间，节省了用户大量宝贵的时间，从而实现个性化、智能化、高效化的 Web 制造资源发现服务；

（2）与传统的服务相比，个性化推送服务的服务内容具有个性化，系统根据用户特定的需求，提供"量身定制"式的服务，这种服务方式体现了系统能够满足用户的需求，同时又体现了系统对用户的关注；

（3）个性化制造信息服务通过分析用户访问日志，总结和推断用户所关心的新内容，系统突破时间和空间的各种限制，自动、及时、动态地把信息推送给用户，实现主动推送服务。

5.2   制造资源信息个性化推送的服务体系结构

制造资源信息个性化推送服务主要包括数据收集、用户模型和模型更新三个主要任务。

(1)数据收集主要来源:用户注册时的兴趣关键词,用户访问制造资源的相关日志,为制造资源用户模型提供基本素材,为网络资源与用户兴趣本体相似度计算提供基础数据;

(2)用户模型:用户模型的表示是提供一种结构化的模型存储方式;

(3)模型更新:根据用户访问各种资源的信息,进行用户模型更新,为主动推送提供必要的数据。在主动推送的情况下通过智能过滤模块,过滤掉一些相似度较低的噪声信息。

制造资源个性化推送服务架构如图5-2所示,其主要目的是从不确定外部繁杂的网络制造资源信息中提取对制造资源需求用户的有用的、感兴趣的信息出来并主动地推送给需求用户,其主要体现的功能是将外部网络化制造资源信息从制造资源提供者主动推送到制造资源需求用户。它的发送方式是主动的,其最大的

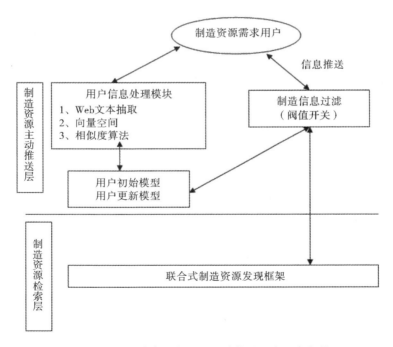

图5-2 制造资源个性化主动推送信息服务架构

意义在于它不是漫无目的地向需求用户推送,而是能够实现推送的个性化信息过滤。该个性化信息服务的功能需求主要包含个性化信息过滤和主动信息发送。现在很多信息服务系统都能实现主动地发送信息,但是那些信息都是未经选择或者带有很多冗余的信息,使得需求用户仍然需要浪费很多的时间在信息选择上,制造资源个性化信息服务的目的就是为用户节省信息选择的时间和精力,提高信息服务的质量和效率。

该框架中制造资源检索层的功能是在数据源中查找需求用户感兴趣的相关制造资源信息,得到一系列文档集,我们利用第三章所讨论的联合式制造资源发现框架实现资源检索层的功能,对查询代理查询到的文档集进行过滤处理以及信息推送,以实现个性化信息主动推送服务。

面向需求用户的个性化信息主动推送服务面临的第一个问题就是需求用户兴趣的获取,如何有效的获取需求用户的兴趣偏好将直接影响到个性化服务的质量。本架构中用户通过用户界面填写兴趣爱好,提交给系统,然后用户信息处理模块提取用户提交的信息,并按一定的格式存储到用户信息库中。由于需求用户兴趣不断变化,因此必须根据需求用户的网络浏览记录日志等相关信息,及时有效地对用户兴趣模型进行更新,这样才能体现需求用户的网络制造资源真正的需求。信息过滤模块的主要功能是将不属于用户需求范围的噪声信息进行滤掉,把与需求用户兴趣最相关、最接近的制造资源信息提交给需求用户,过滤的结果按照相似度从大到小进行排序,系统将根据需求用户自行设定的相似度阀值进行过滤,只有相似度值高于阀值的制造资源信息才会主动推送给需求用户。

5.3　制造资源个性化推送服务的实现

5.3.1　用户兴趣模型表示方法的选择

用户兴趣模型的表示是提供一种结构化的模型表示方式。常用的用户兴趣模型表示方法通常包括以下几种:

(1)基于向量空间的模型表示方法

文本的内容特征常常用它所含有的基本语言单位:字、词、词组或短语等来表示,这些基本的语言单位被统称为文本的特征项(Term),也叫特征词。对于所有的文本都可以用特征项的集合来表示,这样便形成了基于向量空间的模型表示方法,目前这一方法是最为流行的用户兴趣表示方法。

(2)基于对文档评价矩阵的表示方法

这一方法用一个矩阵来表示用户模型,矩阵为 $R_{m \times n}$

$$R_{m \times n} = \begin{bmatrix} r_{11} & r_{12} & \cdots & r_{1n} \\ r_{21} & r_{22} & \cdots & r_{2n} \\ \cdots & \cdots & \cdots & \cdots \\ r_{m1} & r_{m2} & \cdots & r_{mn} \end{bmatrix} \qquad (5.1)$$

其中 m 为系统用户数量,n 为文档数量。r_{ij} 表示用户 i 对文档 j 的评价,这个数值越大意味着用户对这个文档的兴趣度越高。

(3)基于案例的用户兴趣模型表示

需求用户用其他用户的案例或者自己的案例的一组属性值来表示用户模型,用工作列表的方式来表示用户模型,其中主要包括的信息有 ID 号、点击次数、收藏行为、网页浏览时间等等。

(4)基于概率的模型表示方法

需求用户建立一个领域分类模型,然后计算网络制造资源信息和用户兴趣在这个分类模型上的概率分布,通常采用 NaiveBayes 方法来进行分类模型。

下面对以上 4 种模式进行分析,用户文档评价这种方法比较直观,直接有显性评价数据来表示用户模型,但是这种方法对于用户的兴趣变化缺乏适应力,很难反映最新的需求;基于案例的用户模型,由于案例的时效性,这就只是反映了用户一段时间的需求,也不能很好地反映需求的变化;概率模型在反映用户兴趣方面不是很精确;向量空间模型表示的方法适用的范围比较广,灵活性强,能够较好的更新用户需求,但是由于向量模型当中词语缺乏语义,这就使得向量空间模型难以较准确的表示用户模型。根据以上的分析,利用制造资源本体知识和向量空间模型来共同描述用户模型,可以较好地解决上述问题。

5.3.2 基于本体向量空间模型的文本表示方法

用户兴趣模型和制造资源信息均是通过文本来加以描述,而文本都可以看成是特征词的集合,因此文本可以形式化进行描述为:

$D(t_1, \cdots, t_k, \cdots, t_n)$,其中 $t_k(1 \leq k \leq n)$ 是文本中的特征词

表达制造资源信息和用户兴趣比较直接的做法就是利用制造资源的特征信息,即可以利用一系列能够表达资源特征信息的特征词来表示制造资源信息和用户兴趣。文本的本体表示,已经在的第二章进行了陈述,这里就不再进行讨论。

制造资源信息的主动推送是建立在用户兴趣模型和资源模型的比较基础之上的,其流程如图 5 - 3:

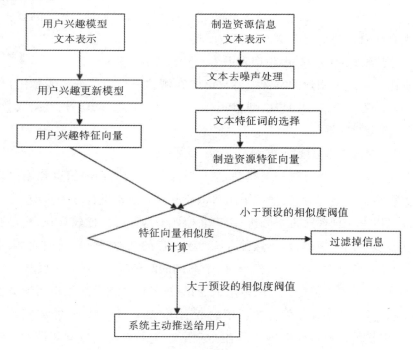

图 5 - 3   制造资源信息的主动推送流程

Web 文本是使用自然语言描述,是非结构化的,计算机难以直接处理其语义。所以在利用 Web 文本的时候需要对其进行数据预处理,提取特征词,并赋予适当

的权重,这样就可以形成结构化的数据,便于计算机对其进行基于向量空间模型的处理。

每个 Web 页面可以被认为是由若干区域组成的,通常一部分是页面的标题,一部分是产品的介绍,另外还有可能是与主题没有任何关系的广告。与主题内容无关的广告等信息通常称之为"噪音"信息。

这样 Web 页面就可以分为"主题"和"噪音"主要两个部分。区分这些内容的关键是 Web 页面的标签,标签说明了其包含内容的性质。一般而言,XML 中定义的标签按照功能可以分为三类[197]:①规划 Web 页面布局的标签。在 XML 标准中,这类标签用于规范 Web 页面的布局,常用的规划 Web 页面布局的标签有 < table >、< tr >、< td >、< p >、< div >等;②描述显示特点的标签。在 XML 标准中,这类标签用来规范其包含的内容的显示方式(比如:字体大、粗体、斜体)。常用的描述显示特点的标签有 < b >、< I >、< strong >、$< h_1 >$、$< h_2 >$ 等十几种;③超链相关的标签。这类标签所描述的超链是 XML 页面区别于传统文本的最明显的特点之一,表示着 Web 页面之间的关系。针对 Web 页面净化的特殊需求,可以利用 HTML 标准中的规划 Web 页面的标签对标签树中结点进行剪裁以完成 Web 页面的净化。

去除页面"噪声"信息后,必须考虑选择 Web 文本特征粒度,Web 文本通常是由字、词、句、段落组成的。文本最小单位为字,但是选择字作为文本特征项过于细分,并且不符合人的习惯,正确率不高。随着汉语自动分词技术的日益成熟,基于词的汉语文自动分类成为一个研究的热点。文献[198]的研究表明,基于词的分类方法优于字和基于二元同现字串的分类方法。由此,所讨论的 Web 文本特征的粒度特征词。

通过 5.3.1 节(用户兴趣模型表示方法的选择分析),采用具有本体语义的向量空间模型来表示用户兴趣模型。Web 文本的特征词抽取,当文档很大的时候,文本的向量维数会达到很高,过大的维数会消耗很多的时间和空间资源,选择具有代表性的特征词是有必要的。

选择具有代表性特征词的原则为:①特征向量的完备性,能够较真实地反应文档的内容;②特征向量的简洁性,特征向量的维数尽可能地小;③特征词的独立性,特征词能够代表对立的文本意思,明显地与其他词有着区别。

常用的 Web 文本特征词的选择方法是采用评估函数,通过评估函数,对特征集合进行评估,然后将评估结果进行评估排序,通常选择评估结果值最优的作为特征向量子集,目前常用的评估函数有如表 5 - 1 所示:

表 5 - 1　评估函数表

评估函数	计算公式
特征频度	TF
文本频度	DF
特征熵	$Entropy = -\sum_{i=1}^{m} P(c_j \mid t_k) \log(c_j \mid t_k)$
互信息	$MI(t_k, c_i) = \log P(t_k \mid c_i) - \log P(t_k)$
信息增益	$IG(t_k) = -\sum_{i=1}^{m} P(c_i) \log P(c_i) + P(t_k) \sum_{i=1}^{m} P(c_i \mid t_k) \log P(c_i \mid t_k)$ $+ P(\overline{t_k}) \sum_{i=1}^{m} P(c_i \mid \overline{t_k}) \log P(c_i \mid \overline{t_k})$
X^2 统计量	$Chi(t_k, c_i) = \dfrac{n[P(t_k, c_i) \times P(\overline{t_k}, \overline{c_i}) - P(t_k, \overline{c_i}) \times P(\overline{t_k}, c_i)]^2}{P(t_k) \times P(c_i) \times P(\overline{t_k}) \times P(\overline{c_i})}$
特征权	$TS(t_k) = P(t_k \in d_y \mid t_k \in d_x)$
期望交叉熵	$ECE(t_k) = P(t_k) \sum_t P(c_i \mid t_k) \log \dfrac{P(c_i \mid t_k)}{P(c_i)}$
文本证据权	$WET = P(t_k) \sum P(t_k) \left| \log \dfrac{P(c_i \mid t_k)(1 - P(c_i))}{P(c_i)(1 - P(c_i \mid t_k))} \right|$
概率比	$OR(t_k) = \log \dfrac{P(t_k \mid C_{pos})(1 - P(t_k \mid C_{neg}))}{P(t_k \mid C_{neg})(1 - P(t_k \mid C_{pos}))}$

在表 5 - 1 中,$P(t_k, c_i)$ 是特征 t_k 和第 i 类文档共同出现的概率,$P(t_k, \overline{c_i})$ 是特征 t_k 出现而第 i 类文档不出现的概率,$P(\overline{t_k}, c_i)$ 第 i 类文档出现而特征 t_k 不出现的概率,$P(\overline{t_k}, \overline{c_i})$ 是特征 t_k 和第 i 类文档都不出现的概率。$P(c_i)$ 表示第 i 类文档在文档集合中出现的概率,$P(\overline{c_i}) = 1 - P(c_i)$ 表示第 i 类文档在文档集合中不出现的

概率,$P(t_k)$ 表示特征 t_k 出现的概率,$P(\bar{t}_k) = 1 - P(t_k)$ 表示特征 t_k 不出现的概率,$P(t_k|c_i)$ 表示文档属于第 i 类文档的情况下,出现特征 t_k 的条件概率,$P(c_i|t_k)$ 表示出现特征 t_k 的情况下,文档属于第 i 类文档的条件概率,$P(c_i|\bar{t}_k)$ 表示不出现特征 t_k 的情况下,文档属于第 C_{pos} 类文档的条件概率,C_{pos} 表示正例集的情况,C_{neg} 表示负例集的情况。

在 Web 文本特征词的这些方法中,其基本思想都是对每个特征,计算某种统计度量值,并且设定一个阈值 T,把度量值小于 T 的那些特征过滤掉,剩下的即认为是有效特征。

文献[200]对 DF、MI、IG、Chi 及 TS 五种特征选择方法进行了比较,结果显示,DF、IG 和 Chi 要优于 MI 和 TS,而且 DF、IG 和 Chi 之间存在很大的相关性。文献[201]对 DF、IG、MI、Chi、ECE、WET、OR 等特征选择方法进行了比较,结果显示,对 OR 进行扩展的多类分类效果最好。从上述研究来看,这些评估函数不存在有绝对优势的评估函数,在实践当中可以根据需求选择一种相对最优的。

5.3.3 向量空间的模型

一、向量空间的模型

对于用户兴趣文档,从预先定义好的特征词表中选取词来描述该文档,对该文档有意义的词就赋予该文档。对于用户兴趣文档,从预先定义好的特征词表中选取词来描述该文档,对该文档有意义的词就赋予该文档,这样用户兴趣可以表示为一个特征词的权重向量 $KW = (kw_1, \cdots, kw_i, \cdots, kw_n)$,其中 kw_i 表示第 i 个特征词出现的次数或权重。向量的维数 n 一般是固定的,这样就保证了文档和用户兴趣之间相似性计算的精度。

对于制造资源的文档集可以分两个步骤建立向量模型。假设文档集 D 包含 m 篇文档,表示为 $\{d_1, d_2, \cdots, d_m\}$,首先建立特征词向量 $(t_1, \cdots, t_k, \cdots t_n)$。然后赋予各特征词以一定的权重坐标向量 $(w_1, \cdots, w_k, \cdots, w_n)$,以反映该特征词在区别文档内容上的重要性和价值。文档 d_i 可表示为 $(t_1 w_{i1}, \cdots, t_j w_{ij}, \cdots, t_n w_{in})$,特征项为 $t_j w_{ij}$,其中 t_j 表示文档 d_i 的第 j 个特征词;w_{ij} 为第 j 个特征词在文档 d_i 中出现的次数或权重。文档在向量空间模型中以特征向量的形式表示,不仅方便地表现了文档之间的关系,而且更容易计算彼此的相似度。权重 w_{ij} 的计算方法常用 TF $*$ IDF(Term Frequency,Inverser Document Frequency)公式[202]。其中,

词频 TF(Term Frequency):特征词在文本中出现的频率。

倒排文本频 IDF(Inverser Document Frequency):特征词在文本集中分布情况下的量化,度量特征词在文本集中出现的频繁程度。

$$IDF = \log(\frac{N}{n_k} + 0.01), \qquad (5.2)$$

其中 N 是文本总数,n_k 是出现该特征词的文本数。

归一化因子(Normalization Factor):对文本向量的各个分量进行标准化,针对具有相同匹配特征数的文本。

TF $*$ IDF 的计算公式如下:

$$w_{ij} = \frac{TF_{ij} \times \log(N/n_k + 0.01)}{\sqrt{\sum_{i \in j}[TF_{ij} \times \log(N/n_k + 0.01)]^2}}。 \qquad (5.3)$$

由于文本标题通常反映了该文本的核心内容,所以对于标题这部分和文本内容的权重应该做适当的处理,这样会更加真实的反映特征词的权重。因此对上式进行一些修正,使其更加合理

$$w_{ij} = w_{ij标题} \times A + w_{ij内容} \times (1 - A), \qquad (5.4)$$

其中 A 是可调节参数,$0 \leq A \leq 1$。

二、基于文本内容的过滤算法

基于文本内容的过滤算法如下:

①在过滤之前,须先获得用户的兴趣模型。采用显性的行为信息识别用户的兴趣,即用户的兴趣可由用户直接填写,提交给系统,存储到用户模型中。对用户提交的信息进行特征词的提取和加权,建立属于该用户兴趣的特征向量$(t_1, \cdots, t_k, \cdots t_n)$和向量权重 $KW = (kw_1, \cdots, kw_j, \cdots, kw_n)$。

②对待过滤的制造资源文档集中的文档进行分词,提取特征词,并根据特征词在文档中出现的频次对其加权。

③根据用户的特征向量对文档的特征词进行删除和扩展,即删除文档中出现

的但用户不感兴趣的特征词,扩展文档中没有但用户兴趣模型中含有的特征词,得到文档 d_i 的向量空间模型表示 $(t_1 w_{i1}, \cdots, t_j w_{ij}, \cdots, t_n w_{in})$。这样确保了用户向量模型和文档向量模型的维数 n 是固定的,且是一致的。

④将用户兴趣的特征词向量权重 $KW = (kw_1, \cdots, kw_j, \cdots, kw_n)$ 与制造资源文档集中的每一个文档 d_i 的权重坐标向量 $(w_{i1}, \cdots, w_{it}, \cdots, w_{in})$ 进行比较,根据两者的余弦距离计算其相似度,计算公式如下:

$$Sim(u, d_i) = |\cos\theta| = \frac{\left| \sum_{j=1}^{n} kw_j \times w_{ij} \right|}{\sqrt{\left(\sum_{j=1}^{n} kw_j^2 \right) \left(\sum_{j=1}^{n} w_{ij}^2 \right)}}。 \tag{5.5}$$

⑤根据 $Sim(u, d_i)$ 的大小和给定的阀值 S 进行比较,如果 $Sim(u, d_i)$ 大于等于 S,则文档 d_i 与用户兴趣相关,主动推送给用户;否则,文档 d_i 与用户兴趣不相关,删除该文档。

5.3.4 用户兴趣模型及其更新

用户兴趣模型可以结合显性收集方式和隐性收集方式来获取:

一、显性收集方式

实现制造资源信息主动推送的基础是获取用户对某些特定的制造信息感兴趣的内容。用户浏览网络信息是一个向 Web 服务器提出访问要求的过程。如图 5-4 所示:

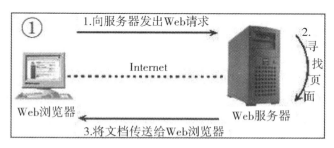

图 5-4　Web 服务器的浏览过程

WEB 服务器也称为 WWW(WORLD WIDE WEB)服务器,主要功能是提供网上信息浏览服务。WWW 是 Internet 的多媒体信息查询工具,是 Internet 上近年才发展起来的服务,也是发展最快和目前应用最广泛的服务。正是因为有了 WWW 工具,才使得近年来 Internet 迅速发展,且用户数量飞速增长。

Web 服务器可以解析(handles)HTTP 协议。当 Web 服务器接收到一个 HTTP 请求(request),会返回一个 HTTP 响应(response),例如送回一个 HTML 页面。为了处理一个请求(request),Web 服务器可以响应(response)一个静态页面或图片,进行页面跳转(redirect),或者把动态响应(dynamic response)的产生委托(delegate)给一些其他的程序例如 CGI 脚本,JSP(JavaServer Pages)脚本,servlets,ASP(Active Server Pages)脚本,服务器端(server – side)JavaScript,或者一些其他的服务器端(server – side)技术。无论它们的目的如何,这些服务器端(server – side)的程序通常产生一个 HTML 的响应(response)来让浏览器可以浏览。

统一资源定位符 URL(Uniform/Universal Resource Locator)也被称为网页地址,是因特网上标准的资源的地址(Address)。它最初是由蒂姆·伯纳斯 – 李发明用来作为万维网的地址的。现在它已经被万维网联盟编制为因特网标准 RFC1738 了。统一资源定位符(URL)是用于完整地描述 Internet 上网页和其他资源的地址的一种标识方法。Internet 上的每一个网页都具有一个唯一的名称标识,通常称之为 URL 地址,这种地址可以是本地磁盘,也可以是局域网上的某一台计算机,更多的是 Internet 上的站点。简单地说,URL 就是 Web 地址,俗称"网址"。

网络操作系统都设计有各种各样的日志文件,如应用程序日志,安全日志、系统日志、Scheduler 服务日志、FTP 日志、WWW 日志、DNS 服务器日志等等,这些根据你的系统开启的服务的不同而有所不同。我们在系统上进行一些操作时,这些日志文件通常会记录下我们操作的一些相关内容,这些内容对系统安全工作人员相当有用。比如说有人对系统进行了 IPC 探测,系统就会在安全日志里迅速地记下探测者探测时所用的 IP、时间、用户名等,用 FTP 探测后,就会在 FTP 日志中记下 IP、时间、探测所用的用户名等。

用户通过浏览器可以向 Web 服务器提出访问请求,并及时获得响应。同时,服务器端也将相关的信息写入日志文件,包括 IP 地址、URL、访问资源次数、访问停留时间等信息。

数据收集是获取用户兴趣、特征和相关需求的一个过程。这个过程为用户向量空间模型提供必要的数据准备,可分为显性收集方式和隐性收集方式。显性收集方式通过用户首次登入系统,通过用户界面完善个人资料,内容包括用户的个人资料、感兴趣的资源类型及要求进行推送的时间周期等,为个性化信息服务提供基础,这个前提是用户要能够明确表达自己的需求,并需要专门花费一定时间和精力进行参与。在显性收集方式实践当中发现,只有大概20%的用户为显性收集提供收据,因此这种方法得到的数据通常是不充分的。

二、隐性收集方式

隐性收集方式不需要人工进行直接参与,而是通过系统在用户不知情的情况下收集用户日志、分析日志内容,并对数据进行适当的处理。系统对用户的行为信息进行跟踪,包括用户使用系统的总时间,对网页的访问次序,浏览某一主题的时间,用户的收藏行为,点击次数,浏览行为等等,将这些信息发送给学习主体来挖掘用户的兴趣爱好,修改用户兴趣模型,为主动推送提供基础依据。

在用户隐性收集方式中,目的是通过在一定时间内的访问日志,提取相关信息获取用户动态兴趣向量空间模型,作为推送的数据依据。由于用户在一定时间内访问了不同的网页,这些网页就成为潜在的提取用户动态兴趣向量空间模型的数据来源。单个网页提取用户兴趣向量空间模型的方法在 5.3.3 中已经进行了介绍。

现在的主要问题是对在一定时间段内浏览的不同网页进行权重处理,这样就能够得到在一段时间内的动态用户兴趣向量空间模型。通常涉及以下几个参数:①网页收藏;②点击次数;③浏览时间。

参与动态用户兴趣向量空间模型的网页权重可以用下式来确定:

$$A_i = \alpha \frac{s}{S} + \beta \frac{d}{D} + \gamma \frac{l}{L}。 \tag{5.6}$$

A_i 为在一定时间内用户浏览的网页综合数据,S 为所有收藏网页的总数,s = 1;D 为所有网页点击次数总数,d 为本网页的点击次数;L 为所有网页的浏览时间总和,l 为本网页浏览的时间。α,β,γ 为系统设定的权重,$\alpha + \beta + \gamma = 1$,因为收藏的网页通常是用户比较感兴趣的,这时 α 权重可以设定较大一点。

通过上述方法便可以得到一段时间内的向量空间模型,接下来的就是要改进原有的用户兴趣向量空间模型为：

$$U' = \varepsilon U_1 + \varphi U_2 \tag{5.7}$$

其中 U_1 是原来的向量空间，U_2 是在一段时间内的向量空间，ε，φ 是权重系数，U' 是修正后的动态向量空间，其中 $\varepsilon + \varphi = 1$。

5.3.5　信息推送机制

面向用户的个性化信息服务能够满足用户的个体信息需求的一种服务，即用户可以按照自己的目的和需求，在某一特定的网上功能和服务方式中，自己设定网上信息的来源方式、表现形式、特定网上功能或其他网上服务方式等或通过对用户个性、使用习惯的分析而主动地向用户提供可能需要的信息服务。

在传统的 Internet 中，信息的传输是按"拉（Pull）"的模式进行的，服务器提供的服务是被动的；而采用"推拉（Push + Pull）"模式结合的信息推送方式，服务器不仅要把信息推给客户，而且还能够按照用户预先设定的触发事件和发送要求，在条件满足时自动向用户发送信息。归结目前的推送方法主要有：

（1）邮件推送：即用电子邮件方式主动将有关信息发布到列表中的用户。其基本过程是由用户先向系统输入自己的信息需求。其中包括用户的个人档案信息、感兴趣的信息主题等。然后由系统进行针对性的搜索，定期将有关信息推送至用户主机上。这种方式只需要实现一个基于 Web 的电子邮件发送系统。

（2）覆盖推送：不经过过滤或用户选择而向用户推送信息。服务器存放准备发送的信息，客户端定期发送请求，以从服务器上获得推送的更新信息。这是一种最弱意义上的推送方式。客户端周期性地查询，如有信息或信息更新则将信息"拉"回来，表现给用户一种"推"的假象。信息推送的方式有两种：可以是直接推送方式，即直接把信源中的信息本身（数据、图表、图像等）推送给用户；也可以是间接推送方式，即只将地址和变化内容的通知或指向内容的活动链接发送给用户，由用户根据通知去查询相应的信源。由于过于频繁的查询可能会导致网络和服务器的饱和，降低系统的性能，甚至无法工作，所以这种系统在对实时性要求高的系统中是不适宜的。但它赋予用户更大的自主性：用户可以设置"拉"的时间间隔和时间，从而提高网络的利用率。

（3）频道式推送：即系统先上网搜索所需信息，并将有关信息进行适当整理。把其中某些页面定位为浏览器中的频道，供用户选择订阅。当用户订阅了自己感兴趣的频道后。系统就会有针对性地将相关信息推送给用户。

（4）RSS（Rich Site Summary）网页推送：RSS 是一种基于 XML 格式的可扩展的、多用途的元数据描述格式，按照一定条件对数据进行筛选和组织，通过 RSS feed 向信息浏览用户提供网络信息内容整合服务。在客户端用户需要定期追踪 RSS feed 的变化，实现信息定制。

（5）专用式推送：采用专门的信息发送和接收软件将信息推送给专门用户。

（6）过滤推送：只有用户指定的类或频道中的信息才被推给用户。用户定制存储的信息只需一次推送到内部推送服务器，然后根据每个用户的定制信息，把他们需要的制造信息资源数据推送给他们。通过 Internet 和 Intranet 用户定制，实现信息个性化推送，并提供某些级别的更新内容的实时通知，把不同资源的信息直接推送给用户。客户端一般处于"睡眠"状态时，主动服务器将信息"推"过来时，这是一种解决方案，但是效率不高，因为提供者将信息"推"过来时，无法预测用户系统的工作情况。这种方式的优点是允许用户定制外部信息。

（7）发布和订阅推送：发布和订阅推送体系结构如图 5－5 所示。

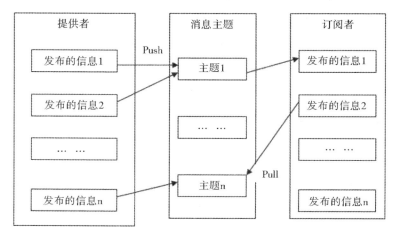

图 5－5　发布和订阅推送原理

服务器上的信息是按主题进行分类组织的。网络用户订阅感兴趣的主题，预定结束后，订阅者就处于"睡眠"状态。如果有信息或信息更新，服务器发送信息给用户，而不是将信息全推送过来，也可由用户来决定何时从提供者处将信息取回。这样一方面不会丢失信息，另一方面也可以给用户充分的自主性。分析以上三种实现途径，发布和订阅推送以及过滤推送能满足用户的个性化要求，而且占用的资源较少。

根据上述推送方式分析，认为，邮件推送方式实现简单，而且能够很好地反映用户的偏好。采用邮件推送方式实现的信息主动推送机制主要功能是根据用户设定的更新周期或者系统资源库的信息更新情况，定期主动地检索资源库，并通过过滤算法得到与用户偏好相关的资源信息文档，最后将查询到的文档通过邮件发送到用户邮箱，实现面向用户的个性化服务。

利用 JMail 组件实现信息的推送，JMail 是一个第三方邮件操作组件，通常位于 web 服务器端，和站点程序紧密配合来接收及提交邮件到邮件服务器的控件，让服务器拥有发送邮件及接收邮件的功能。

第六章
数字化设备资源共享系统

随着网络技术的飞速发展,虚拟实验室为大多数实验室较难购置昂贵精密仪器设备的问题提供了解决之道。作为虚拟实验室的重要基础技术——设备资源网络共享——已经成为该领域的研究热点和前沿技术,呈现出良好的发展前景。

数字化设备资源共享原型系统是一种新的设备资源网络共享方式。该系统能够在 Jini 技术和移动 Agent 技术支持下,代替用户实现设备资源的动态发现、动态发布、自主协商和找到远程操作服务。

在深入研究了 Jini 技术的发现机制的基础上,指出了直接使用该技术不适合于在整个因特网运行的问题实质,独立设计了 Jini 查找服务的网络拓扑结构,保证系统不受范围限制的运行;选择 KQML 作为移动 Agents 通信和协商语言,深入研究了 Agents 的协商理论,认为轮流出价协商理论能够很好地表现移动 Agent 在中的任务;仔细分析了现实生活中的轮流出价过程,抽象出了基于理性思维的轮流出价一般规律,根据这些规律提出了一些新的见解并据此设计了一个实用的协商算法。课题组还设计了基于 B/S 和桌面共享模式的远程操作服务,该服务主要用到了图像解压缩技术、套接字技术和多线程技术,它能够实现多个实验人员协同实验和操作,能够屏蔽设备专业软件的特殊性,实现了广泛的共享。

6.1 Jini 和移动 Agent 技术分析

6.1.1 Jini 技术及其局限性

一、Jini 技术

Jini 是一个基于由用户群组和用户群组所需资源所结成的联盟思想的分布式

系统。系统的总体目标是将网络转变为一个灵活的、易于管理的工具,使资源可以由人或者其他客户发现。系统的资源就可以是硬件设备、软件程序或是两者的结合。系统的重点就是通过灵活地增加和删除服务使网络成为一个能更好地反映工作群组动态特性的更加动态的实体。

Jini 系统的最终目标由以下几个部分组成:

使得用户能够通过网络共享服务和资源。

能够允许用户网络位置改变后,也可以保证用户非常容易地获取网络上的资源。

简化部署、维护和更改网络的任务。

运行一个 Jini 系统需要三个基本的组成部分:服务、查找服务和客户端。服务既可以是硬件也可以是软件,如打印机、数码相机等;客户端是准备使用服务的用户或服务;而查找服务是作为服务和客户端之间的中介。当然这其中还离不开另外一个实体—网络,由它将这些联在一起(见图 6 – 1)。

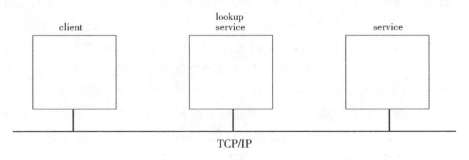

图 6 – 1   Jini 系统组成

当一个设备插入网络,它首先通过发现过程(discovery process)来定位查找服务,然后通过加入过程(join process)上载一个实现了所有服务接口的服务 proxy(见图 6 –2)。因此,查找服务不仅知道该服务是否可用,而且还有能够唤醒该服务的可以执行类。发现查找服务的过程可以分为两种类型:单播发现和多播发现。如果查找服务的位置事先知道,则该服务可以通过 TCP/IP 单播连接到查找服务。如果事先不知道位置,则需要利用多播通信发现查找服务;而查找服务则通过4160端口监听可能有的服务请求,一旦收到请求,将传送一个对象返回到服务。这个对象称之为注册器(registrar),由它来完成服务在查找服务上的注册。它将服务对象的 proxy 上载到查找服务中。

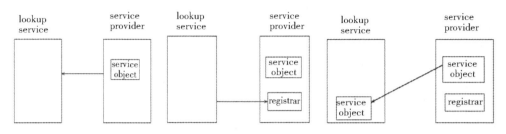

图 6-2 定位查找服务、返回注册器和服务 proxy 上载

客户端(client)在通过与服务(service)发现查找服务(lookup service)相似的方法定位查找服务(lookup service)后,也从查找服务中得到注册器(registrar)。但此时注册器所起的作用跟上文有点差别,它将负责从查找服务中获取所需服务的代理对象(proxy)并下到客户端所在 Java 虚拟机(JVM)中。在这里查找服务作为一个连接器将客户端和它想要的服务连上,之后将不再参与客户端和服务之间的交互(见图 6-3)。

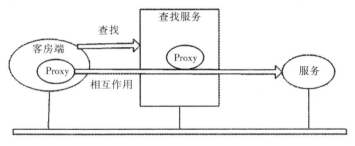

图 6-3 Jini Client Lookup

二、Jini 技术的局限性

缺乏对服务功能和内容的表现力

在 Jini 系统中,服务是根据其接口和捆绑的属性来表示它们的功能和性能。而客户端正是通过这些服务的属性和接口来发现想要的服务。现存的服务发现框架缺少丰富的语言、表现力和工具能够足以表示宽广的服务内容和解释服务的功能和性质。在 Jini 体系中,服务的功能和性质在 Java 对象接口类型里描述的

[19]。

缺乏有效的约束和匹配能力

Jini 的发现协议只进行服务描述的精确匹配和简单的约束概念。比如,客户端要寻找一个支持 B/W 的打印机,但是如果不存在 B/W 打印机,将不会返回其他彩色打印机服务。Jini 的发现协议只通过语义上的精确匹配去发现一个服务,因此它缺乏一种近似匹配的能力去寻找可用的服务。同样,协议允许发现一个给定位置或给定打印队列大小的打印机,但是协议没有足够的能力查找一个既近而且打印队列小的打印机。

缺少一定的社会行为能力

实际上,Jini 的 Client 通过到查找服务中下载 services 的 proxy 与 services 进行通讯是对 Java RMI 的一种扩展。这表明 Jini 依然使用 Client – Server 模式来运行在线服务。为了做到更加自然和本能的共享网络资源,我们需要采用更加动态的社会行为如走出去、思考和协商等,从而达到网上更具有现实社会的合作和竞争的能力。

缺少降低网络流量的方案

虽然 Jini 作为一个动态的分布式系统是一个非常强大的框架,但是它依旧采用传统的 Client – Server 分布式计算风格。因此当客户端和服务器端之间有大量的数据需要传递时,网络带宽被大量占用和网络延时是不可避免的。

作为基于 RPC 的通讯方式,即使最简单的事务在 client 和 server 之间需要一些必要的数据流。如果是安全模式的 RPC,那么一个复杂的事务可能需要成千上万的数据流。而这个可以通过一个移动 Agent 来做相应的工作,从而降低了带宽阻塞,尤其在低带宽的环境下。

6.1.2 移动 Agent 技术及其局限性

一、移动 Agent

Agent 理论

在展开 Agent 技术的研究之前,首先定义什么是 Agent,目前有关 Agent 的定义很多,也不尽一致。在著名的文章"it an Agent, or just a Program? A Taxonomy for

Autonomous Agents"一文中,Stan Franklin 和 Art Graesser 对 Agent 进行了定义:Agent 是一个系统内置于环境中或是环境的一部分,并感知和自动响应所处环境,执行它自身的任务,从而在以后影响它所感知的环境。

此外,他们还列出了 Agent 应具有的属性,这些属性也可以作为分类的依据。

响应性(Reactivity):Agent 必须对来自环境的影响和信息做出适当的响应。其行为通过触发规则或执行定义好的计划来更新 Agent 的事实库,并发送消息给环境中的其他 Agent。

自主性(Autonomy):一个 Agent 能在没有与环境的相互作用或来自环境的命令的情况下自主执行任务。这是 Agent 区别于普通软件程序的基本属性,也是 Agent 最重要的特性之一,而且任何其他程序单元无法访问其操作,具有更好的封装性,因而也具有更高的安全性。

主动性(Proactivity):Agent 不仅对环境变化做出反应,而且在特定情况下采取主动行为,这种自身采取主动的能力需要 Agent 有严格定义的目标。

时间连续性(Temporal Continuity):传统的程序由用户在需要时激活,不需要时在运算结束后终止。Agent 与之不同,它可以至少在"相当长"的时间内连续运行。

社会性(Social Ability):可以应用 Agent 通讯语言 ACL(Agent Communication Language)与其他的 Agent 进行交互。

适应性(Adaptively):Agent 应该能够根据自身的经验进行自我调整,以适应新的环境。

可移动性(Mobility):Agent 具有在计算机网络中进行移动的能力。

伸缩性(flexibility):Agent 的行动不是编写好的。

个性(character):Agent 可信的个性和情感状态。

按照他们的观点,前四种属性是 Agent 的基本属性,而后面的几种可以作为 Agent 分类的依据。

目前正在研究的 Agent 主要集中在以下七类:移动 Agent、协同 Agent、智能 Agent、界面 Agent、信息 Agent、响应 Agent 和混合 Agent。

Agent 的标准化

由于软件 Agent 还是一个处于不断研究更新的技术,因此目前已经实现的 Agent 系统的框架和实现差别都很大。这些差异妨碍了各类系统之间的互操作和 A-gent 技术的发展,为此强烈需要为软件 Agent 制定一个通用的互操作基准。目前有两个组织在负责 Agent 技术的标准化:FIPA(Foundation for Intelligent Physical A-gents)制定的 1997、1998 和 1999 specifications,OMG(Object Management Group)的 Mobile Agent System Interoperablity Facility(MASIF)。

其中,FIPA 主要进行智能 Agent 基本能力的标准化工作,它从不同方面规定或建议了 Agent 在体系结构、通信、移动、知识表达、管理和安全等方面的内容,对于 Agent 技术起到很大的推动,其中 Agent 管理、ACL、Agent 安全管理和 Agent 移动管理与移动 Agent 技术关系较紧密。

OMG 的 MASIF(Mobile Agent System Interoperability Facility)规范则负责定义异质移动 Agent 平台间的互操作性。它规定了通用概念模型,基本涵盖了现有移动 Agent 系统的所有主要抽象,定义了固定 Agent、移动 Agent、Agent 状态、Agent 授权者、Agent 名字、Agent 系统、位置、域、代码库和通信基础等一系列概念。MASIF 最大的贡献是定义了两个标准构架:MAFFinder 和 MAFAgentSystem,通过接口定义语言(IDL)对它们的属性、操作和返回值进行了明确的规定。

虽然这两个标准有不小的差异,但是人们正在研究它们的互通甚至综合,可望在若干年之后形成一个统一的标准。

二、移动 Agent 的局限性

不同厂商的移动 Agent 系统不兼容

目前在工业界和学术界开发了许多的移动 Agent 系统,但大多数的 API 不相同,这就阻碍了它们之间的互操作。此外,由于移动 Agent 系统都采用不同的通信协议。使得不同提供商的 Agents 之间的基本通信都很困难,更严重的是,还没有一个能够接受多数 Agents 的公认的移动 Agents 系统。

总的来说,我们希望看到一个移动 Agent 系统能够接受其他移动 Agent 系统的 Agent 并与之通信,以至于 Agents 和 Agents 系统之间都能相互作用,从而能够利用其在整个因特网移动的优点。为了达到这种目的,Agent 软件提供商必须将 Agent 的基本 API 标准化,使这些 API 既简单又要有足够可扩展性,允许 Agent 可以移动、持续化(persistent)、安全和互动。迁移和通信协议的定义必须保护互操作性。

这些 API 还需要定义一些服务,如用于发现 Agent 系统与服务的目录服务和用于跟踪 Agent 在网络中位置的跟踪服务。

移动 Agent 系统与外界不能互操作

首先,Agent 系统离开了周围环境的支持是不可能完成任务的。由于移动 Agent 代替用户在互联网上工作,因此,与周边环境相互作用如打印服务、移动电话服务、存储服务等不仅是需要的而且也是不可避免的。目前有些移动 Agent 系统支持 CORBA,因此,从某种意义上它们能够与同样支持 CORBA 的外界对象通讯。然而,这种方法并不能保证与代码移动需求有关的可伸缩性、可订制性和可重配置性的水平。因为当前的 CORBA 仅支持固定的 Client – Server 风格的计算,对移动计算支持不够。

其次,由于目前的移动 Agent 系统中没有一个共同的 Agent 平台框架,移动 Agent 和 Agent 平台之间的相互作用依赖于特有的移动 Agent 系统。这就意味着 Agent 平台提供的服务和移动 Agent 提供的服务基本上是私有的。但不管怎么说,一个移动 Agent 也许需要从其他的实体那里得到服务或者提供服务给它们。因此,一个简单的、有效的和通用的相互作用的体系是非常需要的。

缺乏安全机制

安全性问题的解决是移动 Agent 技术被广泛接受的前提。例如,在一个基于移动 Agent 的电子商务系统中,保证系统和代表各种利益的 Agent 安全是进行正常商务活动的前提条件。正如前文所述,如何建立一个高效的安全体系;如何保护主机不受恶意 Agent 攻击而不过多地限制移动 Agent 的访问权限;如何保护 Agent 不受恶意主机的攻击;如何区分 Agent 是善意还是恶意并避免恶意 Agent 像病毒一样在网络上传播,肆意攻击低层通信网络和其他系统。这些问题到目前为止还没有一个完美的解决方案,仍将是今后研究的关键问题。

缺乏容错机制

系统的可靠性是一个关注的焦点,尤其在一个开放的、不可靠的环境中如互联网。用户高度相信基于 Agent 的应用程序的前提是能够随时监控 Agent。因此,需要为用户提供一种合适的机制来远程监控在网络中遨游的 Agents 状态和所在位置。另外,当 Agent 移到一个不确定的甚至未知的网络上的主机时,它不能保护自已免受异常或失败。可能发生的危险的事件是：

移动 Agent 所在的 host 垮台了或者 host 断开了与网络的联系。

移动 Agent 本身垮了

移动 Agent 的 home 所在的主机关闭了或与网路断开。

6.1.3　Jini 和移动 Agent 互补

1. Agents 的移动性融入 Jini 体系中。发挥了两者的优点，实现了支持网络中断下的计算能力，动态部署软件，将 Agent 移到信息源所在地运行，减少了由于大量的数据交换造成的网络阻塞。

2. Jini 便利了来自不同厂商的 Agents 之间的协同。Jini 提供了一个稳健的基础设施并通过查找服务来整合来自异构系统的 Agents 以及隐藏它们之间的不兼容性。

3. 通过 Jini，移动 Agent 可以动态的发现 Agent 和服务。Jini 为服务和应用程序定义了一套发现协议，让它们通过查找服务来参与 Jini 联邦体系(djinn)，并通过加入协议使得服务可用。而且，Jini 还为查找服务定义了一系列标准接口，客户端可以通过它们定位想要的服务。移动 Agent 能够利用这些优点去动态地查找、发现其他实体并可以与之通信。

6.2　基于 IP Internet 的 Jini 分布式体系分析和设计

6.2.1　Jini 分布式体系的实现机制

要研究 Jini 的分布式体系实现机制主要涉及服务的发现，即发现协议的研究；服务的加入，即加入协议的研究；服务的查找，既对 SUN 公司提供的 Reggie 查找服务应用研究。

一、发现技术的基础：单播和组播

组播请求协议

组播请求协议是服务发起的协议，在服务需要发现所有已在本地网络中运行的查找服务时使用。协议的实现是使用低层的组播功能，因此不需要 Java、RMI 或

CORBA 等各种复杂的协议。通常情况下组播请求协议运行在标准 TCP/IP 环境中,这时组播 UDP 数据报文被作为协议的基础,下面讨论在组播 UDP 上的实现。

通信流程

启动服务(为清楚起见这里称为发现者)把自己设置为可同时发送组播消息和接收单播消息,方法是创建两个套接字,一个用于向外发出 UDP 消息,另一个用于传进来的 TCP 消息。同样,参与到组播请求协议中的查找服务也创建两个套接字,一个用于接收组播 UDP 消息(它加入以特定组播地址标识的组播组),另一个用于向外发送 TCP 消息,这两个套接字与服务方的两个正好对应,如图 6-4 所示。接下来发现者发出组播请求消息,其中包含发现者感兴趣组的集合。这个消息必须能够放置在一个报文中,以使它可被包含在一个 UDP 组播数据报消息中。这个要求的原因在于,UDP 不保证封装在多个报文中的可无丢失地按序到达,而通过简化消息可使 Jini 避免消息丢失。

更进一步,消息只包含简单数据类型(无对象),原因是为易于实现,发现协议只设计了很简便的实体,由于这些实体可能没有可用的 Java 虚拟机,发现请求不能利用 Java 序列化或其他特性。

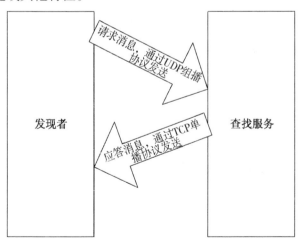

图 6-4 组播请求协议

报文格式

报文由三部分组成:Header、Groups 和 Heard From。

Jini 要求任何通过组播发送的消息,最大只能是 512 字节。由于请求报文中有两部分是可变长度的,单独的一部分或两者之和都有可能会引起报文的长度超过 512 字节的限制。Jini 发现规范指出,如果是"组"部分使报文超过了 512 字节,则发现者会执行多次请求,每次请求包含组总集合的一个子集,而且各不重叠。

如果是 Heard From(已回复者)部分使报文超过了 512 字节,则那些发现者已接收到的查找服务 ID 必须被去掉一部分。注意这部分作用只是优化,从列表中排除一些查找服务不会带来"故障"。至于发现者如何排除查找服务取决于它自己,但简单地把报文截为 512 字节并不可取,无论用什么方法,报文格式必须正确,Heard length(已回复者的长度)必须与服务 ID 实际数目匹配,并且服务 ID 不能不完整。

在查找服务接收到组播请求后,就可以回复发现者了。为完成回复,它首先要创建回复消息的目的地址,端口号可从请求中得到,而主机地址要通过检测请求的来源,使用 java. net. DatagramPacket 上的 getAddress( )方法获得。

它发出的消息基本与单播发现协议中使用的应答相同,这次应答把序列化的查找服务代理传送回发现者,发现者可重建对象并使用查找服务。

使用组播请求协议

在发现者设置好发送请求和接收应答之后,它就定期发送组播请求消息,这个消息被发送到 Jini 查找服务监听的已知地址(IP 地址为 224. 0. 1. 85,端口号为 4160)。请求间隔的时间取决于服务,不过 5 秒是比较合适的。在收到应答时,发现者就把所发现的查找服务的服务 ID 加入到已回复的查找服务列表中。一段时间之后,发现者停止使用组播请求,认为它已找到了已运行的所有活跃的查找服务。尽管服务使用多点请求的时间取决于自己,Jini 规范还是建议使用 7 次,然后就可以停止发送消息,并关闭用于接收请求的套接字。这时大多数发现者都将切换到监听组播通告消息的模式,用以感知将来启动或重新连入网络的查找服务。

我们在描述加入协议时已经提到,服务在发起组播请求前应该等一段随机的时间,这段时间有助于减弱在停电或其他严重故障后可能出现的"报文风暴",避免对网络的冲击。

组播通告协议

　　组播通告协议供查找服务用来向所有其组播范围内的正在监听的感兴趣方通告其存在。组播请求一般只用于服务的启动阶段或服务希望加入的组集合发生变化时,与之不同,组播通告协议在查找服务的整个生存期都被使用,查找服务将定期向所有接收器通告自己的存在。

　　通信流程

　　通告协议比请求协议稍简单些。查找服务创建一个组播 UDP 套接字发送消息,并创建一个单播 TCP 套接字,在其上接收来自兴趣方的消息。在这里,仍将希望接收到新查找服务通告的服务或其他应用程序称为发现者,它创建一个套接字用于监听组播 UDP 通告。当发现者接收到不是已回复者查找服务的通告时,它可以创建 TCP 套接字并向查找服务监听请求的 TCP 套接字发送一个消息,与此查找服务建立联系。基本通信流程如图 6-5 所示。

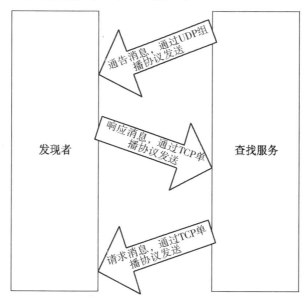

图 6-5　组播通告协议

　　报文格式

　　报文格式由两部分组成:Header 和 Groups,详情参考文献[35]。

　　使用组播通告协议

当查找服务启动时,它创建一个 UDP 组播套接字,用它来发送通告消息,这个套接字被绑定到一个已知的地址,发现者用此地址监听通告(例如 IP 地址为 224.0.1.84,端口号为 4160)。同时它还创建一个 TCP 套接字,用于监听发现者传来的单播消息,这里的发现者是指那些已接收到查找服务的声明,希望通过单播发现获取其服务代理的实体。接下来查找服务就定期发送通告消息,发送的间隔时间取决于查找服务,不过 Jini 建议使用 120 秒。希望接收通告的发现者创建一个组播 UDP 套接字,并将此套接字加入到查找服务用于发布通告的已知组播地址。当发现者在此套接字上接收到声明时,它先检查消息中包含的服务 ID 以及组列表,如果服务 ID 是发现者已知的,或者组列表中没有发现者感兴趣的组,则忽略掉这个消息,否则它把此服务 ID 加入到自己的已回复者 ID 列表中,启动单播发现来获取查找服务的代理对象。

和组播请求一样,标准 Jini API 也为组播通告提供了便利的方法。事实上,组播请求和组播通告之间的区别对程序员来说是隐藏的,它们都使用 Listener 形式的接口。

两种组播协议都只适用于需要彼此发现的查找服务和其他 Jini 服务位于同一局域网的情况,由于这两种协议都有定期性的成分,即发现过程在一定时间间隔后继续进行,所以这两种协议还有助于 Jini 群体在出现网络、机器或软件故障时修复自己。不过有时候服务也需要搜寻或加入一些其查找服务不在网络上邻近的组,服务需要获取其服务代理的查找服务可能运行在大楼的另一端或是更远的地方,这种情况下要使用单播协议。另外我们也已经看到,在两种组播协议运行的过程中,也会用到单播传送协议。在运行组播请求时,服务代理的传送使用了从查找服务到发现者的半向单播发现协议;而在组播通告中,当发现者接收到查找服务的通告时,它就使用单播发现来请求其服务代理。在这两种情况下,组播协议只是用于"间接启动"单播发现过程。组播中查找服务和发现者可彼此找到,是基于组播可到达一定范围内所有主机这一事实。与之不同,单播需要有关查找服务位置的明确信息,这些信息包括运行查找服务的主机名称,以及查找服务监听请求的端口号。从根本上说,两种偶遇的组播协议就是方便地提供查找服务的位置信息,以继续单播发现。

接下来我们来讨论单播发现协议的基本内容,它可作为组播请求、组播通告的一部分使用,也可以作为"独立"协议连接位置已知的查找服务。

单播

通信流程

单播发现协议十分简单,它包括一个发向查找服务的简单请求和一个返回给发现者的响应,响应中通常包含查找服务的服务代理。起始的请求有很多来源。如果单播发现是作为"独立"协议使用,则发现者已经通过某途径(可能是用户直接配置)获得了查找服务的位置(主机名和端口号),接下来它请求与找服务的连接,查找服务响应其代理。图6-6表示了"独立"发现的通信流程。

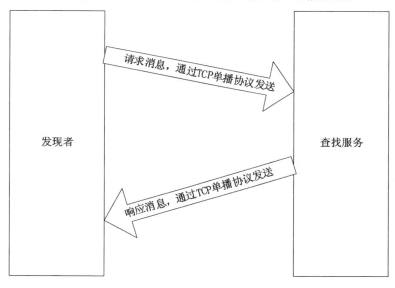

图6-6　单播发现协议

如果单播发现是作为组播请求协议的一部分使用,则组播请求消息是单播发现的起始请求,它包含了查找服务以其代理进行响应所需的所有信息。系统框架图描述了组播请求协议的全过程,协议中的最后一个消息是单播发现的响应。

如果单播发现是作为组播通告协议的一部分使用,则协议工作方式与独立的情况相似。通告过程公布了查找服务的位置,发现者就可以自由使用完整的单播发现过程来获取服务代理。图6-5表示了组播通告协议的全过程,第二部分就是单播发现。

在各种情况下,查找服务都能通过获取请求的来源来判断发现者所在的主机(用于传送回其服务代理),不过查找服务还要知道发现者监听其响应的端口号,当单播发现用作"独立"协议或组播通告的一部分时,查找服务总是连接发现者主机的缺省端口(4160),而当单播发现被用作组播请求的一部分时,端口号作为一部分包含在最初的请求消息中。

报文格式,报文由两部分组成:Service proxy 和 Groups。使用单播发现

单播发现可作为其他协议的一部分使用,发现者可使用多种方式启动单播发现:组播请求、组播通告,或直接启动。直接启动发现意味着发现者已经知道了查找服务的位置,并向它发送了单播发现请求。这个位置可能由用户提供,或是作为发现者固定配置的一部分。

查找服务按前面介绍的响应格式应答。在发现者接收到响应后,它把其中的 Marshalled Object 取消序列化,然后调用 MarshalledObject 支持的 get( )方法获取真正的服务代理。这个代理实现了 net. Jini. lookup. ServiceRegistrar 接口,可用它与查找服务通信。

二、发现的概念

发现是 Jini 应用在它们所在的群体寻找查找服务的过程。Jini 群体是网络上可用的(彼此间以及对于应用)一组服务,群体中的所有成员对于其他成员以及可"访问"群体的任何应用都是可用的,也是可见的。

发现过程的设计使得服务在启动时,不必知道存在什么群体,可以缺省地找到"邻近"的查找服务并在其中注册。广义上发现有两种基本形式:一种形式是用于支持服务和查找服务间"偶遇"的交互;另一种形式是用于从 Jini 服务到查找服务的"硬连接"。

偶遇发现

偶遇的交互是指查找服务和 Jini 服务在没有预先配置或事先相互不知道的情况下彼此找到,即没有明确指明要搜寻对方情况下彼此发现。

这种发现的形式一方面用于服务在启动并需要找到与其邻近的可能运行的所有查找服务,另一方面用于查找服务在启动并要通知已运行的 Jini 服务它的存在

时,以防止这些服务在所有查询服务中注册。这两类发现——新加入服务发起的和查找服务发起的发现,实际使用是不同的协议,但比较相似,主要是基于 3.1.1 小节阐述的两种协议:组播请求协议和组播通告协议。

两种偶遇发现协议都使用 IP(Internet 协议)组播功能。组播支持发送一个可被任意多个实体接收的消息。它不是广播,因为它不是到达网络中所有实体,它只发送到那些在明确等待的实体;它也不是单播,单播需要分别向每个接收者发送消息,并且要求发送方事先知道每个接收者的 IP 地址。组播有效地利用了网络资源,因为在可能的情况下,发送到多个接收者的消息都是以单个消息在传输(当然,如果两个实体在完全不同的网络中,某处的组播路由器就必须复制一个消息送到第二个网段的接收者)。

Jini 使用的组播方式是基于 UDP/IP 协议的。UDP 提供了无连接、不可靠的传输,即 UDP 不保证发送的报文能正确到达,也不保证报文序列按发送的顺序到达。通常使用的单播 UDP 也具有同样的属性(不过要注意,UDP 在实践中相当可靠)。

在 UDP 组播中,一个特殊范围内的 IP 地址用做组播组,感兴趣的实体可以通过监听发向该 IP 地址的消息来"加入"一个组,而送向该 IP 地址的任何消息都会被所有接收器接收。

每个通过组播的消息都有一个相关联的范围,它用于限制消息被传输的"距离"。限制范围的好处是,一个被一组主机用做组播组的 IP 地址,对于其他使用相同 IP 地址的一组主机可能是不可见的,如果主机彼此间隔足够远而消息被限定在一定范围,则它们彼此无影响。这样,范围就有效地限制了组播组的"视野",从而使用于组播的地址可以在 Internet 上多次重用,厂商也不必为哪些组播地址为哪个组织占有而协商(这种情况与用于把主机名与 IP 地址联系到一起的域名系统不同,那些地址要在网络上全局可见,必须通过集中的机构注册占有)。限制范围也使得路由更为有效。在发送方向组播地址发送消息时,它不必事先知道哪些实体加入了组中(即监听此地址)。如果路由器必须向 Internet 上所有站点发送消息寻找接收者,则 Internet 会受到影响。而通过发送者设置其消息的范围,使得 Internet 的路由机构只让消息到达一定的区域内。在 UDP 组播中,消息的范围通过指定 IP 的"存活期"(TTL Time - to - Live)参数来设置,消息的 TTL 标识它可以走多少

"步"（hop）。当消息在网络中路由时，它每经过一个路由就使其步计数增加1，当步计数超过了 TTL 时，消息被丢弃。设置 TTL 限制了组播消息到达的范围，TTL 设为1，则消息只能到达相同网段的机器，而足够大的 TTL 就可使消息遍历 Internet。换句话说，用 TTL 就是设置兴趣方可接收消息的"半径"。网络管理员也可以控制消息的范围。路由器可被配置为把一定"半径"范围外的报文丢弃，以防止恶意的发送者故意制造报文风暴。因此，网络上某个主机"邻近结点"的概念，很大程度上取决于网络的配置。

服务发起的发现

在新的服务启动并准备加入附近的群体时，它使用组播请求协议来寻找附近所有在运行的查找服务。正如其名称的含义一样，此协议用 IP 组播协议来寻找查找服务。服务向一个已知的组播地址发送组播消息，这个地址事先由所有的 Jini 查找服务和其他服务约定，而消息被限定为只能到达一定的距离内。范围限制了发现请求只能到达与服务运行在相同子网内监听某组播地址的查找服务，这就是 Jini 服务找到邻近查找服务所采用的方式。在查找服务接收到一个组播发现请求时，它直接连到请求的服务并发送一个单播消息（点到点）进行应答，这个消息包含了查找服务的代理对象，服务可通过它访问查找服务。此应答可能要等一小段时间，这和网络延迟以及运行查找服务的机器的速度有关。

查找服务发起的发现

查找服务定期用组播通告协议，这个协议的工作方式与组播请求协议十分相似，只不过是由查找服务自己发起。在组播通告协议中，网络中感兴趣的各方在一个已知的组播地址上监听有关查找服务存在的通告，所有查找服务都定期向此地址发送组播消息，消息被限定了范围，因此只能到达局域网的兴趣实体。一旦兴趣方接收到了查找服务存在的通告，它就可以向查找服务请求服务代理。它使用直接单播连接来访问查找服务，查找服务传回代理对象，客户可使用此对象与查找服务进行通信。那么为什么查找服务不在通告其存在时直接多点发送其代理对象呢？这样感兴趣的接收者就可以立即得到其代理，而不必再用另外的消息来获取它了。Jini 不采用这种方式的原因有二，其一是组播的通告很小——它们可放在一个网络报文中，因为除了服务重启或重新连入网络，大部分情况下的通告都是无用的,所以保持通告消息尽可能小可以显著减小网络的流量。其二是组播消息必须保持合理的大小,这个原因更重要。组播协议自己规定的最大报文尺寸就相当小,而序列化的代理对象可以任意大,因此没办法保证它会位于组播消息限制的范围内。

直接连接

发现的第二种形式用于从 Jini 服务到查找服务的"直接连接"。与偶遇形式下服务要找到邻近的任意和所有的查找服务不同,"直接"的形式允许服务访问它们事先已知道的特殊查找服务,发现的这种形式使用自己的协议,为指定查找服务,它具有基于 URL 的命名机制,与发现的偶遇形式使用的协议不同,它是基于单播发现协议的。这三种协议(两种偶遇的和一种直接的)加到一起,构成了发现的核心。

除了在组播地址上监听来自其他服务的组播发现请求外,每个查找服务还要在一个正常的单播地址上监听,这个协议被称为单播发现协议,任何服务都可以直接连接这个地址访问查找服务,从这个意义上说,此协议不能叫作"发现"协议,它只是访问一个已知的查找服务去下载它的服务代理。客户向查找服务发消息,然后查找服务返回其代理。

单播发现是基于 URL 命名机制的,用 URL 命名查找服务的格式例如:Jini://166.111.180.86:4160/foobar。协议名 Jini 指出此 URL 代表了 Jini 查找服务,第二部分是主机名,上例中是 Jini://166.111.180.86,再后面的冒号和数字是可选的,如果有,它表示查找服务在哪个端口上监听。端口 4160 是 Jini 查找机制的缺省端口。最后一部分 URL 的合法部分,此例中为/foobar,不过通常在 Jini 中并不使用它,所以不能作为 Jini URL 规范的一部分。Jini 查找服务一般不能通过名字寻找,因此 URL 中跟在主机和端口后的部分是多余的。

三、发现机制的要求

Jini 发现机制有一些重要的要求,在各单独的协议内都有体现。

发现应该足够灵活以支持多种群体拓扑。

发现应该有助于从网络断连或机器失败的故障中恢复。

发现应该足够"轻便"。

以能轻松运行在计算能力有限的系统中。

灵活性的要求来自于发现所使用的协议,以及应用协议方式的多样性,发现协议支持三种不同形式的交互。

服务发起的对查找服务的请求。

查找服务发起的向其他服务的通告。

在查找服务和其他服务之间直接连接。

前两种方式支持以网络边界自然划分的群体,而最后一种方式支持任意的连通性。Jini 服务可在很远的查找服务上注册,甚至是全世界范围的。恢复(Recovery)功能主要靠两种偶遇的协议来完成。如果 Jini 服务从网络断开,然后又连入了网络,则它可以向所有邻近的查找服务发出请求,重新加入它所在的群体。在查找服务启动或重新连接到网络时,它可以通告它的存在,以允许其他服务利用它的功能。我们将会看到这些协议本身十分小,它们可运行在十分有限的系统中,这样的系统可能只有很小的网络协议栈和有限的计算能力。

6.2.2 存在的问题

一、组播限制及原则

前面已经提到,组播协议要求所有组播数据都必须放置在最大长度不超过512 字节的报文中,其原因在于组播是基于 UDP 的,UDP 不能保证一个报文序列能以正确的顺序到达,甚至不能保证全部到达,Jini 不是采取在 UDP 组播基础上建立更复杂控制协议的办法来保证多个数据正确到达,而只是要求每个消息都封装在单独的报文中,从而每个报文都能在无其他上下文的情况下被接收者理解。提出512 字节的要求原因在于,这是 IP 各种实现所能管理的最小尺寸,这样无论使用什么样的传输介质,IP 都能保证小于这个尺寸的报文能完整地到达。在使用组播协议时,发送方应注意保证限制传输报文的到达范围,以防止大范围"淹没"网络。Jini 规范中并未管理消息的范围问题,不过在 UDP 组播环境中,TTL 值建议使用15。Jini 采取的方法是用于通信的协议可能运行在不可靠的面向非连接的传输层上,这样的传输不保证报文传送的顺序,通过提供这种对网络的"最低要求",Jini 概念可很好地建立在其他传输方式上。

二、组播的路由结构

尽管绝大部分新的 IP 路由器都支持组播,但现在的网络上仍然有一些旧的机器不支持。如果连接两个网段的路由器不支持组播,则从一个网段发出的组播数据不能转发到另一个网段(不过在第一个网段中仍有效)。

如果网络是这种情况,有几种可选的方案。第一种办法就是在每个网段都运行同一查找服务,这意味着只有同一网段的服务可彼此找到,除非是为每个查找服务提供其对等体的名称,使用单播发现使它们相互加入,从而组成联邦。第二种办法是即使路由器不支持组播,也可以在两个网段之间"搭桥"使组播数据彼此交流。在 IP 组播中,这个技术被称为组播隧道技术(tunneling),你只需创建一个加入组播组的程序,它把接收到的所有消息都转发到另一网段中某主机,同时它还从一个标准套接字读取数据,把接收的消息中继到组播套接字。通过在两个网段中分别运行这个程序,就可以实段中使用同一地址的组播数据之间的联系了。

6.2.3 设计 Jini 查找服务的网络拓扑结构

根据第二节的阐述,为了使 Jini 服务能够在整个 IP Internet 中使用,改变在当前网络设备、局域网配置和 IP 协议的限制下,基于组播技术的 Jini 服务只能适用于局域网的现状。我们可以从两种途径来解决问题:一是通过大规模地更新整个互联网的硬件设备使之适合于组播,但是目前这种途径的可行性几乎为零。不过随着 IPV6 技术的发展和完善,这种途径在不远的将来可能成为现实。二是通过对查找服务分布的网络拓扑进行研究和比较,找到一个实用的拓扑结构实现在整个 IP Internet 上模拟组播的功能。根据第二章有关查找服务的论述,查找服务中注册的对象也可以是其他查找服务,通过这种方法可以实现查找服务的层次树结构。由于存在多种可能的拓扑方案,因此需要对这些方案进行比较,便找出可行解和最有解。可能的拓扑方案如下:

方案一

在全国范围内,(主要指的课题)为提供设备资源共享服务仅创建一个 Jini 群体,并在公网中设立几个有限的查找服务,用于负责所有服务的映射;同时使每个服务都配置有一组 URL,分别指向支持此群体的查找服务。这样,全国仪器资源就

是一个大的 Jini 群体(拓扑结构如图 6 - 7)。该方案优缺点:

优点:

在一个查找服务所在的服务器或网络崩溃的情况下,可以利用其他的查找服务继续维持工作。

缺点:

所有查找服务的负载都很重,因为每个查找服务都持有全部可用的服务。而且系统面对的是全国高校设备资源,因此对查找服务所在服务器的运算能力提出很高的要求。

违背了资源使用的就近原则,如果某实验室想通过该系统使用一台本校的仪器,但是由于已经被其他单位占用,那么可能不能用近在眼前的服务了。其次,一旦这些有限的查找服务所在的网络出现异常,可能造成附近的资源不可用的荒唐情景。

这种设置也增加了管理的负担,服务提供者启动服务时都需直接配置查找服务的 URL。

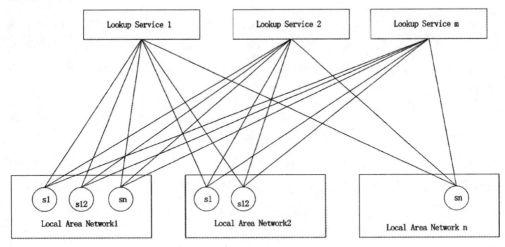

注:s1,s2等表示局域网中的jini服务

图 6 - 7 每个服务都配置一组指向一组查找服务的 URL 的拓扑图

方案二

把各群体互连起来创建群集,使之能自然反映工作模式。在这种方案中,每个部门都可能有自己的 Jini 群体,它只支持本地可用的服务。由于这些服务只与本地的查找服务联系,因此没有多余的管理。同时在全国设定几个分中心查找服务,这些查找服务支持对该中心所辖区域的 Jini 群体的管理,并将所辖区域的所有查找服务的服务通过组播隧道技术映射到对应的分中心查找服务中。为了做到能够共享其他分中心的查找服务中的服务,需要再设立一个全国范围的中心服务器,用于专门映射分中心的查找服务。

根据以上描述做出图 6 - 8,具有查找服务的层次树结构。在该图的根节点和子节点之间,查找服务在层次树的根节点注册;在第二层和第三层的查找服务通过组播隧道技术将各个局域网的服务动态的映射到第二层的查找服务中。因此,客户端不仅可以查看本地的服务,还可以到更高层的查找服务去寻找(通过搜寻)。该方案的优缺点:

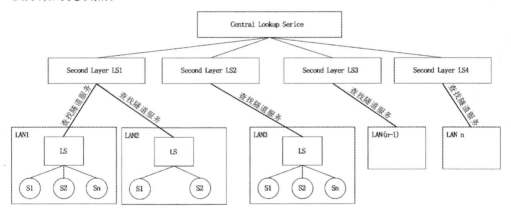

LAN:局域网
S*:服务
LS:查找服务

图 6 - 8　查找服务的层次树结构

优点:

由于本方案采用了层次树的拓扑结构,使得整个体系更加符合目前仪器设备资源共享的组织形式。

由于系统在树的低层和顶层采用了不同的技术手段,在树的底层使用组播隧道技术能够将多个 Jini 群体形成一个新的大 Jini 群,使得一个分中心的仪器资源服务的查找跟在一个局域网内类似、方便查找。即在分中心的查找服务映射了其下的各个局域网的所有服务。

在树的顶层只是将各分中心的查找服务的 proxy 注册到中心服务器。这样做的好处是中心查找服务只提供一个媒介,为客户端通过中心查找服务过渡到其他分中心查找服务提供中介。

由于采用了该机制,意味着即使到总部的网络连接不通,本地群体中的服务也总是可用,每个群体都能自治地运作,即使与其他群体隔离也不影响内部工作。

这种方案使得客户端在寻找服务的时候,由于只需要在用于联合的查找服务中设置明确的查找 URL,这种方案也使必要的管理工作量大大减少。

缺点:

随着树的层数的增加,人为参与管理的工作量将增加。

方案三

采用星形的拓扑结构(见图 6-9),该方案将所有的本地群体都连接到一个集中的群体,该群体的任务就是维护所有其他群体的引用。其实是第二种方案的简化,基本原理是一样的。方案的优缺点:

优点:

人工维护成本低,管理方便。

即使到总部的网络连接不通,本地群体中的服务也总是可用,每个群体都能自治地运作,即使与其他群体隔离也不影响内部工作。

缺点:

1. 存在非常严重的瓶颈,并且中央查找服务的运行性能要求相当的高。

由于该方案能够基本反映方案二的特点而且层次少,对于构建一个实验环境比较合适,故在论文的原型系统中,采用了方案三作为 Jini 体系的拓扑结构。

2. 分布式框架的重新设计(层次树的算法实现)

由于采用了层次树的拓扑结构,为此,需要为客户端提供一个智能搜索服务的算法。以下是算法的伪代码:

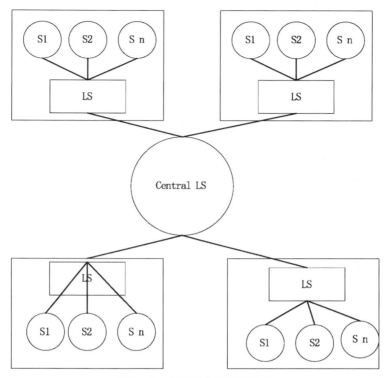

图 6-9　查找服务的星型结构

findServiceInTree(The Service)

{ if Exist The Available Service in LAN

  then return The Proxy of The Available Service;

  else if Exist Available Service in Second Layer Ls

then return The Proxy of The Available Service;

else goto Central LS;

for(i = 0 ; i < NumOfSecondLayerLSInCentralLS ; i + +)

{ if Exist Service in other SecondLayer LS

then return The Proxy of The Available Service;

}

```
return null;
}
```

6.3 移动 Agents 之间的通信语言和协商算法

6.3.1 通信语言

ACL（Agent Communication Language）是一种适于 Agent 及服务设施之间协商的语言或者协议。Agent 之间的通信是一个高水平的交流，或者说 Agent 语言是有 Agent 环境和知识的含义丰富的陈述。这也是 Agent 语言区别于其他通信协议的地方。ACL 语法和语义应该尽可能简洁、无二义性、应用范围广、通信内容独立性强、支持良好的互操作性、响应迅速等。由于两个 Agent 之间需要交换消息，因此它们需要有共同机制用于消息的传递。ACL 消息被设计成可以基于以下机制发送消息：TCP/IP，OSI 的七层模型，CORBA，Java RMI 或者 UNIX RPC 等。

KQML 和 FIPA – ACL 是两种 ACL。这些语言或协议都是基于语言 – 行为理论，该理论是人类语言学分析的结果。语言 – 行为理论是基于这样的一个原则：当一个人讲话时，他不仅在说，也在执行说话的意思。

KQML 和 FIPA – ACL 是高级的面向消息的通讯语言或协议，这些用于信息交换的语言独立于内容的语义和可应用本体论（applicable ontology）[40]。因此它们独立于各种传输协议如 TCP/IP、SMTP 或 IIOP；独立于消息内容所采用的语言如 SQL、LISP 等。

一、KQML 简介

KQML[41]（Knowledge Query and Manipulation Language）是用于交换信息和知识的语言和协议。它是 DARPA（Defense Advanced Research Projects Agency）机构的子部门 KSE（Knowledge Sharing Effort）工作的部分成果。KSE 的目标是开发和研究一些技术或方法论用于建立一套能够被共享和重用的大规模知识集的基础。KSE 的核心概念就是通过基于通用的语言或可翻译的语言通讯，达到知识的共享。

KQML 语言可以定义为是一种层次结构型的语言。KQML 可以分为 3 个层次

（如图 6 – 10 所示），从里到外依次为内容层、消息层和通信层。内容层描述的是 Agent 传递消息的真正内容，这些内容可以用实现 Agent 的编程语言来表示。KQML 可以采用任何形式的语言（无论是 ASCII 字符串还是二进制流）来描述，使得 KQML 的语言实现形式与内容层的含义无关，增强了异构 Agent 之间的交互性。消息层是 KQML 结构中最为重要的部分，它确定 Agent 传送消息所使用的协议以及提供消息内涵所对应的行为原语。消息内涵对于 KQML 是完全透明的，因此消息层还包括对消息内涵的语言、采用的 ontology 等属性的描述。通信层是对参与通信双方（即移动 Agent 之间或移动 Agent 与 facilitator 之间）的通信属性进行编码，比如确定发送方或者接收方的身份、此次通信的唯一性标识等。

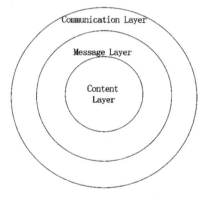

图 6 – 10　KQML 层次结构

KQML 的语法很简单，是由一些基于数据结构的"表"组成。即由一对圆括号括起来的表构成，表的起始处为原语名称，其余部分由一组": + 关键字值"形式的参数表构成。KQML 中预先定义了一些原语，这些原语并非实现的最小子集，用户可以根据需要进行扩充，但是如果选择了 KQML 中的预留原语就必须遵循 KQML 的标准。一个典型的 KQML 消息包含以下内容：

（ask – one
:sender Agent1
:content（meaningful content）
:receiver Agent2
:reply – with id1

:inReplyTo id2

:language jmal

:ontology tricks）

在这个消息中，KQML 的行为原语（performative）是 ask – one，内容是 meaning-ful content，在查询中呈现的本体（ontology）由字符串 tricks 标志，消息的接收者和发送者分别由字符串 Agent2 和 Agent1 标志，查询使用的语言是 jmal。

:content 关键词的值是在内容层，:reply – with、:inReplyTo、:sender 和:receiver 关键词的值构成了通信层，而行为原语 ask – one、:language 和:ontology 构成消息层。

二、FIPA ACL 简介

FIPA（Founding of Intelligent Physical Agent）ACL 与 KQML 非常的相似。除了对预留原语的命名上有所不同之外，它们有相同的语法结构。外层语言定义了消息预期的意义，内部层或内容层语言表述了说话者的信念、意图和愿望。

FIPA 规范中对于 Agent 的心智态度描述为：

1. 信念　表示为一组 Agent 认为是真的命题，如果是假的命题则 Agent 通过其否定为真表示。

2. 不确定性　表示一组 Agent 不能确定真假的命题，但更倾向于真。而更倾向于假的命题表示为 Agent 不确定该命题的假。

3. 意图　表示一种选择，或 Agent 愿望为真但目前非真的一个命题。接受了这种意图的 Agent 将形成一个行动计划，这一行动计划的结果将是它愿望的命题成立。

FIPA ACL 消息由一组核心的通信动作集合产生，FIPA Agent 之间是通过消息来相互影响，消息类型也就体现了通信动作类型。

FIPA ACL 在 Agent 的消息传输服务上定义了如下一组最小需求：

1. 正常情况下消息服务是可靠、准确、有序的。

2. 如果消息服务不能保证以上的要求，将通过消息服务界面以某种方式表现出来。

3. Agent 将能选择是否暂停以等待消息结果，或同步执行其他无关任务。

4. 传递消息动作参数。比如可以指明等待回复消息的最长时间。

5. 消息传递服务将负责向 Agent 汇报出错情况。如超时或接受 Agent 不存在等。

6. Agent 之间可以不用关心对方的实际地址,消息传递服务将会根据 Agent 注册的唯一名而找到接受者。

对于兼容 FIPA ACL 的 Agent,FIPA 也规定了一组最小要求:

1. Agent 在接收到不认识或不能处理的消息内容时应有能力通知消息发送者 not – understand 消息。同时 Agent 应能处理这种消息。

2. Agent 可以预先定义将要处理的消息类型和协议种类。

3. Agent 应该执行与消息的通信动作类型及内容相一致的动作。

4. Agent 可以扩展核心通信动作集合,但要保证对方能理解动作含义。同时不能与原核心动作集合相冲突。

5. Agent 必须能在 ACL 消息与传输形式的字符序列之间正确地相互转换。

ACL 的消息结构如下所示:

```
（inform
        :sender Agent1
        :receiver ams
        :content
            （register Agent1）
        :language sl0
        :ontology mas – application
）
```

其中 inform 表示消息动作类型,sender 和 receiver 分别是消息发送者与接受者,content 表示了消息承载的内容,language 是该消息所采用的语言,ontology 用来说明 content 所属的本体论。

三、通信语言的确定

由于 KQML 在移动 Agent 系统中的广泛使用以及其相对成熟,采用 KQML 作为移动 Agents 之间通信的基本语言。

6.3.2 协商算法

由于设备资源服务的提供和使用类似于市场中的卖与买,而为他们提供交易的场所 AgentHost 类似于货品交易市场,因此当移动 Agent 代理用户行使协商权的时候,就要牵涉到如何通过使用算法最快地找到均衡点。由于目前市场中的协商类型比较典型的是轮流出价协商模式。为此,以下几节将对现有的协商理论进行研究,并设计或寻找到一条适合于本系统的协商理论。

一、现有的协商算法或策略

轮流出价协商(含讨价还价协商)的均衡战略研究主要可分为 3 类:

第 1 类是沿从博弈论的研究方法,即在形式化协商定义的基础上,依据一定的协商公理,加上合理的假设条件,产生协商定理。在这方面代表性的研究是 Nash、Rubinstein 和 Kraus。Rubinstein 研究的是以协商 Agent 的类型和最后期限是共同知识为基础的;且不考虑时间对协商结果的影响。Kraus 的研究是基于最强类型(the strongest type an opponent can be believe)的假设为前提,故达成协议需要在固定的阶段。

第 2 类是主要依据经济理论和哲学理性研究方式来分析协商。上两类研究属于规范分析的范畴。Balakrishnan 模型是以心理学上平衡理论构建约束等式。模型中的协商 Agent 是通过一段时间的延迟后才会做出第一次行动,并且假定协商 Agent 的行动一定暴露其私有信息。

第 3 类研究者侧重于构建良好定义的收益函数,预定义合理的战略函数,从实证的角度上构建协商战略模型。典型的研究有 Fartatin,MIT 的 Kasbah 项目和 Zeus。这类模型的战略是通过预定义合理的策略函数,综合考虑各因素的影响所组建的。

二、协商算法探讨

比较上文提到的三类协商算法,我们发现前两类相对比较抽象和逻辑上证明更加准确,却跟现实的协商过程有一定的差别;而第三类是基于实现角度的协商算法,更强度实用性。由于主要是希望从模拟实现的市场交易过程来实现移动 Agent 之间的协商,因此更倾向于采用第三类方法实现。

在现实的讨价还价过程一般包含以下几个步骤:首先是卖方在市场上摆摊,并将自己的货品放到架上;买方(即消费者)在该市场上寻找自己想要的货品;如果他看中某家卖方的物品在质量等要求上符合他的要求,则开始与卖主交流;进入物品的报价阶段;这里也有可能是卖主直接告诉买主该物品的价格,或者由买主首先询问卖主该物品的价格;之后就开始讨价还价阶段,这个阶段双方都经历复杂的思维活动的过程,都在猜测对方的底线,同时由于双方对达成交易的迫切程度的不同,随着时间的推移,各自的让步程度是不一样的;而协商最终的结果可能成功也可能失败,如果成功当然各自完成一项任务,如果失败,则需要寻找其他的协商。

针对上文描述的讨价还价过程,我们可以总结出以下几个要点:

协商之前买卖双方购买和销售物品类型和完成任务的时间已经确定。

双方对任务的偏好不同,因此时间的推移对双方采取的策略也有类似的偏好。

双方基本都是理性的,希望把任务完成。

三、协商算法的设计

根据上文的阐述,协商的影响参数确定为:价格、时间、资源的品质和任务偏好。以下将具体介绍各参数的含义和作用:

价格

用户可以设定两种价格:高价和低价。而对于买卖双方的偏好来分有可以分为:渴望价和底线价。对于买方来讲,高价是他的底线价而低价是他的渴望价;相反,高价是卖方的渴望价而低价是他的底线价。

最后截止时间

由于用户对资源的售出或买入都有一个时间截止期。超过了该时刻,资源对于双方都可能没有意义。

资源品质

可以从资源的使用时间、折旧率、品牌等方面考核。由于这些参数涉及的面太广,作为研究性的论文,暂时省略对其的讨论。

任务偏好

任务偏好一般可以通过用户对交易时间推移产生的心理估价变动曲线表示。仅采用三类曲线:线性、二次曲线和三次曲线,它们反映了不同的迫切程度如

图 6 – 11,6 – 12。

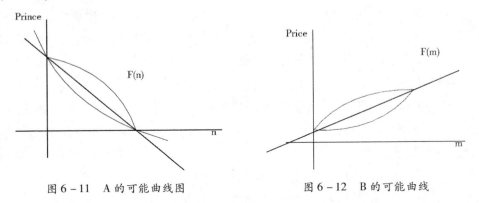

图 6 – 11　A 的可能曲线图　　　　　图 6 – 12　B 的可能曲线

以下定理都建立在人的所有报价行为是理性的。并设卖方为 A,买方为 B。A 的高价是 A_{max},低价是 A_{min}。B 的高价是 B_{max},B 的低价是 B_{min}。

定理 1:无论如何,A 的报价总是在买方报价的基础上加价;相反,B 的报价总是在 A 的基础上减价。

由于谁先报价并不影响定理的结果,所以假设 A 先报价。

$$OfferB_n = OfferA_n - \beta_n \quad 其中 \ OfferA_n > \beta_n > 0$$

$$OfferA_n = OfferB_n + \alpha_n \quad 其中 \ \alpha_n > 0 \tag{6.1}$$

定理 2:在一次协商过程中卖方的报价总会比上次报价要低;相反买方的价格总比上次要高。

公式表达:
$$OfferA_n < OfferA_{n-1} \quad n \geq 1, n \in N$$
$$OfferB_n > OfferB_{n-1} \quad n \geq 1, n \in N \tag{6.2}$$

定理 3:在同一等级的报价中,卖方的报价总会高于买方的报价,并且最终双方报价差的绝对值会变小。

公式表达:

$$OfferA_n > OfferB_n \quad n \geq 1, n \in N$$

$$\left| \frac{OfferA_{n-1} - OfferB_{n-1}}{OfferA_{n-1}} \right| > \left| \frac{OfferA_n - OfferB_n}{OfferA_n} \right| \quad n \geq 1, n \in N \tag{6.3}$$

当 n 足够大时,∀ n 使得

$$\left|\frac{OfferA_n - OfferB_n}{OfferA_n}\right|$$ 成立，$0 \le a < 1$　a 为常数，a 称为协商的均衡点。

如果满足协商时的 $OfferA_n < A_{min}$ 或者 $OfferB_n > B_{max}$，则协商失败。

举例线性图形说明以上的定理：

根据定理 2 可得，当将 $OfferA_n$ 和 $OfferB_n$ 的正整数扩展到正实数，$\forall n$ 使得 A 找到一条随 n 的递减曲线（包括直线）$OfferA_n = f(n)$ 和使得 A 找到一条随 n 的递增曲线 $OfferB_m = f(m)$。

双方使用线性函数有解的算法图示 6 – 13：

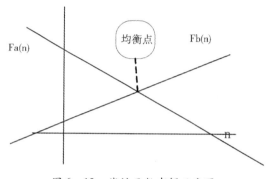

图 6 – 13　线性函数有解示意图

为此根据图解，我们找到了两个一次函数作为 A 和 B 的使用偏好曲线：

$$y_b = \frac{1}{4}x + 200 \quad 其中 B_{max} = 600, B_{min} = 200 \quad x 是 n 的实数扩展$$

$$y_a = -\frac{1}{2}x + 1000 \quad 其中 A_{max} = 1000, A_{min} = 200 \quad x 是 n 的实数扩展$$

实际上由于 A 出价时肯定要大于 A_{max} 时，才有可能获得 A_{max}，因此这里将 A_{max} 修整为 $A_{max} = 900$，其中的 100 是虚高值。同样如果 B 出价时，肯定会低于 B_{min}，因此将 B_{min} 修整为 $B_{min} = 100$。

算法实现：

```
set variable equilibrium = a   //a 为均衡点
set static firstPrice = 0;   //第一次的价格
set static m = 0;
```

```
set static n = 0;

set variable firstFlag = 0; //是否为第一次报价的标志
set float previousPrice = 0.0; //前一次的价格

dealForB(m)
```

$$\{ \text{nextPrice} = \frac{1}{4}m + 200; \qquad //\text{m 为交易的次数}, m \geq 0, m \in N$$

```
    return nextPrice;
}


dealForA(n)
```

$$\{ \text{nextPrice} = -\frac{1}{2}n + 1000; \qquad //\text{n 为交易的次数 } n \geq 0, n \in N$$

```
return nextPrice;
}


if(A 报价)then
{   m ++;
call dealForB(m);
    if(firstFlag = 0)
    {firstPrice = Price;
    firstFlag = 1;
    }
}
else
{   n ++;
call dealForA(n);
if(firstFlag = 0)
```

$\{$ firstPrice $=$ Price$;$

firstFlag $= 1$ $;$

$\}$

$\}$

if$(\dfrac{\text{previousPrice} - \text{Price}}{\text{firstPrice}} < a)$

$\{$ if$($ PriceA $\geq A_{min}$ and PriceB $\leq B_{max})$

$\{$ return currentPrice$;$

$\}$

return failure$;$

$\}$

else

$\{$ previousPrice $=$ Price$;$

$\}$

if$($ n $> 2000)//$ 如果协商不能收敛, 则强行结束

return failure$;$

第七章

基于集成的制造资源可重构性技术

随着全球经济竞争越来越激烈,先进的可重构制造模式被提出,其中制造资源的重构是可重构模式实施的基础。制造资源的重构分为物理重构和逻辑重构,通过分析制造资源重构的国内外现状和研究背景,结合我国制造业的基本情况,物理重构还不成熟,因此主要研究制造资源的逻辑重构:以生成虚拟制造单元的形式,将分散在各个企业的制造资源重构,实现制造资源的优化利用和共享。提出基于数控设备的制造资源重构分两个阶段实现,并研究了实现重构的网络化制造任务的分配、数控设备的建模和集成、重构方案实现方法以及系统验证。

在网络化制造任务分配方面,阐述了网络化制造任务分配原则,提出两阶段的网络化制造任务分配,第一阶段的制造任务是面向企业级的制造任务,以生产类型为基础的粗粒度的任务分配;第二阶段的制造任务是面向车间内的设备,以制造特征为核心的细粒度的任务分配,采用面向对象建模方法建立粗细粒度相结合的制造任务的模型。

结合网络化制造任务分配方案和模型,建立与之相适应的制造企业与制造资源的模型。采用面向对象建模方法建立制造企业和制造资源模型,用统一的标准格式对制造企业和制造资源数据进行表达和封装,屏蔽它们的异构性,完成制造企业和制造资源的 XML 模式描述。阐述了基于 Web 服务的制造资源集成体系结构和实现方法,具体给出了制造企业和数控设备信息 XMLSchema 的 Schema 概要视图、XML 文档、Web 服务的创建以及从 WSDL 到 UDDI 的映射规则。

针对基于数控设备的制造资源重构,提出分两个阶段实现的方案:第一个阶段是候选企业的选择即子任务的完成;第二个阶段是制造资源的重构即任务元的完成,并具体分析了重构流程;研究了基于数控设备的制造资源重构的数学模型,将重构的抽象问题转化为多目标优化的数学问题;最后研究了求解数学模型的自适应遗传算法,综合考虑本个体和群体的自应变,动态调节交叉和变异概率,克服早熟现象和在最优解附近收敛较慢的问题。

7.1 网络化制造任务分配方案及其模型

网络化制造任务的分配指导制造资源的建模,制造资源影响工艺路线的制定。制造资源、制造资源建模以及制造任务分配的关系如图 7－1。网络化制造任务的正确、合理、充分的描述和发布是制造资源重构的前提条件,因此主要研究网络化制造任务分配方案及其建模。

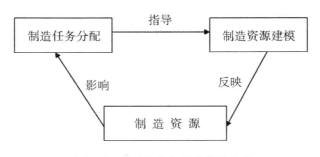

图 7 － 1　制造任务与制造资源关系

7.1.1 网络化制造任务分配的概述

在经济全球化的背景下,制造企业面临着越来越多的挑战,独立企业之间的竞争变成群体企业间的优势竞争。在面对一个复杂的制造任务或一个商机时,一个单独企业难以完成时,借助信息技术、网络技术等,通过网络可以寻找合作伙伴,形成动态的网络联盟,共同完成复杂的制造任务,在这个过程也就形成了网络化制造任务。网络化制造任务一般是指一个企业不能独立完成,需要和其他企业共同完成,是对一般制造任务的一个描述、一种映射,反映了一般制造任务的特性。

制造任务分配与网络化制造任务分配的区别：

（1）未知性：一般制造任务的分配都是局限于一个企业内部的制造资源，依据本企业的制造资源对制造任务进行分配，分配制造任务时，对本企业的制造资源的种类、数量、特征、状态等了如指掌；网络化制造任务的分配是在网络环境下进行的，对于其他企业的制造资源的种类、数量、状态等是未知的，所以网络化制造任务分配时面对的环境是未知的。

（2）复杂性：一般制造任务的分配只要考虑有利于本企业的生产活动，为本企业获得较大的经济效益，不涉及其他企业的生产活动；网络化制造任务的分配要综合考虑参加此次任务的所有企业的生产活动，涉及多个企业，考虑制造任务之间的合理分配、调度、组织，使参与企业都达到利益最大化，这就使网络化制造任务的分配更复杂。

（3）抽象性：一般制造任务的分配即工艺路线的制定详细具体，从工序到工步详细列出，其中涉及所有的加工设备、夹具、刀具、量具也一一列出；如果网络化制造任务的分配都细分到工步，则涉及的制造资源数量巨大，制造资源重构过程计算复杂，难以实现，所以网络化制造任务的分配不可能面面俱到，针对主要的制造特征考虑其分配过程，网络化制造任务的分配具有一定的抽象性。

网络化制造任务分配原则：

基于网络化制造任务的特点，从系统工程的角度出发，复杂问题分解的基本思想是：将一个复杂的问题分解成若干个子问题，如果子问题仍然比较复杂，仍很难求出它的解，可将子问题再进一步划分成若干子问题，如此类推，直到把复杂问题分解成若干个相对独立的、比较容易求解的子问题为止，所有子问题的解合并起来就构成了整个问题的解。按此种思想对网络化制造任务进行分解，整个任务最终分解为多个子任务和任务元，子任务是任务分解的中间状态，是面向企业级别的子任务，而任务元为最底层的简单任务，是不可分的任务，是面向制造资源级别的任务。对于网络化制造任务分配采取一些原则[34]：

（1）层次性：制造任务按照逐层分解的原则进行，不同的层次采用不同的粒度，高层次的任务包含低层次的任务。

（2）耦合原则：同层次任务上，那些信息依赖较多的强耦合制造任务可以整合为一个子任务；如果子目标集中有同类子目标，可将其合并为一个，合并后的子目标由同一资源类型或者资源对象实现。即分解的过程同时伴随着局部的整合过程。

（3）动态粒度原则：目标分解的粒度是可以动态调整的，最高层为产品级，最底层的分解粒度为制造特征操作级，即任务元。需要根据具体的任务情况确定任务元的"粒度"大小。过粗的粒度会导致功能需求层次太高，无法完成资源重构；而过细的粒度会削弱任务单元的整体性，涉及数量巨大的制造资源，制造资源重构过程计算复杂，难以实现。

以上几个原则可以综合运用，例如首先依据层次分解原则进行制造任务分解，将制造任务按照不同粒度大小分解为多个层次的子任务，并对于分解形成的子任务采用耦合原则进行局部的整合。

7.1.2　网络化制造任务的分配

网络化制造任务的正确、合理、充分的描述和发布是制造资源重构的前提条件。网络化制造任务分配的粒度过大，在制造资源重构的过程中，难以匹配到较精确的制造资源，或因任务分配的粒度过大有可能找不到合适的制造资源来完成；网络化制造任务分配的粒度过小，由于网络化制造的资源种类繁多且数量巨大，在制造资源重构的过程中实现比较困难。

网络化制造任务的分配框架：

对于网络化的制造资源的重构，提出分两个阶段来实现：第一个阶段是候选企业的选择；第二个阶段是制造资源的重构。在已选出的候选企业中选择合适的制造资源而不必要搜索所有企业中的制造资源，这样有利于减少制造资源的搜索范围，降低运行的复杂性，从而大大提高重构的效率和敏捷性。那么，制造资源重构的两个过程决定了网络化制造任务的分配也要分为两个级别，第一个级别是面向企业的网络化制造任务的分配，第二个级别是面向制造资源的网络化制造任务的分配，网络化制造任务分配的框架如图7-2。这样制造任务分配按不同粒度进行分配，然后再相互结合，实现制造资源的重构过程是方便可行的。

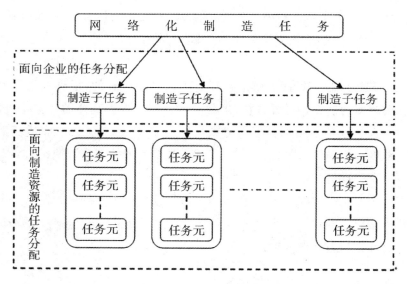

图 7 - 2　网络化制造任务的分配框架

面向企业的任务分配：

从社会与科技的发展趋势来看，专业化分工越来越细，专业化标准越来越高的趋势已经出现，这使专业领域内的优胜劣汰加剧，制造行业也不例外。现在越来越多的制造企业不再是大而全，向专业化发展是现代制造企业的发展趋势，例如生产电机轴、水泵轴、机床主轴等专门生产轴类零件的企业，生产减速器箱体、机床箱体等专门生产箱体类零件的企业。现在这种专业化生产的企业越来越多，它们在其专业范围内，有先进的设备、先进的技术、经验丰富，较高的生产效率，因此在这些专业化的企业中其生产的产品质量好，价格更低，更具有竞争力，更能符合广大顾客的需求。

现在的企业越来越专业化，其优势资源体现在本企业的主要生产的产品类型上。提出网络化制造任务的分配第一个级别是面向企业级别的，即子任务（Sub - Task, ST）。借鉴 opitz 的分类系统的思想，对于一个复杂的总任务首先把它分解为零件层的子任务，即可以分解为轴类零件、套类零件、轮盘类零件、板盖类零件、箱体类零件、叉架类零件、齿类零件、异形类零件，面向企业的任务分配的类型如图7 - 3。

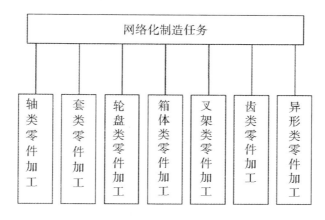

图 7-3　面向企业的任务分配的类型

　　轴类零件主要包括各种轴、丝杆等零件,其主要由大小不同的圆柱、圆锥等回转体组成,其轴向尺寸一般比径向尺寸大,零件上常有键槽、销孔、螺纹、退刀槽、越程槽、顶尖孔(中心孔)、油槽、倒角、圆角、锥度等结构;套类零件主要包括套筒、衬套、套管等零件,零件的主要表面为同轴度要求较高的内外回转面;轮盘类零件主要包括手轮、飞轮、平带轮、端盖、法兰盘和分度盘等零件,主体部分为回转体,其轴向尺寸小而径向尺寸较大,零件上常有一些沿圆周分布的孔、肋板、槽、轮辐、圆角、倒角、凹坑、凸台等结构;板状类零件主要包括各种垫板、固定板、滑板、连接板等,零件上常有凹坑、凸台、销孔、螺纹孔、螺栓孔和成型孔等结构,该类零件的基本形状是高度方向尺寸较小的柱体;箱体类零件包括液压阀体、机床主轴箱体、减速器箱体等零件,零件的主要特征是平面多,孔多,内部呈腔形,壁厚薄且不均匀,其零件内外结构复杂;叉架类零件包括各种类型的拨叉、支架、支座、中心架和连杆等,这类零件的结构,一般可分为工作部分和联系部分,工作部分指该零件与其他零件配合或连接的套筒、叉口、支承板、底板等,联系部分指将该零件各工作部分联系起来的薄板、筋板、杆体等,零件上常具有肋板、耳片底板和圆柱形孔、实心杆、圆角、拔模斜度、凸台、凹坑等结构;齿类零件主要包括圆柱齿轮、圆锥齿轮、蜗杆涡轮、非圆齿轮和链轮零件,主要齿形有渐开线和圆弧形;特殊类零件是指形状不规则的零件。

　　根据以上对面向企业级的任务分配的分析,对面向企业级任务分配(ST)定义

为一个六元组,如下:

T∷ = {TaskType, ProductionArea, TotalTime, TotalCost, EnterpiseSize, EnterpiseReputation}

TaskType(指子任务类型集):对于一个复杂的总任务首先把它分解为零件层的子任务,即可以分解为轴类零件、套类零件、轮盘类零件、板盖类零件、箱壳体类零件、叉架类零件、齿类零件、异形类零件。

ProductionArea(指生产地区):完成生产任务完成所限制的地区。

Time(指时间):对完成总任务所需的总时间的要求。

Cost(指费用):对完成总任务所需的总费用的要求。

EnterpiseSSize(指企业规模):对企业规模的要求。

EnterpiseSReputation(指企业信誉):对企业信誉的要求。

面向制造资源的任务分配

面向制造资源的任务分配是指根据工艺知识、任务的信息对某类零件的典型特征进行合理划分工序,对加工特征、加工尺寸、加工材料、加工毛坯、加工方法、加工精度、加工时间、加工费用的综合描述,它由同一个企业的加工设备、工装附件、计算机软硬件等物理设备完成,为了简化称之为任务元(Task Unit, TU)。任务元是制造资源任务分配的最小单元,具有相对独立性。

根据对任务元的定义,把任务元描述为一个六元组,如下:

TU∷ = {{Feature, Quality, Method}, Dimension, Material, Roughcast, Time, Cost}

{Feature, Method, Quality}为特征组合元,特征组合元中的元素与具体特征紧密相连,具体如下:

Feature(指加工的主要特征):是在经过零件类别分类后,针对某类零件,分布在零件总体形状上的局部特征。零件的主要加工特征,是零件从毛坯到设计再到制造过程中的一个演变,加工特征主要包括以下特征①平面类特征(包括外平面、内平面、端面等)②柱轴类特征(包括圆柱面、圆锥面、外方锥面等)③曲面类特征(螺旋面、孔斯面、轮廓回转曲面)④齿类特征(包括各种齿轮的齿面)⑤孔类特征(包括盲孔、通孔、锥孔、沉头孔、阶梯孔等)⑥槽类特征(包括燕尾槽、V 型槽、T 型槽等)⑦键类特征(包括平键、半圆键、楔键等)⑧螺纹(包括内螺纹面、外螺纹面)

⑨特殊类(不规则的特征)。

Method(指加工方法):完成相应的制造特征所采取的手段。加工类型有很多种类型,每个加工类型又对应着不同的加工方法。加工类型可以分为机加工方法和非机加工,机加工包括普通机加工和数控机加工(车削、铣削、磨削等);非机加工包括热处理,冲压、锻造、铸造、焊接、电加工等。加工方法层次结构较为复杂,其相互关系如图7-4。这里主要研究数控设备的制造资源的重构,所以加工方法主要研究机加工中的数控加工,主要包括数控车、数控铣、数控磨、加工中心等的各种加工方法。

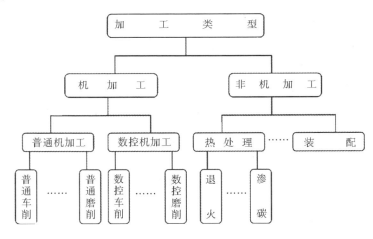

图7-4 加工方法的层次

Quality(指加工精度):对关键加工特征实施加工方法后,关键加工特征必须达到的精度要求。加工精度体现在多个方面,如为尺寸精度、形位精度、表面粗糙度等。

将这几个方面综合考虑,定义为四种精度即超高精度、高精度、中等精度、低精度,且认为超高精度 > 高精度 > 中等精度 > 低精度。精度等级的确定据下面的规则判断[37]:

规则1:如果尺寸精度 < IT5 或 粗超度 < Ra0.1 或 形位精度 < 6 则加工精度等级为超高等精度。

规则2:如果 IT5 ≤ 尺寸精度 < IT8 或 Ra0.1 ≤ 粗糙度 < Ra0.8 或 6 ≤ 形位精度 < 8 则加工精度等级为高等精度。

规则 3：如果 IT8≤尺寸精度＜IT12 或 Ra0.8≤粗糙度＜Ra6.3 或 6≤形位精度＜10 则加工精度等级为中等精度。

规则 4：如果 尺寸精度≥IT12 或 粗糙度≥Ra6.3 或 形位精度≥10 则加工精度等级为低等精度。

Dimension（指加工尺寸）：零件毛坯的尺寸，单位为毫米。

Material（指加工材料）：表示零件的材料种类，包括以下几种①碳素钢②合金钢③铸铁④铝及铝合⑤铜及铜合金⑥钛合金⑦非金属⑧其他。

Roughcast（指加工毛坯）：表示零件的毛坯种类，包括以下几种①锻件②铸件③焊接件④型材⑤管材⑥冷拉材⑦棒材⑧板材。

Time（指时间）：这里是指完成整个任务元所需的加工时间，单位为小时。

Cost（指费用）：这里是指完成整个任务元所需的加工费用，单位为元。

7.2 基于数控设备的制造资源重构的研究

随着全球经济竞争越来越激烈，先进的可重构制造模式被提出，其中制造资源的重构是可重构模式实施的基础。制造资源的重构分为物理重构和逻辑重构，通过分析制造资源重构的国内外现状和研究背景，结合我国制造业的基本情况，物理重构还不成熟，因此主要研究制造资源的逻辑重构：以生成虚拟制造单元的形式，将分散在各个企业的制造资源重构，实现制造资源的优化利用和共享。提出基于数控设备的制造资源重构分两个阶段实现，并研究了实现重构的网络化制造任务的分配、数控设备的建模和集成、重构方案实现方法。

7.2.1 基于数控设备的制造资源重构方案分析

基于数控设备的制造资源重构方案：

网络化制造任务是分为两个级别，第一个级别是面向企业的网络化制造任务的分配，第二个级别是面向制造资源的任务分配，那么为了实现制造资源的重构，制造资源的重构过程也分两个阶段实现：第一个阶段是候选企业的选择；第二个阶段是制造资源的重构，在已选出的候选企业中选择合适的制造资源而不必要搜索所有企业中的制造资源。分两个阶段实现候选的制造资源重的优点在于:这样有利于减少制造资源的搜索范围,降低运行的复杂性,从而大大提高重构的效率和敏捷性。根据以上原则,给出基于数控设备的制造资源重构方案,如图7-5。

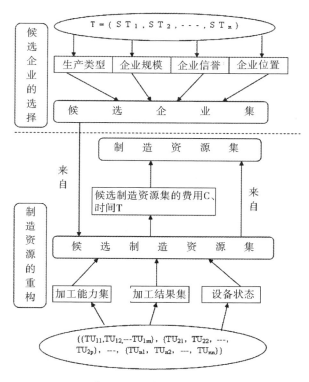

图 7-5 基于数控设备的制造资源重构方案

总任务分解为 n 个子任务,根据子任务的要求与企业的生产类型、企业规模、企业信誉、企业位置进行匹配,实现候选企业的选择,这样就缩小了制造资源的搜索范围;每个子任务又分解成不同的任务元,根据任务元的要求与数控设备的加工能力集、加工结果集、设备状态进行匹配,得出候选制造资源集,再根据候选制造源集的时间 T、费用 C,利用这些指标最优化选择,最终实现制造资源的重构。

7.2.2 基于数控设备的制造资源重构流程

根据制造资源重构方案,对于一个具体的总任务 T,可以分解为 T = {ST₁,ST₂,

$\cdots, ST_i, \cdots, ST_n\}$，$STi = \{ TU_{i1}, TU_{i2},$ $\cdots, TU_{ij}, \cdots, TU_{im}\}$，n 表示总任务 T 分解为子任务 ST 的个数，m 表示对于子任务 ST_i 分解为任务元 TU 的个数。下面给出基于数控设备的制造资源重构流程图如图 7 − 6 所示

从图 7 − 6 可以看出基于数控设备的制造资源的重构分为两个主要阶段：即候选企业的选择和制造资源的重构，下面对其重构流程进行详细讨论：

（1）候选企业的选择

①根据前文描述的面向企业级的任务分配模型，提取制造子任务 ST_i 的基本信息：任务类型、生产地区、企业规模、企业信誉和已描述过企业信息的生产类型、企业位置、企业规模、企业信誉按规则 1、规则 2、规则 3、规则 4 进行匹配，其中任务模型中对企业规模和企业信誉的要求在匹配的过程中给出，取满足这四个条件的交集，得出能完成子任务 ST_i 的候选企业集 $E_i = \{ E_{i1}, E_{i2}, \cdots, E_{ij}, \cdots, E_{ik}\}$，k 表示完成任务 ST_i 的候选企业的个数；若企业集合 E_i 为空集或个'数较少，可以降低对企业规模和信誉的要求，已达到所需候选企业的个数；

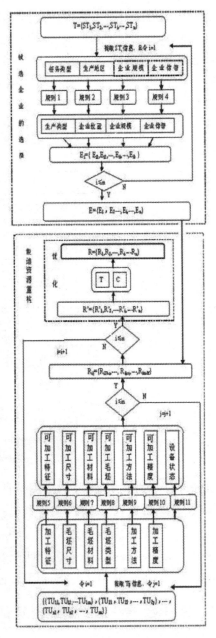

图 7 − 6　基于数控设备的制造资源重构流程图

②对 i 执行 i＝i＋1 的操作,i≤n 继续①的步骤,直到 i＞n 时跳出循环停止;最后可得出总任务 T 中的每个子任务 ST_i 所有合适的候选企业集,即完成总任务 T 的候选企业集合为 E＝{E_1,E_2,…,E_i,…,E_n}。

（2）制造资源的重构

①根据前文描述的面向制造资源的任务模型,提取任务元 TU_{ij} 的基本信息:加工特征、毛坯尺寸、毛坯材料、毛坯类型、加工方法、加工精度与数控设备信息模型的信息:可加工特征、可加工尺寸、可加工材料、可加工毛坯、加工方法、加工精度分别按照规则 5、规则 6、规则 7、规则 8、规则 9、规则 10、规则 11 进行匹配,以及数控设备的设备状态按规则 12 确定,取满足这七个条件的交集,得出能完成任务元 TU_{ij} 的数控设备集 R_{ij}＝{R_{ijcq},…,R_{ijcp}},R_{ijcq} 表示完成任务元 TU_{ij} 的特征,选中了 E_i 中的第 c 个企业编号为 q 制造资源;

②对 j 执行 j＝i＋1 的操作,j≤m 继续③的步骤,直到 j＞m 时跳出此次内部循环,这样可得出 R_i＝{R_{i1},R_{i2},…,R_{im}};

③对 i 执行 i＝i＋1 的操作,i≤n 继续④的步骤,直到 i＞n 时跳出外部循环,循环停止;最后可得出总任务 T 中的每个子任务 ST_i 的所有合适的候选数控设备,即候选数控设备的集合 R'＝{R'_1,R'_2,…R'_i,…,R'_n}。

④根据时间 T 和费用 C 两个指标在候选数控设备的集合中,通过自适应遗传算法进行优化,选择完成任务时间 T 最短和费用 C 最低的数控设备集合,最后重构出完成总任务 T 的数控设备集合 R＝{R_1,R_2,…R_i,…R_n}。

基于数控设备制造资源重构的匹配规则:

在制造资源重构过程中,需要搜索所有企业和数控设备,从中选择合适的企业以及所属企业的数控设备,在这个重构过程中需要定义一些匹配规则:

①企业在"生产类型"方面是否能满足子任务在"任务类型"方面的要求

②企业在"企业位置"方面是否满足子任务在"生产地区"方面的要求

③企业在"企业规模"方面是否满足子任务在"企业规模"方面的要求

④企业在"企业信誉"方面是否满足子任务在"企业信誉"方面的要求

⑤数控设备在"可加工特征"方面是否满足任务元在"加工特征"方面的要求

⑥数控设备在"可加工尺寸"方面是否满足任务元在"毛坯尺寸"方面的要求

⑦数控设备在"可加工材料"方面是否满足任务元在"毛坯材料"方面的要求

⑧数控设备在"可加工毛坯"方面是否满足任务元在"毛坯类型"方面的要求

⑨数控设备在"可加工方法"方面是否满足任务元在"加工方法"方面的要求

⑩数控设备在"可加工精度"方面是否满足任务元在"加工精度"方面的要求

⑪数控设备在"设备状态"方面是否满足要求

如何判别企业和数控设备在这 11 个方便能否满足任务的要求,利用产生式规则的基本思想:

$$\text{Rule} - \text{set} ::= \{ \text{Rule}_{-1} \cdots \text{Rule}_{-i} \cdots \text{Rule}_{-n} \}$$

$$\text{Rule} - i ::= \text{if}(\text{Condition} == \text{true}) \text{then}(\text{Conclusion})$$

下文根据这种思想分别给出它们的判别规则:

规则 1:if(企业的"生产类型" ⊇ 子任务类型的"任务类型")then 该企业满足子任务在"任务类型"的要求

规则 2:if(企业的"企业位置" == 子任务类型的"生产地区")then 该企业满足子任务在"生产地区"的要求

规则 3:if(企业的"企业规模" ≥ 子任务类型的"企业规模")then 该企业满足子任务在"企业规模"的要求

规则 4:if(企业的"企业信誉" ≥ 子任务类型的"企业信誉")then 该企业满足子任务在"企业信誉"的要求

规则 5:if(数控设备的"可加工特征" ⊇ 任务元的"加工特征")then 该企业满足任务元在"加工特征"的要求

规则 6:if(数控设备的"可加工尺寸" ≥ 任务元的"毛坯尺寸")then 该企业满足任务元在"毛坯尺寸"的要求

规则 7:if(数控设备的"可加工材料" ⊇ 任务元的"毛坯材料")then 该企业满足任务元在"毛坯材料"的要求

规则 8:if(数控设备的"可加工毛坯" ⊇ 任务元的"毛坯类型")then 该企业满足任务元在"毛坯类型"的要求

规则 9:if(数控设备的"可加工方法" ⊇ 任务元的"加工方法")then 该企业满足任务元在"加工方法"的要求

规则 10:if(数控设备的"可加工精度等级"≥任务元的"加工精度")then 该企业满足任务元在"加工精度"的要求

规则 11:if(数控设备的"设备状态"=="闲置中")then 该企业满足任务元在"加工精度"的要求

如何判断上述规则的真假,不同的规则有不同的判断方法,把这些规则分为四类:

(1)对于规则 2、规则 11 的判断直接通过条件之间的 attributes 判断,即字符串匹配,如果是完全匹配,则条件为 true,结论成立;否则条件为 false,结论不成立。

(2)对于规则 1、规则 5、规则 7、规则 8、规则 9 的判断也是通过条件的 attributes 判断,这些条件的 attributes 具有多个,这也是通过字符串的匹配实现的,这是部分匹配的一种体现,所以只要前者条件的多个 attributes 包含后者条件的 attributes,则条件为 true,结论成立;否则条件为 false,结论不成立。

(3)对于规则 3、规则 4、规则 10 的判断通过条件的 attributes 的逻辑判断来实现,前者的 attributes≥后者的 attributes,则条件为 true 结论成立;否则条件为 false 结论不成立。前者已定义:特大企业 > 大企业 > 一般性企业 > 较小企业 > 小型企业;五星级 > 四星级 > 三星级 > 二星级 > 一星级;超高精度 > 高精度 > 中等精度 > 低精度。

(4)对于规则 2 的判断通过可加工尺寸与毛坯尺寸的三个方面进行比较:即左右行程 > X& 前后行程 > Y& 上下行程 > Z,三者的结果全为 true 时,条件为 true,结论成立;否则结论不成立。

7.2.3　基于数控设备的制造资源重构的数学模型

在完成制造任务的定义(即网络化制造任务分解)之后,每一项任务元对应着不同的资源,一般来说,有多个分布在不同地理位置的企业具有这样的资源,因此制造资源重构的问题就是资源的选择问题。需要指出的是,一旦任务元的定义完成,要求一个任务元由一个加盟的合作伙伴来完成。

根据制造资源重构方案,对于一个具体的总任务 T,可以分解为 T = {ST_1,ST_2,$\cdots$,ST_i,$\cdots$,ST_n},ST_i = {TU_{i1},TU_{i2},$\cdots$,TU_{ij},$\cdots$,TU_{im}},n 表示总任务 T 分解为子任

务 ST 的个数,m 表示对于子任务 ST_i 分解为任务元 TU 的个数,TU_{ij} 的所有制造特征由一个企业完成。

单目标函数:

通常,影响制造资源选择的因素很多,根据实际情况的不同,其侧重点有所不同。一般认为,在国际市场竞争中,时间(Time,T)、成本(Cost,C)质量(Quality,Q)、服务(Service,S)是成功的关键因素。网络化制造中的制造资源的重构也离不开这个准则。但是质量(T)和服务(S)这两个因素难以量化,前文在制造资源匹配的过程中,通过加工精度等级的匹配实现质量的要求和评估,服务(S)通过企业规模等级和信誉等级来体现,规模等级越高和信誉等级越高的企业,服务也越好。所以在基于数控设备的制造资源重构的数学模型中主要考虑时间(T)和成本(C)这两个因素。

(1)时间目标函数

时间 T 包括两部分:一是在一个企业内的加工时间(T_{man}),二是相邻企业之间的运输时间(T_{tra}),因此总的运行时间 T 可表示为:

$$T = T_{man} + T_{tra} = \sum_{i=1}^{n} \sum_{j} \delta(E_{ij}) T_{man}(ij) + \sum_{i=1}^{n-1} \sum_{j} \delta(E_{ij}, E_{(i+1)p}) T_{tra}(ij \to (i+1)p) \qquad 7-1$$

$$\delta(E_{ij}) = \begin{cases} 1 & \text{完成任务元 } TU_{ij}, \text{企业集 } E_i \text{ 中的第 } j \text{ 个企业被选中} \\ 0 & \text{完成任务元 } TU_{ij}, \text{企业集 } E_i \text{ 中的第 } j \text{ 个企业未被选中} \end{cases} \qquad 7-2$$

$$\delta(E_{ij}, E_{(i+1)p}) = \begin{cases} 1 & \delta(E_{ij}) = 1 \text{ 且 } \delta(E_{(i+1)p}) = 1 \\ 0 & \text{其他} \end{cases} \qquad 7-3$$

其中,$T_{man}(ij)$ 表示子任务 ST_i 中的任务元 TU_{ij} 由企业集 E_i 中的第 j 个企业完成所需的时间;$T_{tra}(ij \to (i+1)p)$ 表示子任务 ST_i 与下一个子任务 $ST_{(i+1)}$ 之间的运输时间;$\delta(E_{ij})$ 只有两个值 1 或 0,$\delta(E_{ij}) = 1$ 表示完成任务元 TU_{ij} 企业集 E_i 中的第 j 个企业被选中,$\delta(E_{ij}) = 0$ 表示完成任务元 TU_{ij} 企业集 E_i 中的第 j 个企业未被选中;只有企业 E_{ij} 和 $E_{(i+1)p}$ 同时被选中时,$\delta(E_{ij}, E_{(i+1)p}) = 1$。

(2)成本目标函数

$$C = C_{man} + C_{tra} = \sum_{i=1}^{n} \sum_{j} \delta(E_{ij}) C_{man}(ij) + \sum_{i=1}^{n-1} \sum_{j} \delta(E_{ij}, E_{(i+1)p}) C_{tra}(ij \to (i+1)p) \qquad 7-4$$

其中,$C_{man}(ij)$ 表示子任务 ST_i 中的任务元 TU_{ij} 由企业集 E_i 中的第 j 个企业完成所需的成本;$C_{tra}(ij \rightarrow (i+1)p)$表示子任务 ST_i 与下一个子任务 $ST_{(i+1)}$ 之间的运输成本,$\delta(_{E_{ij}})$、$\delta(E_{ij}, E_{(i+1)p})$ 与上述含义相同。

总目标函数:

多目标优化问题中,根据各目标属性或值间能否相互补偿,分为补偿模式和非补偿模式。补偿模式允许目标间的补偿和替换,即允许为优化一个或一些目标而损失其他目标,但以这种模式求解后得到的 Pareto(pareto Optimal Solutions)最优解是一个解集,包含着按照各种目标评价所得到的妥协的解集合,难免会存在对于某些目标非常优而对其他目标非常差的解,这种各目标间极端不均衡解的产生,往往不符合要求,也增加了寻找偏好解的难度;非补偿模式不允许目标间的补偿和替换,即不能为优化一个目标而损失其他目标,各目标按照给定的权值进行优化,经典加权求和算法即属这种模式。

不允许 T 和 C 目标间的补偿和替换,不允许为优化一个目标而损失另个目标,所以属于非补偿模式。在该思想的指导下,以经典加权求和算法将多目标转换为单目标函数。

(1)总目标函数

$$O = \omega_1 \times (\sum_{i=1}^{n}\sum_{j}\delta(E_{ij})T_{man}(ij) + \sum_{i=1}^{n-1}\sum_{j}\delta(E_{ij}, E_{(i+1)p})T_{tra}(ij \rightarrow (i+1)p))$$

$$+ \omega_2(\sum_{i=1}^{n}\sum_{j}\delta(E_{ij})C_{man}(ij) + \sum_{i=1}^{n-1}\sum_{j}\delta(E_{ij}, E_{(i+1)p})C_{tra}(ij \rightarrow (i+1)p)) \quad 7-5$$

式中,ω_1 表示时间要求 T 的权重;ω_2 为成本要求 C 要求的权重;

(2)目标函数的约束

$$T_{man} + T_{tra} = \sum_{i=1}^{n}\sum_{j}\delta(E_{ij})T_{man}(ij) + \sum_{i=1}^{n-1}\sum_{j}\delta(E_{ij}, E_{(i+1)p})T_{tra}(ij \rightarrow (i+1)p) \leq T_{总} \quad 7-6$$

$$C_{man} + C_{tra} = \sum_{i=1}^{n}\sum_{j}\delta(E_{ij})C_{man}(ij) + \sum_{i=1}^{n-1}\sum_{j}\delta(E_{ij}, E_{(i+1)p})C_{tra}(ij \rightarrow (i+1)p) \leq C_{总} \quad 7-7$$

式 4-6 表明完成所有任务元的加工时间和在企业之间的运输时间要小于总任务要求的时间 $T_{总}$;式 4-7 表明完成所有任务元的加工费用和在企业之间的运输费用要小于总任务要求的费用 $C_{总}$。

7.2.4 基于数控设备的制造资源重构的遗传算法

基于数控设备的制造资源重构的目标函数是一个非线性整数规划方程,是典型的 NP 问题,采用传统优化技术求得可行解需要时间较长有时甚至求不到可行解。遗传算法对于目标函数基本无限制,适合大规模复杂问题的求解,是从许多点开始并行操作,具有并行计算的特点;对搜索空间进行全局搜索;运算简单,功能强大。

遗传算法简介:

生物的进化(Evoloution)过程主要是通过染色体之间的交叉和变异来完成的。基于对自然界中生物遗传与进化机理的模仿,1967 年 John. H. Holland 提出了遗传算法。遗传算法是一种借鉴生物界自然选择(Natural Selection)和自然遗传机制的随机搜索算法(Random Searching Algorithms),模拟了自然选择和遗传中发生的复制、交叉和变异等现象,从任一初始种群(Population)出发,通过随机选择、交叉和变异操作,产生一群更适应环境的个体,使群体进化到搜索空间中越来越好的区域,这样一代一代地不断繁衍进化,最后收敛到一群最适应环境的个体(Individual),求得问题的最优解。

遗传算法的一般结构:

遗传算法的常用形式是 Goldberg 提出的。它与传统的搜索算法不同,遗传算法从一组随机产生的初始解(称为种群)开始搜索。种群中的每个个体是问题一个解的编码串(称为个体位串或染色体),染色体是一串符号,例如一个二进制字符串。这些染色体在后续迭代中不断进化,称为遗传。在每一代中用"适应值"来测量染色体的好坏;生成的下一代染色体,称为后代。后代是由前一代染色体通过遗传运算(即交叉和变异运算)形成的。在新一代的形成中,根据适应值的大小选择部分后代,淘汰部分后代,从而保持种群大小是常数,适应值高的染色体被选中的概率较高。这样,经过若干代之后,算法收敛于最好的染色体,它很可能就是问题的最优解或次优解,设 P(t)和 C (t)分别表示第 t 代的双亲和后代,遗传算法的一般结构可描述如下:

```
begin
        t =0;
        initial P(t);
        evaluate P(t);
```

```
while not finished to
begin
        t = t + 1;
        select P(t) from P(t-1);
        reproduce pairs in P(t);
        evaluate P(t);
        end;
    end
```

遗传算法的工作流程:

(1)实际问题参数集:将实际要解决的问题转化为可以利用遗传算法解决的形式。(2)编码:确定编码规则。将问题的解表示为遗传空间中的基因型串结构数据,是实际的解空间到遗传空间的映射。(3)生成初始群体:随机生成 N 个个体,N 个体构成了一个群体。遗传算法以初始群体为解,进行迭代。设置最大进化代数 T。(4)确定适应度函数及评价:适应度函数表明个体的优劣性,适应度函数的合理与否直接影响求解结果,对于不同的问题,适应度函数的定义方式不同。根据具体问题,计算各代群体中个体的适应度。(5)三个算子的作用:通过步骤(4)计算的各代群体中个体的适应度,对个体作用选择、交叉、变异的操作,产生了新的下一代群体,使新一代的群体向最优解逼近。(6)终止条件的判断:若进化的代数小于设定的运算代数,转到步骤(4);若进化的代数大于设定的运算代数,得到经过优化的多个参数集。(7)解码:利用解码规则,转换为实际问题的解。

基于自适应遗传算法的制造资源重构研究:

一般的遗传算法中,交叉概率和变异概率是固定不变的,这样会造成遗传算法的早熟现象和快要接近最优解时在最优解附近左右摆动,收敛较慢。若将遗传算法的运行分为开始、中间和结束阶段,在实际的运行过程中,不同阶段对交叉概率和变异概率的要求是不一样的。

(1)开始阶段:群体中存在大量相异个体,这时不要求再产生大量的新个体,所以交叉和变异概率的值要小一些,以避免丢失最优解;

(2)中间阶段:随着遗传算法的运行,这时群体中存在大量局部最优的个体,

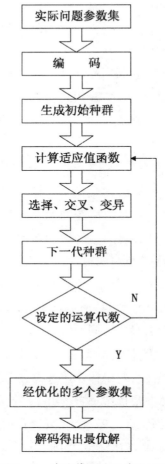

图 7-7 遗传算法的工作流程图

此时要求群体中产生大量新的个体,需要交叉和变异概率的值要大一些,以避免遗传算法的早熟现象;

(3)结束阶段:这时群体中存在大量最优解附近的解,需要交叉和变异概率的值要适中,保证最优解的出现。

所以,交叉概率和变异概率应随遗传算法运行的三个阶段动态的变化。所以采用自适应遗传算法,即动态调节交叉和变异概率,克服早熟现象和在最优解附近收敛较慢的问题。

遗传编码的设计：

编码是把一个问题的可行解从其解空间转换到遗传算法所能处理的搜空间，是应用遗传算法时要解决的首要问题，也是设计遗传算法的一个关键步骤。在遗传算法执行过程中，对不同的具体问题进行编码，编码的好坏直接影响选择、交叉、变异等遗传运算。根据数控设备的制造资源重构的特点，受生物界中染色体表示方法的启示，采用自然数编码机制进行编码，采用自然数编码直观、并且便于理解，如图 7 - 8 所示，具体编码规则如下：

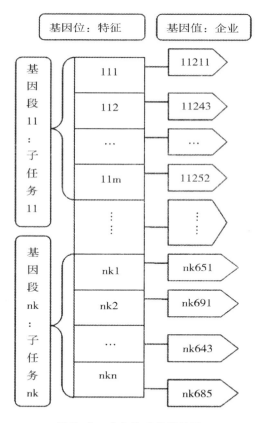

图 7 - 8 遗传编码的设计图

规则 1：对任务元进行编码，这里分为基因段、基因位，每个基因段代表一个任务元，基因位表示任务元的加工特征，染色体中基因位数与总任务中需要加工的特征数相同。

规则 2:对制造设备进行编码,即基因值,其值表示能完成任务元的特征制造设备的编号,染色体的一个基因值对应一个制造设备。

如图 7 - 8 所示,一个染色体 $X = [x_{11}, x_{12}, \cdots; x_{i1}\ x_{i2}, \cdots x_{ij}, \cdots; x_{n1}, \cdots, x_{nn}]$,代表一个总任务;基因段 x_{ij} 这一个基因段代表一个子任务 i 中的任务元 j;x_{ijk} 处的基因位表示一个子子任务 i 中的任务元 j 的第 k 个制造特征,x_{ijk} 后的基因值表示能完成该任务元中的特征的制造设备的编号,第一位数字表示完成子任务,第二位表示任务元,第三位数字表示完成任务元选中企业的编号,第四和第五位表示在该企业中的设备编号,这里每一位可以用两位甚至更多位数表示,为了简化,仅设备编号用两位数表示。

适应度函数的构造:

在遗传算法中使用适应度(Fitness)这个概念来度量群体中各个个体在优化计算中能达到或接近于或有助于找到最优解的优良程度。适应度较高的个体遗传到下一代的概率就大;而适应度较低的个体遗传到下一代的概率就相对小一些。度量个体适应度的函数称为适应度函数。

(1)目标函数的无量纲化

在遗传算法中,个体的适应度越大越好,而基于数控设备的制造资源重构的目标函数是越小越好,需要对目标函数进行适当的变化;并且目标函数中指标间由于其量纲不同产生不可比的现象。因此,需要制定统一的标准或规范对指标值进行无量纲化处理,即将指标值映射到[0,1]区间。利用目标函数的无量纲化处理以上两个问题。实际上,评价指标一般可归纳为三种类型:成本型(越小越好)、效益型(越大越好)和适中型(既不太大也不太小为好型)。

对于成本型指标,其无量纲化函数为:

$$r_{ij} = \frac{\max(r_{ij}) - r_{ij}}{\max(r_{ij}) - \min(r_{ij})} \qquad\qquad 7 - 8$$

对于效益型指标,其无量纲化函数为:

$$r_{ij} = \frac{r_{ij} - \min(r_{ij})}{\max(r_{ij}) - \min(r_{ij})} \qquad\qquad 7 - 9$$

对于效益型指标,其无量纲化函数为:

$$r_{ij} = \begin{cases} \dfrac{2(\max(r_{ij}) - r_{ij})}{\max(r_{ij}) - \min(r_{ij})} & \min(r_{ij}) \leq r_{ij} \leq \dfrac{\max(r_{ij}) + \min(r_{ij})}{2} \\[4mm] \dfrac{2(r_{ij} - \min(r_{ij}))}{\max(r_{ij}) - \min(r_{ij})} & \max(r_{ij}) \geq r_{ij} \geq \dfrac{\max(r_{ij}) + \min(r_{ij})}{2} \end{cases} \qquad 7-10$$

（2）适应度函数的构造的相对适应度函数如（7-11）所示

$$O = \omega_1 \times \left(\sum_{i=1}^{n} \sum_j \delta(E_{ij}) T_{man}(ij) + \sum_{i=1}^{n-1} \sum_j \delta(E_{ij}, E_{(i+1)p}) T_{tra}(ij \rightarrow (i+1)p) \right)$$

$$+ \omega_2 \left(\sum_{i=1}^{n} \sum_j \delta(E_{ij}) C_{man}(ij) + \sum_{i=1}^{n-1} \sum_j \delta(E_{ij}, E_{(i+1)p}) C_{tra}(ij \rightarrow (i+1)p) \right) \qquad 7-11$$

T 和 C 指标，越小越好，属于成本型，其中 $T_{man}(ij)$、$T_{tra}(ij \rightarrow (i+1)p)$、$C_{man}(ij)$、$C_{tra}(ij \rightarrow (i+1)p)$ 是经过 7-8 式无量纲化处理；

遗传算子：

在遗传算法中，除了考虑编码原则，目标函数到适应度函数的构造外，还要考虑模拟自然界进化过程中的三个遗传算子：选择算子、交叉算子、变异算子。

（1）选择算子

选择是通过适应度从一个旧种群中选择适应度高的个体作为父代种群产生新的种群。本算法根据轮盘赌选择算法选择个体，具体过程如下：

①计算每一个个体的适应度：假设种群中每个个体的适应度为 O_k（k = 1，2，…，M）这个适应度的计算可通过式 7-11 计算；

②计算群体的适应度：$O = \sum_{k=1}^{M} O_k$；

③第 k 个体被选择的概率为 P_k：$P_k = \dfrac{O_k}{\sum_{k}^{M} O_k}$；（k = 1,2,3,…,M）

④计算每个个体的累积概率 Q_k：$Q_k = \sum_{j=1}^{k} P_j$；（k = 1,2,3,…,M）

⑤生成一个 [0,1] 随机数 r；

⑥如果 $r \geq Q_1$，就选择个体；否则，寻找能满足 $Q_{k-1} \leq r \leq Q_k$ 成立的个体。

⑦重复进行步骤⑤和⑥，直到选择到 M 个个体。

（2）交叉算子

交叉算子是用来产生新个体的主要方法，它是以较大的概率从群体中选择两个个体，交换两个个体的某个或某些位，这样子代继承了父代的特征。交叉操作主要包括单点交叉、两点交叉及多点交叉、均匀交叉等。需要说明的是,单点交叉算子基因重组的速度较慢;一般情况下不使用多点交叉算子,因为它有可能破坏一些好的模式。事实上,随着交叉点数的增多,个体的结构被破坏的可能性也逐渐增大,这样就很难有效地保存较好的模式,从而影响遗传算法的性能。在实际应用中,通常采用两点交叉算子,也选用两点交叉。

综合考虑本个体和群体的自应变,通过个体和群体的共同作用决定遗传算法中的交叉和变异概率,则自适应遗传算法的交叉概率定义如下:

如果下一代的适应度值比其父代的适应值平均增加 10%,这表示这一代群体比上一代优势,可以将算法中的交叉概率的值增加一个 $\alpha(\alpha = 0.05)$,同时考虑个体的适应值$\overline{P_{k1k2}}$,$\overline{P_{k1k2}}$表示选择交叉操作的两个个体被选择概率的平均值,则实际的交叉概率 $p_c = P_C \times \overline{P_{k1k2}} + \alpha$,其中 P_C 是系统规定的交叉概率,个体适应度越大和这代群体的适应值越大,则可以使优势的个体得以更大概率保持;如果下一代的适应度值比其父代的适应值平均减小 10%,这表示这一代群体比上一代群体差,可以将算法中的交叉概率的值减小一个 $\alpha(\alpha = 0.05)$,同时考虑个体的适应值,则实际的交叉概率 $p_c = P_C \times \overline{P_{k1k2}} - \alpha$;如果下一代的适应值比父代的适应值平均值在 $-10\% \text{—} 10\%$,则实际的交叉概率 $p_c = P_C \times \overline{P_{k1k2}}$。其具体流程如下:

①经过选择操作后,产生了新的一代种群,首先计算出该代种群的群体适应度与上代种群群体适应度的比值,可以根据次比值在不同的范围中选用上述不同实际交叉概率的公式。

②经过选择后,可以选择出两个个体作为父个体,利用随机函数产生[0,1]的随机数 r 若 r < p_c,则这两个父个体进行交叉操作。

③利用随机函数产生两个[1,N]之间的随机整数 i 和 j,这两点即为交叉点,N 表示任务元的总数,则得到两个新个体;

④检查新的个体是否满足约束条件,如果满足条件把新个体放入基因池中,生成后代个体,否则返回步骤②重新选择进行交叉操作。

⑤返回步骤②,直到生成 M 个个体为止。

(3)变异算子

尽管交叉操作在遗传算法中的作用是第一位的,但是变异算子可以增加个体的多样性,防止过度成熟而丢失重要概念的保险策略。编码选用的自然数编码,所以变异时其值要受到约束,要符合问题的实际情况。

变异概率影响系统局部搜索能力,对自适应变异概率的定义原理同交叉概率相同,具体定义如下:

如果下一代的适应度值比其父代的适应值平均增加10%,这表示这一代群体比上一代优势,可以将算法中的变异概率的值减小一个 β($\beta = 0.005$),同时考虑个体的适应值 P_k,P_k 表示被选择作为变异个体的概率,则实际的变异概率 $p_m = P_m \times P_k - \beta$,其中 P_m 是系统规定的变异概率;如果下一代的适应度值比其父代的适应值平均减小10%,这表示这一代群体比上一代群体差,可以将算法中的交叉概率的值增加一个 β($\beta = 0.05$),同时考虑个体的适应值,则实际的变异概率 $p_m = P_m \times P_k + \beta$;如果下一代的适应值比起父代的适应值平均值在 -10%—10%,则实际的变异概率 $p_m = P_m \times P_k$。其具体流程如下:

①经过选择操作后,产生了新的一代种群,首先计算出该代种群的群体适应度与上代种群群体适应度的比值,可以根据此比值在不同的范围中选用上述不同实际交叉概率的公式。

②经过选择后,利用随机函数产生[0,1]的随机数 r 若 $r < p_m$,则进行变异操作。

③利用随机函数产生两个[1,N]之间的随机整数 i,这点即为变异点,N 表示任务元的总数,则得到新个体;

④检查新的个体是否满足约束条件,如果满足条件把新个体放入基因池中,生成后代个体,否则返回步骤②重新选择进行交叉操作。

⑤返回步骤②,直到生成 M 个个体为止。

自适应遗传算法的操作流程:

(1)问题的输入:输入需要进行制造资源重构的任务模型

(2)约束的输入:输入完成任务的约束。

(3)搜索匹配:从数据库中检索企业、制造设备,完成子任务与企业集的匹配、制造特征与设备集的匹配。

(4)初始群体的产生:基因段映射为任务元,基因段的个数等于任务元的个数;基因位映射制造设备,基因位的个数等于任务的所有特征个数,从搜索匹配的结果集中选择制造特征与制造设备的匹配。

(5)选择:用赌轮方式从当前群体中选择下一代基因。

(6)交叉:选择一对个体按照,通过两点交叉重新组合生产后代个体;再选择另一对个体,按上述方法后生成另一对后代个体。循环,直到后代个体数目达到预期的数目 M。计算新产生后代个体的适应度值,计算经交叉处理后的新代个体的平均适应度值,记录后代群体的适应度值提高或下降的比例。

(7)变异:对新生后代的个体按变异概率进行变异操作处理,变异的基因位的数值要满足制造特征与制造设备的约束,不满足约束条件的重新进行变异。计算新变异后的个体适应度值,计算比较变异操作前后平均适应度的提高或下降比例。

(8)自适应:根据交叉和变异处理后平均适应度值变化的情况,选用不同公式调整新一代遗传处理时的交叉和变异概率。

(9)输出优化结果:当满足停止条件时,停止遗传搜索过程,选取最终种群中的最优个体,对染色体进行解码,形成最终的资源配置方案;当不满足条件时,用交叉和变异处理后的后代染色体取代原来的染色体,返回(6),继续遗传算法。

参考文献

［1］杨海成. 数字化设计制造技术基础［M］. 西安:西北工业大学出版社,2007.

［2］Montreuil B,Damours S. A strategic framework for networked manufacturing ［J］. Computers for Industry Special Issue on Computer Aided Production,2002,42 （2）:299 – 317.

［3］曹锐. 基于语义网的网络化制造服务匹配研究［D］. 杭州:浙江大学,2003.

［4］杨海成,敬石开,和延立,等. 数字化的研究发展与应用实践［J］. 数字化制造科学,2003,9(4):39 – 45.

［5］房亚东,何卫平,秦忠宝,等. 敏捷性模糊评估［J］. 制造业自动化,2004,26 （5）:31 – 35.

［6］刘美珍,刘剑雄,刘伟达. 虚拟制造技术及其应用综述［J］. 制造业信息化, 2006,19(1):88 – 90.

［7］严隽琪,马登哲,范菲雅,等. 面向中小企业信息化的 ASP 平台研究与开发 ［J］. 计算机集成制造系统,2005,11(2):178 – 182.

［8］程涛,管在林,吴波. 网络经济下的一种新型生产组织模式——虚拟制造组织［J］. 机械制造,2004,42(8):7 – 10.

［9］Shuka C,NaZquez M,Chen F. Virtual Manufacturing an Over view ［J］. Computers & Industrial Engineering,2003,31(12):79 – 82.

［10］Li Jun,Furuse K,Yamaguehi K. Focused Crawling by Exploiting Anchor Text Using Derision Tree［C］. Proceedings of the 14th International World Wide Web Conferenee,China,Japan,2005:1190 – 1191.

［11］Cheng Jing,Li Qing,Wang Liping,et al. Automatically generating textbook on the Web［C］. Lecture Notes in Computer Seienee. Berlin:Springer – Verlag Heidelberg,

2004:35 - 42.

［12］The EUREKA Program［EB/OL］. http://www. eurekanet. oeureka. html, 2006 - 08 - 10.

［13］Edward Feitzinger, Hau L Lee. Mass customization at Hewlett Paekard: the Power of Postponement［J］. Harvard Business Review,2003,75(1):116 - 121.

［14］CALS［EB/OL］. http://www. 863cims. net/MonographicTech/cimsrpals/ guanjianjisllu. htm. 2006. 8.

［15］Nagel RN. 21 Century Manufacturing Enter Pries Strategy Al［R］. Bethlehem: Iacocca Institute Lehigh University,2002.

［16］Panl T. Kidd. Agile Manufacturing:A Strategy for the 21st Century［EB/ OL］. http://www. ehesllirehenbury/agility/paper1095. html,2002 - 05 - 17.

［17］311 TEAM Open Architecture Specification［EB/OL］. http://www. isdnel/ gov/project/part1/team.

［18］顾新建,祁国宁,陈子辰.网络化制造的战略和方法—制造业在网络经济中的生存和发展[M].北京:高等教育出版社,2001.

［19］贺德强.网络化制造中设备层信息交互平台的研究[D].重庆:重庆大学, 2004.

［20］Hongxin Li, Yushun Fan, Dunne Catherine, et al. Integration of business processes in Web - based collaborative product development［J］. International Journal of Computer Integrated Manufacturing,2005,Vol. 18(6):452 - 462.

［21］李荣彬,林发荣,马永军.分散网络化制造——香港制造业再发展的模式 ［J］.机械工程学报,2002,38(6):26 - 29.

［22］张曙,林德生.可持续发展的生产模式 - 分散网络化生产系统［J］.中国机械工程,2000,11(2):68 - 71.

［23］杨叔子,吴波,胡春华,等.网络化制造与企业集成［J］.中国机械工程, 2000,11(1):45 - 49.

［24］肖田元.我国企业信息化进展与展望［J］.航空制造技术,2010,(18): 32 - 36.

[25]范玉顺.全面集成的数字化企业与整体解决方案[J].计算机集成制造系统,2002,8(12):925-930.

[26]顾新建,祁国宁,陈子辰.网络化制造的战略和方法一制造业在网络经济中的生存和发展[M].北京:高等教育出版社,2001.

[27]刘飞,雷琦,宋豫川.网络化制造的内涵及研究发展趋势[J].机械工程学报,2003,39(8):1-6.

[28]李健,刘飞.基于网络的先进制造技术[J].中国机械工程,2001,12(2):154-158.

[29]干海龙.武器装各快速扩散制造单元的理论模型与关键技术研究[D].西安:西北工业大学,2005.

[30]杨海成.信息化提升中国工业体系能力[J].中国制造业信息化,2006,35(4):11-15.

[31]江平宇,张映锋,赵刚,等.面向e制造的工艺规划与工序分配集成技术研究[J].计算机集成制造系统,2005,11(6):755-793.

[32]张映锋,江平宇,周光辉.基于遗传算法的e制造调度系统研究[J].计算机集成制造系统,2004,10(8):955-961.

[33]刘锦兴,秦叶,李荣彬,等.基于信息网络的异地协同设计与制造系统研究[J].中国机械工程,2002,13(8):552-855.

[34]何汉武,郑德涛,陈新.分散化制造资源快速配置方法研究[J].中国机械工程,2004,15(15):1342-1346.

[35]吴澄.基于CIMSNET的敏捷化工程[J].高技术通讯,2000,10(1):3-4.

[36]张霖,杨吉江,刘连臣,等.制造业信息化的网络平台——现代集成制造系统应用网络CIMSNET[J].制造业自动化,2000(11):1-4.

[37]杨文佳,顾寄南.网络化制造中ASP与CPC的集成分析[J].机械设计与制造,2008,(1):113-115.

[38]谢庆生.ASP模式网络化制造的发展策略[J].中国制造业信息化,2003,32(1):66-70.

[39]汤文成,李扬.企业信息化系列讲座(1)企业信息化的基本概念[J].机

械制造与自动化,2003,(1):84 – 87.

[40]D′AMOURS S,MONTREUIL B,L EFRANCOIS P. Networked manufacturing:the impact of information sharing [J]. International Journal of Production Economics,2002,58(1):63 – 79.

[41]EL KINS D A,HUANG N,ALDEN J M. Agile manufacturing systems in the automotive industry [J]. International Journal of Production Economics,2004,91(3):201 – 214.

[42]GUNASE KARAN A. Agile manufacturing:a framework for research and development [J]. International Journal of Production Economics,2002,62(12):87 – 105.

[43]杨叔子,吴波.先进制造技术及其发展趋势[J].机械工程学报,2003,39(10):73 – 78.

[44]杨叔子,吴 波,李 斌.再论先进制造技术及其发展趋势[J].机械工程学报,2006,42(1):1 – 5.

[45]范玉顺.网络化制造的内涵与关键技术问题[J].计算机集成制造系统,2003,9(7):556 – 582.

[46]王华栋,王润孝,魏学祯. 面向对象的制造资源特征建模[J]. 组合机床与自动化加工技术,2004,(1):21 – 25.

[47]姚倡锋,张定华,彭文利,等. 基于物理制造单元的网络化制造资源建模研究[J].中国机械工程,2004,15(5):30 – 35.

[48]王彬,王刚,徐晓飞,等.一种面向制造业的企业资源建模方法[J].机械设计与制造,2004(2):37 – 39.

[49]贺文锐,何卫平.基于 OWL 的网络化制造资源建模与应用研究[J].制造技术与机床,2004,(09):114 – 118.

[50]廖伟智,孙林夫.网络化资源配置中的制造资源模型研究[J].电子科技大学学报,2005,34(5):657 – 660.

[51]孙家坤,李兆前,黄传真,等.网络化制造中的制造资源建模研究[J].机床与液压,2005,(10):37 – 39.

[52]盛步云,李永锋,丁毓峰,等.制造网格中制造资源的建模[J].中国机械工程,2006,17(13):1375-1380.

[53]石胜友,莫蓉,杨海成,等.制造网格环境下的资源建模研究[J].计算机工程与设计,2006,27(16):2925-2927+3027.

[54]倪中华,易红,汤文成,等.基于 XML 面向工艺设计的制造资源模型[J].计算机集成制造系统-CIMS,2002,8(6):429-432.

[55]王立峰,王珍,李从心.面向网络化制造的制造资源建模研究[J].机床与液压,2006,(9):65-68.

[56]李双跃,龙红能,殷国富,等.基于特征的制造工艺资源建模与检索方法研究[J].计算机集成制造系统,2007,13(6):1061-1065+1070.

[57]姚倡锋,张定华,卜昆,等.基于物理制造单元的网络化制造资源建模及信息集成[J].计算机集成制造系统,2008,14(4):667-674.

[58]石胜友,刘海滨,杨海成,等.制造网格环境下基于 Web 服务的资源建模[J].航空制造技术,2008,(12):80-83+88.

[59]梁峰,江志斌,陶俐言.基于元资源的制造资源建模方法研究[J].计算机集成制造系统,2008,14(12):2306-2311.

[60]房亚东,杜来红,何卫平,等.网络化制造环境下多维度制造资源建模技术研究[J].计算机应用研究,2009,26(2):559-562.

[61]袁庆霓,谢庆生,许明恒,等.基于语义的制造资源本体建模技术研究[J].武汉理工大学学报,2009,31(10):121-125.

[62]王正成.网络化制造资源形式化建模及实现[J].浙江理工大学学报,2009,26(5):705-710.

[63]Chengying Liu,Xiankui Wang,Yuchen He. Research on manufacturing resource modeling based on the O-O method [J]. Journal of Materials Processing Technology,2003,8(5):40-43.

[64]Steele Jay,Son Young-Jun,Wysk Richard. A. Resource modeling for the integration of the manufacturing enterprise [J]. Journal of Manufacturing Systems,2001,19(6):407-427.

［65］Vichare Parag，Nassehi Aydin，Kumar Sanjeev. A Unified Manufacturing Resource Model for representing CNC machining systems［J］. Robotics and Computer－Integrated Manufacturing，2009，25（6）：999－1006.

［66］XUE D，SUN J，NORRIE D H. An intelligent optimal production scheduling approach using constraint based search and Agent based collaboration［J］. Computers in Industry，2006，46（2）：209－231.

［67］SUN J，XUE D. A dynamic reactive scheduling mechanism for responding to changes of production orders and manufacturing resources［J］. Computer in Industry，2008，36（2）：189－207.

［68］周磊. 基于制造网格的制造资源优化配置研究［D］. 扬州：扬州大学，2007.

［69］Jennifer Schopf.. The Globes Alliance，Argonne National Laboratory，Distributed Monitoring and Information Services for the Grid［EB/OL］，http：//www. globus. org/toolkit/mds/，2002－02－19.

［70］江海涛. 基于 P2P 机制的网格资源发现的研究［D］. 长沙：中南大学，2008.

［71］徐志伟，李伟. 织女星网格的体系结构研究［J］. 计算机研究与发展，2002，39（8）：923－929.

［72］张会福，周祖德，李方敏. 制造资源共享网格接口模型研究［J］. 中国机械工程，2005，16（5）：424－427.

［73］范玉顺，张立晴，刘博. 网络化制造与制造网络［J］. 中国机械工程，2004，15（19）：1733－1738.

［74］刘星，肖卫东，徐磊，等. 基于复合拓扑的网格资源发现机制［J］. 计算机工程与应用，2005，9（5）：132－137.

［75］武昕. 基于移动 Agent 的网络化制造协商调度方法研究［D］. 沈阳：沈阳工业大学，2007.

［76］杨叔子，吴波，胡春华，等. 网络化制造与企业集成. 中国机械工程，2000，11（11）：23－25.

[77]魏从刚,何卫平,赵峰,等. Web Service 环境下基于移动 Agent 的虚拟企业伙伴选择[J]. 制造业自动化,2005,27(6):9 - 12.

[78]宋炜,张铭. 语义网简明教程[M]. 北京:高等教育出版社,2004.

[79]仲梅. 基于语义的 Web 服务发现方法的研究[D]. 镇江:江苏大学,2006.

[80]Chakiaborty D,Perieh F,Avaneha S,et al. DRegger:Semantic Service Discovery for M - commerce applications[C]. In Proc. Of the workshop on Reliable and Secure application in Mobile Environment,20th Symposium on Reliable Distributed Systems,2001:28 - 31.

[81]Martin D,Paolueci M,Mellraith S,et al. Bring Semantics to Web Services:The OWL - S application[C]. In Pore of the Interactional Workshop on Semantic Web Services and Web process Composition2004(SWSWPC2004),2004:26 - 42.

[82]Paolucei M,Kawamura T,Payne T,et al. Semantic Matching of Web Service Capabilities[C]. In Pore. Of the Interactional Semantic Web Conference,2002:333 - 347.

[83]Mark Klein,Abraham Bernstein. Searching services on the semantic Web using process ontologies. Isabel C,ed. Proc. of the Int'l Semantic Web Working Sump. (SWWS2001)[C]. Amsterdam:IOS Press,2001:159 - 172.

[84]Massimo Paolucci,Takahiro Kawamura,Terry R. Payne,et al. Semantic Matching of Web Services Capabilities[C]. In The Semantic Web - ISWC 2002,Berlin,Germany:Springer Berlin/Heidelberg,2002:333 - 347.

[85]Paolueci M,Syeara K,Kawamura T. Delivering Semantic web Services[R]. Report CMU - Rl - TR - 02 - 32,Robotics Institute Camagüey Mellon University,2003.

[86]Guofei Jiang,Wayne Chung,George Cubenko. Dynamic Integration of Distributed Semantic Services [C]. International Conference on Integration of Knowledge Intensive Multi - Agent Systems,Oct. 1 - 3,Boston,MA.

[87]Kein M,Bernstein A. Searching for services on the semantic web using pores ontology[C]. In Pore. Of the Interactional Semantic Web Working Symposium,2001:159 - 172.

［88］Liang – jie Zhang, Tian Chao, Henry Chang, et al. XML – Based Advanced UDDI Search Mechanism for B2B Integration［J］. Electronic Commerce Research, 2003 (3):113 – 118.

［89］CaProtti O, Dewar M, Turi D. Mathematical Services Matching Using Description Logic and OWL［C］. In Pros. Of the Mathematical knowledge Management, 2004: 74 – 87.

［90］Omar López – ortega, Moramay Ramirez. A STEP – based Manufacturing Information System to Share Flexible Manufacturing Resources Data ［J］. Journal of Intelligent Manufacturing, 2005(16):213 – 218.

［91］张广胜, 蒋昌俊, 丁志军. 基于模糊 Petri 网的服务发现框架研究［J］. 计算机研究与发展, 2006, 43(11):1886 – 1894.

［92］蒋哲远, 韩江洪, 陈进. 一种基于多 Agent 的 Web 服务有效发现方法［J］. 计算机工程, 2006, 32(7):52 – 54 + 57.

［93］艾未华, 宋自林, 魏磊, 等. 基于领域本体的 Web 服务发现［J］. 电子科技大学学报, 2007, 36(3):506 – 509.

［94］史忠植, 蒋运承, 张海俊. 基于描述逻辑的主体服务匹配［J］. 计算机学报, 2004, 27(5):625 – 635.

［95］吴正洋, 李吉桂. 基于 OWL – S 的三层服务匹配模型［J］. 计算机工程, 2006, 32(16):261 – 263.

［96］于守健, 夏小玲, 乐嘉锦. 基于语义描述的分布式 Web 服务发布与发现［J］. 计算机工程, 2007, 33(7):117 – 119.

［97］李春梅, 蒋运承. 具有 QoS 约束的语义 Web 服务发现的研究［J］. 计算机科学, 2007, 34(6):116 – 121.

［98］张铭, 杨冬青, 王蜀安. 支持元数据和服务的可互操作数字图书馆框架［C］. 第 20 届全国数据库学术会议论文 A 集, 2003.

［99］马应龙, 金蓓弘, 冯玉琳. 基于进化分布式本体的语义 Web 服务动态发现［J］. 计算机学报, 2005, 28(4):603 – 614.

［100］陈华英, 庄夏, 刘晓东. 基于语义的 Web 服务二次匹配算法［J］. 计算机

工程,2007,33(17):83 - 85.

［101］宋顺林,殷荣网.一种支持 QoS 约束的 Web 服务质量模型[J].江苏大学学报(自然科学版),2006,27(5):450 - 453.

［102］林兰芬,高鹏,蔡铭,等.网络化制造环境下基于知识服务的工艺协作模型[J].计算机辅助设计与图形学学报,2005,17(9):2085 - 2092.

［103］王宏,辛大欣,曹金坤,等.一种基于 P2P 的非集中式网络资源发现方法[J].计算机工程与应用,2008,44(3):96 - 100.

［104］张际强,吴毅坚,赵文耘.一个基于 P2P 的语义 Web 服务发布和发现模型[J].计算机应用与软件,2009,26(1):9 - 12

［105］代亚荣,顾寄南,谢俊等.基于语义 Web 服务的制造资源发现机制的研究[J].机械设计与制造,2008,(9):111 - 112.

［106］姜建华.制造网格中基于语义的服务发现研究[D],武汉:武汉理工大学,2008.

［107］WSIL［EB/OL］. http://www. 106ibm. com/developerworks/library/ws - wsilspect. html,2007 - 04 - 12.

［108］孙宏才,田平,王莲芬.网络层次分析法与决策科学[M].北京:国防工业出版社,2011

［109］Noia T. D,Sciascio ED,Donini FM,et al. A System for Principled Matchmaking in an Electronic Marketplace［C］. Proceedings of World Wide Web Conference,Budapest,Hungary,2003,5.

［110］赵乃岩,范玉顺.基于产品结构的动态联盟盟员选择算法[J].计算机集成制造系统.2002,8(2):99 - 104.

［111］黎广贵.机械制造资源评价模型的设计研究[J].现代机械,2007,(6):80 - 82.

［112］曹岩,蔺麦田.基于 AHP 的制造资源建模与优化选择[J].机床与液压,2009,37(11):224 - 228.

［113］车帅,雷毅,张小潘,等.基于 ASP 的产品客户化定制平台制造资源评估模型[J].组合机床与自动化加工技术,2002,(6):61 - 65.

[114]刘建胜,涂海宁,张华,等.MES 中分布式制造资源竞争仲裁方法及其应用研究[J].机械设计与制造,2008,(11):97-99.

[115]施战备,俞涛,刘丽兰.制造网格及其资源配置算法[J].计算机工程,2004,30(5):117-119.

[116]马鹏举,陈剑虹,卢秉恒.敏捷制造的盟员选择策略研究[J].中国机械工程,2003,14(10):.120-125.

[117]汪永明,汤文成.支持中小企业动态联盟的 ASP 平台构建[J].组合机床与自动化加工技术,2008,(9):106-108+112.

[118]李惠林,殷国富,谢庆生,等.面向网络化制造的制造资源组合评价方法研究[J].计算机集成制造系统-CIMS,2008,14(5):954-961.

[119]房亚东,杜来红,何卫平,等.快速扩散制造环境下制造资源选择技术研究[J].计算机集成制造系统,2009,15(3):515-521+536.

[120]Mikhailov L. Fuzzy analytical approach to Partnership selection in formation of virtual enterprises [J]. Omega,2002,30(5):393-401.

[121]吴洲,梁浩.模糊决策在供应链伙伴企业选择中的应用闭[J].计算机工程与应用,2001,18(8):165-167.

[122]苏春.柔性制造系统选型的模糊综合评价法团[J].制造业自动化,2001,23(5):24-27.

[123]贺文锐.向网络协同制造的资源优化配置技术研究[D].西安:西北工业大学,2007.

[124]李健,韦灵.层次分析法与模糊评价在 CAD 软件选择中的应用[J].组合机床与自动化加工技术,2004,(4):27-31.

[125]周长春,殷国富,吴迎春,等.面向制造网格的制造资源优化配置策略研究[J].四川大学学报(工程科学版),2009,41(2):237-244.

[126]贺文锐,郝磊,何卫平.面向网络化制造的资源评价研究与应用[J].制造业自动化,2004,26(10):7-10.

[127]齐继阳,竺长安,曾议.可重构制造系统重组过程中设备选择模型的研究[J].运筹与管理,2006,15(2):137-143.

[128]董蓉,何卫平,吉锋.面向网络协同制造的制造服务优化选择研究[J].制造业自动化,2006,28(9):39-44.

[129]宫琳,孙厚芳,靳勇强.数字化设备功能建模及其综合评价[J].北京理工大学学报,2006,26(4):309-313.

[130]沙磊,徐晓飞,李全龙,等.基于遗传算法的动态联盟性能标准优化方法[J].计算机集成制造系统-CIMS,2002,8(6):462-466.

[131]袁庆霓,谢庆生,许明恒,等.Web服务平台下基于遗传算法的制造资源服务选择[J].计算机应用研究,2009,26(4):1266-1268.

[132]刘金山,廖文和,郭宇.基于双链遗传算法的网络化制造资源优化配置[J].机械工程学报,2008,44(2):189-195.

[133]付景枝,张友良.基于遗传算法的网格制造资源优化选择[J].小型微型计算机系统,2007,28(4):674-677.

[134]张翠军,贺毅朝,王金山.敏捷制造中制造资源选择问题的遗传算法[J].计算机工程与应用,2007,43(10):216-218.

[135]董朝阳,孙树栋,彭文利,等.基于成组技术与遗传算法的两阶段制造伙伴选择[J].制造技术与机床,2005,(3):.202-207.

[136]唐文献,陈羽.基于遗传算法的企业间协同制造战略伙伴选择的方法[J].江苏科技大学学报(自然科学版),2009,23(5):399-402.

[137]程方启,叶飞帆,杨建国.基于自适应遗传算法的虚拟企业合作伙伴选择[J].中国机械工程,2008,19(11):1308-1312.

[138]房亚东,杜来红,和延立.蚁群算法及灰色理论在制造资源配置中的应用[J].计算机集成制造系统,2009,15(4):705-711.

[139]冷晟,魏孝斌,王宁生,等.基于ACGA的虚拟制造单元重构中资源选择与分配问题研究[J].机械科学与技术,2006,(8):922-927.

[140]王润孝,罗琦,朱名铨.虚拟伙伴选择的建模研究团[J].机械工程学报.2002,38(10):28-30.

[141]刘丽兰,俞涛,施战备,等.自组织制造网格及其任务调度算法闭[J].计算机集成制造系统.2003,9(6):449-455.

[142]郭宁,金天国,刘文剑.基于虚拟制造单元的制造资源组织模型[J].计算机集成制造系统,2010,16(8):1649-1656.

[143]汤岑书,褚学宁,孙习武,等.基于几何与公差信息的加工特征识别方法[J].计算机集成制造系统,2010,16(2):256-262.

[144]Ferreira JCE,Steele J,Wysk RA,et al. Schema for Flexible Equipment Control in Manufacturing Systems [J]. International Journal of advanced manufacturing technology,2001,18(6):410-421.

[145]Park YB,Icme SE. Intelligent consultant system for material handling equipment selection and evaluation [J]. Journal of manufacturing systems,2003,15(5):325-333.

[146]郭亚军.综合评价理论方法及应用[M].北京:科学出版社,2007.

[147]Sarwarb M,Karypis G,Konstanj A,et al. Analysis of recommendation algorithms for e-commerce[C]//Proceedings of ACM EC'00 Conference. New York,NY,USA:ACM,2000,158-167.

[148]ZANKER M,JANNACH D,GORDEA S. Comparing recommendation strategies in a commercial context [J]. IEEE Intelligent System,2007,22(3):69-73.

[149]杨九龙.基于 The Shifted User 的图书馆个性信息推送服务模式研究[J].情报杂志,2008,(12):139-141.

[150]BARRY S. Case-based recommendation [R]. Lecture Notes in Computer Science,2007,(20):342-367.

[151]吴一平.智能聚合技术在图书馆个性化信息服务中的应用[J].图书馆工作与研究,2008,153(11):58-61.

[152]CHOIS H. Personalized recommendation system based on product specification values [J]. Expert System with Applications,2006,31(3):607-616.

[153]裴世荷.基于信息传递过程的个性化服务探究[J].情报杂志,2008,(6):153-155.

[154]胡新平,张天俊,董建成.基于数字图书馆的 RSS 推送服务研究[J].情报杂志,2008,(1):55-56.

[155]陈凌晖.基于 RSS 技术的信息门户个性化信息服务理念与实现[J].现代图书情报技术,2007,(1):33-36.

[156]王凯,渠芳,王辉.利用 Web 挖掘技术实现个性化推送服务[J].情报杂志,2006,(11):86-88.

[157]方辉,谭建荣,谭颖.基于 Web 的制造信息主动推荐服务研究[J].计算机集成制造系统,2008,14(11):2253-2260.

[158]赵竹平.网络制造资源建模方法研究与应用[D].贵阳:贵州大学,2006.

[159]赖成瑜,王坚,凌卫青.网络化制造环境下的资源分类方法研究[J].武汉科技大学学报,2006,29(1):44-46.

[160]李玲.协同制造资源集成与优化配置方法研究[D].武汉:华中科技大学,2007.

[161]潘晓辉.基于 ASP 模式的网络化制造资源建模及优化配置方法的研究[D].大连:大连理工大学,2005.

[162]高鹏.网络化制造环境下基于语义的制造知识管理技术若干问题的研究[D].杭州:浙江大学,2005.

[163]黄劲东,彭文利,杨海成.基于 Web 的产品工艺分工规划研究[J].机械设计,2007,24(4):45-47.

[164]毛媛,刘杰,李伯虎.基于元模型的复杂系统建模方法研究[J].系统仿真学报 2004,14(4):411-414.

[165]唐敏.基于 XML 的网络化制造资源智能检索技术的研究[D].镇江:江苏大学,2008.

[166]J Heflin,J Hendler. Searching the web with Shoe in Artificial Intelligence for Web Search. Memo Park[C],CA:AAAI Press,2000.

[167]J Heflin. Towards the semantic web:knowledge representation in a dynamic distributed environment [D],College Park,Maryland University,2001.

[168]J Heflin,J Hendler. A portrait of the semantic web in action. [J]. Intelligent Systems,2001(2):54-59.

[169]S Luke,J Heflin. Specification [EB/OL]. http://www.cs.umd.edu/pro-

jects/plus/shoe/spec. html,2007 − 09 − 19.

[170]Ontology Inference Layer［EB/OL］. http://www. ontolrnowledge. org,2007 − 08 − 18.

[171]U. D Fensel. OIL:An ontology infrastructure for the semantic web［J］. Intelligent Systems,2001(2):38 − 45.

[172] S Bechhofer. An informal description of standard OIL and instance OIL ［EB/OL］. http://www. ontoknowledge. org/oil/downUoil − whitepaper. pdf,2004 − 12 − 10.

[173]DARPA Agent Markup Language［EB/OL］. http://www. daml. org,2008 − 07 − 21.

[174]DAML group. Reference description of the DAML + pIL（March2001）ontologymarkup language,2001［EB/OL］. http://www. darnl: org/2001/03/reference, 2001 − 02 − 12.

[175]J Hendler,D L McGuinness. DARPA Agent Markup Language［J］. Intelligent Systems,2001,(6):72 − 73.

[176] F Harmelen,J Hendler,I Horrocks,et al. OWL Web Ontology Language Reference. World Wide Web Consortium［EB/OL］. http://www. w3. org/tr/owl − ref/,2004 − 02 − 10.

[177]Dave Beckett,Brian McBride. RDFJ XML Syntax Specification（Revised）. World Wide Web Consortium［EB/OL］. http://www. w3. org/tr/rdf − syntax − grammarl/,2005 − 07 − 18.

[178]D Brickley,R V Guha. RDF Vocabulary Description Languagel. 0:RDF Schema. World Wide Web Consortium［EB/OL］. http://www. w3. org/tr/rdf − schema/,2006 − 08 − 07.

[179] T. RGruber. a Translation Approach to Portable Ontology Specifications ［J］. Knowledge Acquisition,2003,5(2):199 − 220.

[180]赵岩,莫蓉. 制造资源能力与制造工艺约束的匹配度研究[J]. 计算机集成制造系统,2009,15(4):712 − 718.

［181］V. Azondekon, M. BarbeauandR. Liseano. Indoor Ad Hoe Proximity Loeation-sensing for Service Seleetion. TeleeommunicationSystems［C］, KluwerAeademiePublishers,2003,22(1):95 – 108.

［182］Xiang Gao, JianYang, Mike P. The Capability matching of web Services ［J］. New Port Beaeh, California, USA,2002:56 – 63.

［183］Shu PingRan. The Web Service Discovery Architecture. Conference on High Pergo acne Networking and Computing ［C］. Proeeeding soft 2002ACM/IEEE con ference on supermom Putting ACMPress, NewYork, NY, USA,2002:1 – 7.

［184］Levesqueand M, Barbeau. Deeouverte deserves suture segued Petites ordinations Service Discovery on Network soft Small Computers ［J］. Systemize Partisan Reseaux – Caleulateurs Paralleles,2000,12(2):189 – 209.

［185］顾寄南,高传玉,戈晓岚.网络化制造技术［M］.北京:化工工业出版社, 2005.

［186］Litoiu M. Migrating to Web services – latency and scalabilities Site Evolution,2002. in Proceedings［C］. Fourth International Workshop,2002:223 – 229.

［187］柴晓路.Web 服务架构与开放互操作技术(第二版)［M］. 北京:清华大学出版社,2002.

［188］赵建勋,张振明,田锡天.本体及其在机械工程中的应用综述［J］.计算机集成制造系统,2007,18(4):727 – 737.

［189］Massimo P, Takahiro K, Payne T R, et al. Importing the semantic Web in UDDI (A). In:Cause – Workshop. Proceedings of Web Services, E – business and Semantic Web Workshop ［C］. Toronto, Canada,2002:225 – 236.

［190］徐德智,郑春卉.基于 SUMO 的概念语义相似度研究［J］.计算机应用, 2006,26(1):180 – 183.

［191］刘跃军,翟金平,任鸿烈.基于 Internet 的产品设计与制造及其关键技术 ［J］.机械设计与研究,2001,17(1),:63 – 65.

［192］李慧林,殷国富,谢庆生.面向网络化制造的制造资源组合评价方法研究 ［J］.计算机集成制造系统,2008,14(5):955 – 961.

[193]刘林,曹艳平,王婷等. 应用模糊数学[M]. 西安:陕西科学技术出版社, 2008.

[194]贺巍巍. 基于绿色度的绿色供应链综合评价体系研究[D]. 北京:清华大学,2008.

[195]高文,刘峰,黄铁军. 数字图书馆 – 原理与技术实现[M]. 北京:清华大学出版社,2000.

[196]江飞. 基于内容的过滤技术研究及其在隔离网闸中的应用[D]. 郑州:解放军信息工程大学,2007.

[197]张志刚. 基于网页的信息系统的一种预处理过程[D]. 北京:北京大学,2004.

[198]易明. 基于 Web 挖掘的电子商务个性化推荐机理与方法研究[D]. 武汉:华中科技大学,2006.

[199]陈涛,谢阳群. 文本分类中的特征降维方法综述[J],情报学报,2005,24 (6):690 – 695.

[200]Hwee TOU Ng,Wei Boon Goh,Kok Leong Low. Feature selection,perception learning,and a usability case study for text categorization[C]. In proceeding of the 20th ACM International Conference on Research and Development in Information Retrieval（SIGIR297）,2002. :67 – 73

[201]周茜,赵明生,扈邑. 中文文本分类中的特征选择研究[J]. 中文信息学报,2004,18(3):17 – 23.

[202]陈晓云. 文本挖掘若干关键技术研究[D]. 上海:复旦大学,2005.